小玩家大创客

方其桂　主编
江　浩　陈晓虎　副主编

写给孩子的创客启蒙书

清华大学出版社
北　京

内 容 简 介

这是一本写给孩子的创客启蒙书，精选了24个新颖、有趣的创客小项目，从惊险刺激的狙击游戏到声光控制的智能化家居，从独一无二的3D打印专属笔筒到实现与人比赛的"计步器"APP……以项目学习的方式，从易到难，详细讲解了Micro:bit、Arduino、3D打印、手机编程几个方面的知识，展示了创客们的奇思妙想和创新思路。

本书适合对创客感兴趣的青少年及不同年龄的初学者阅读，也适合家长和老师作为指导青少年学习创客的启蒙教程。

图书在版编目(CIP)数据

小玩家大创客：写给孩子的创客启蒙书 / 方其桂主编. —北京：清华大学出版社，2021.12
ISBN 978-7-302-59426-0

Ⅰ.①小… Ⅱ.①方… Ⅲ.①创造教育—青少年读物 Ⅳ.①G622.0-49

中国版本图书馆CIP数据核字(2021)第218642号

责任编辑：李　磊
封面设计：杨　曦
版式设计：孔祥峰
责任校对：马遥遥
责任印制：曹婉颖

出版发行：清华大学出版社
　　　　　网　　址：http://www.tup.com.cn，http://www.wqbook.com
　　　　　地　　址：北京清华大学学研大厦A座　　　　　邮　　编：100084
　　　　　社 总 机：010-62770175　　　　　　　　　　 邮　　购：010-62786544
　　　　　投稿与读者服务：010-62776969，c-service@tup.tsinghua.edu.cn
　　　　　质 量 反 馈：010-62772015，zhiliang@tup.tsinghua.edu.cn
印 装 者：三河市君旺印务有限公司
经　　销：全国新华书店
开　　本：170mm×240mm　　　印　　张：14.75　　　字　　数：350千字
版　　次：2022年1月第1版　　　印　　次：2022年1月第1次印刷
定　　价：88.00元

产品编号：087723-01

编委会 ✏️

前言

这是一本帮助孩子进入创客世界的引导书，也是一本有助于家长和老师转变教育观念的图书。它是为所有喜欢DIY的创客们准备的，书中有很多引人入胜的DIY小项目，且都易于学习和制作。编者希望每一位读者都能从中找到乐趣。

📖 1. 创客是什么

创客是英文maker一词的中文译名，特指勇于创新、热衷实践的人。简单地说，只要你有自己的想法，喜欢动手制作，愿意与他人分享创意、交流思想，你就是一个创客了。

创客共同的特质是创新、实践与分享，他们是创意者，善于发现问题、解决问题，并能及时反思，创造出更多新的需求；他们是设计者，可将一切新的需求转换为详细可行的图纸或计划；他们又是实施者，有着很强的执行力，能将规划好的设计转变成现实作品。

📖 2. 相关条件

目前大多数创客项目都是基于现有软件或硬件平台进行的二次开发。例如，本书介绍的Micro:bit、Arduino、3D打印、手机编程4个主题内容，涉及的软件基本在网络上都可以找到免费版本，相关的硬件价格数百元，很容易就能购买到。

♡ **Micro:bit** 是一种价格百元左右的微型电脑板。本书利用Mind+编程软件，让孩子们自己设计制作各种好玩有趣的游戏。

♡ **Arduino** 是一款便捷灵活、方便上手的电脑板。本书结合各种传感器，通过Mixly编程软件，搭建各种为生活提供便利的智能家具。

♡ **3D打印** 3D打印可以把想象变为现实，本书通过3D One软件，设计了6个个性化作品，极大地提高了孩子们的学习兴趣。如果需要，可以将设计的作品在网上付费打印出来。

♡ **手机编程** 随着智能手机的普及，出现了越来越多的手机APP开发爱好者。本书运用App Inventor 2软件制作6个研学旅行相关APP，带领孩子们一起探讨手机应用软件的开发与应用。

▦ 3. 本书结构

创客学习改变了孩子们的学习方式和学习过程。本书按照项目学习方式，将所有的知识点融入一个个好玩、有趣的项目中，让孩子们先了解、体验每一个项目涉及的知识，再思考、实践，完成项目任务，在动脑动手的过程中逐渐理解，在完成模仿项目的基础上进行拓展，激发创新思维。全书按照学习的内容分成4个单元，每单元还设计了多个栏目，便于孩子学习和教师教学。

♡ **项目准备** 通过项目体验，提出并思考问题，进而大致了解本项目需要制作完成的项目内容。

♡ **项目规划** 在了解的基础上进行思路分析，以思维导图、流程图等方式来具体规划、设计项目。

♡ **项目实施** 通过器材准备、作品绘制、程序编写、程序优化等环节，完成项目实施的过程。

♡ **项目支持** 介绍项目在实施过程中使用到的重点、难点知识。

♡ **项目延伸** 通过实践体验、展示分享、创意设计等多种方式，鼓励孩子们创新作品。

▦ 4. 本书特色

本书介绍了与创客相关的4大主题内容，告诉孩子创客是什么，让孩子对创客有初步的认识，培养兴趣，为进一步学习打下基础。为了充分调动孩子学习的积极性，本书在编写时努力体现如下特色。

♡ **案例丰富** 24个科学、数学、技术、工程和艺术相关的项目，跨学科融合，培养孩子未来的社会核心竞争力。

♡ **形式贴心** 本书采用项目学习方式，帮助孩子强化发现、解决问题的能力，从小养成项目式学习思维，提前掌握未来世界的通用技能。

♡ **图文并茂** 使用图片代替大部分的文字说明，让读者能轻松读懂描述的内容。具体操作步骤图文并茂、图文结合来讲解程序的编写，便于读者边学边练。

♡ **资源丰富** 书中案例均配备相应的素材和源文件，提供了相应的微课，从数量到内容上都有着更多的选择，提高读者的学习效率。

■ 5. 阅读建议

本书适合10岁以上有阅读能力的读者使用。对于低龄儿童，建议在家长和老师的指导下阅读。教师、家长在使用本书教学时，可以让学生先用手机扫描书中的二维码，借助微课先行学习，然后再参看本书完成项目实践。

为了使读者在阅读本书时获得最大的价值，产生更好的学习效果，我们提出如下建议。

♡ **按顺序阅读**　本书中每单元的内容虽然互相独立，但是对单元内的几个项目的知识点做了精心设计，建议读者按照顺序，由简到难阅读。

♡ **在实践中学习**　在学习本书时，最好提前准备好相关的器材，边思考边实践。通过思考，构思可以怎么做，分析为什么这样做。只要有想法，就尝试去实现它。

♡ **在失败中进步**　学习中肯定会遇到各种各样的困难，失败也是很正常的。如果失败了，说明这种方法不可行，也就距离可行的方法近了一步。

♡ **在交流中成长**　和朋友一起学习和探讨，分享自己的经验，从而快速学习别人的优点。遇到问题，多向老师请教，也可以与本书作者联系，我们会努力帮助你们解决问题。

■ 6. 本书作者

本书作者由信息技术教研员、一线信息技术教师组成，其中有5位正高级教师，大多数教师都曾在全国信息技术优质课评选中取得过优异成绩。

本书由方其桂主编，江浩、陈晓虎担任副主编，主要编者有冯士海、何立松、贾波、梁祥、刘锋、鲁先法、唐小华、汪瑞生、王丽娟、夏兰、宣国庆、殷小庆、张青、张小龙、张晓丽等。随书资料由方其桂整理制作。

虽然我们有着十多年撰写计算机图书(累计已编写、出版100余种)的经验，并尽力认真构思、验证和反复审核修改，但书中难免会存在一些瑕疵，我们深知一本图书的好坏需要广大读者去检验评说，在此衷心希望各位读者能提出宝贵的意见和建议。服务电子邮箱为wkservice@vip.163.com。

7. 本书资源

本书配有程序素材、源代码、效果文件、教学课件、教学微课等立体化资源，尽可能满足读者的各种需求。

♡ **教学微课** 本书提供了每个项目的微课，请扫描书中项目名称旁边的二维码，即可观看视频，也可推送到自己的邮箱中，下载后进行观看。

♡ **其他资源** 本书提供案例源文件和教学课件，通过扫描下面的二维码，然后将内容推送到自己的邮箱中，即可下载获取相应的资源。

编 者

目录

第1单元 游戏娱乐趣编程Micro:bit

项目1 幸运数字随手掷 …………… 4

项目2 狙击病毒训练营 …………… 16

项目3 移动方块消消乐 …………… 25

项目4 探测扫雷真神奇 …………… 33

项目5 幸运抽奖大转盘 …………… 41

项目6 五彩气球大作战 …………… 49

第2单元 智能家居设计坊Arduino

项目1 入户简易门铃 …………… 64

项目2 声光控制LED灯 …………… 73

项目3 人体感应风扇 …………… 81

项目4 自动浇花装置 …………… 88

项目5 燃气报警装置 …………… 96

项目6 火灾报警装置 …………… 103

第3单元 学习用具打印室3D One

项目1 设计个性笔筒 …………… 112

项目2 设计独特书签 …………… 120

项目3 设计适用直尺 …………… 128

项目4 制作精巧藏书章 …………… 135

项目5 制作生肖书立 …………… 143

项目6 制作卡通座位牌 …………… 153

第4单元 手机编程助研学App Inventor 2

项目1 研学地点初了解 …………… 166

项目2 方向指南好寻路 …………… 177

项目3 运动计步心有数 …………… 188

项目4 音乐陪伴不寂寞 …………… 198

项目5 趣玩游戏乐逍遥 …………… 206

项目6 陌生花草巧识别 …………… 216

欢迎来到创客的奇妙世界……

第1单元

游戏娱乐趣编程Micro:bit

开源硬件可以带领同学们进入DIY世界。利用一块小小的Micro:bit主板，我们可以根据自己的喜好，添加合适的硬件配件，实现炫酷小发明。无论是游戏、机器人还是智能小设备，都可以充分发挥想象力来完成。

本单元运用Mind+编程平台，为Micro:bit编写程序，只需拖动图形化积木块，即可完成程序编写。我们将走进游戏世界，以游戏为主线，通过了解Micro:bit的LED显示屏、按钮、电子罗盘等，设计随机掷骰子、射击、消消乐、扫雷、抽奖、打气球等游戏，和大家一起轻松体验创造的乐趣。

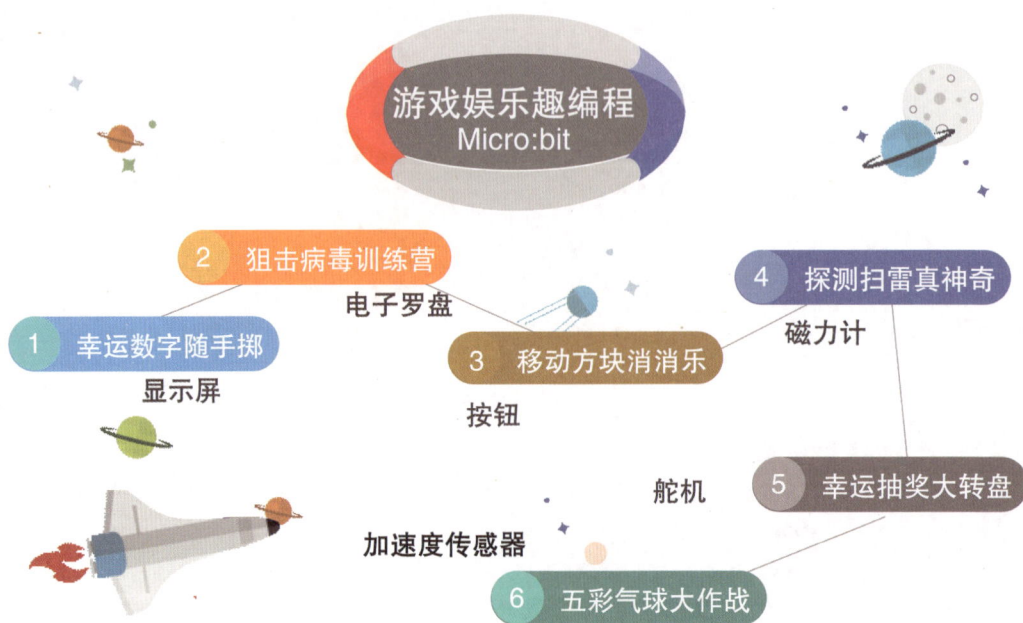

游戏娱乐趣编程
Micro:bit

2 狙击病毒训练营
电子罗盘

4 探测扫雷真神奇
磁力计

1 幸运数字随手掷
显示屏

3 移动方块消消乐
按钮

舵机

5 幸运抽奖大转盘

加速度传感器

6 五彩气球大作战

📊 项目目标

    本单元整体以Micro:bit实际应用制作为目标，在了解编程平台Mind+的基础上，体会制作游戏的基本流程。

    主要目标有：了解Micro:bit主板上的LED显示屏、按钮、电子罗盘，以及舵机、加速度传感器的使用，掌握Mind+中添加Micro:bit主板扩展积木，以及变量、随机、选择、循环等积木的使用。

🏆 项目预期成果

项目1　幸运数字随手掷

骰子是每面刻有点数的小立方体，点数一般为1~6。玩掷骰子游戏时，先摇动骰子，然后掷出，骰子会随意停止在一个平面上，平面上停留的数就是掷出来的幸运数字。

项目准备

1. 项目体验

使用Mind+软件设计模拟掷骰子游戏"幸运数字随手掷"，运行后效果如图1.1所示。

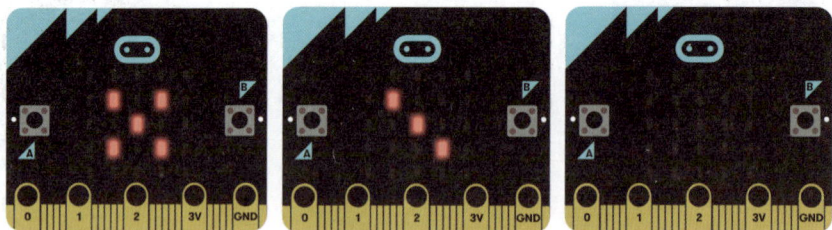

图1.1　"幸运数字随手掷"游戏效果图

体验这个程序需要将Micro:bit连接在电脑上，并设置设备，然后打开、上传、运行程序。下面快跟着一起玩玩吧！

01　连接设备　将 Micro:bit 通过 USB 连接线连接到电脑上，效果如图 1.2 所示。

图1.2　Micro:bit与电脑连接

02　运行软件　运行 Mind+ 软件，效果如图 1.3 所示。仔细观察软件的界面，如菜单栏、积木区、脚本区等。

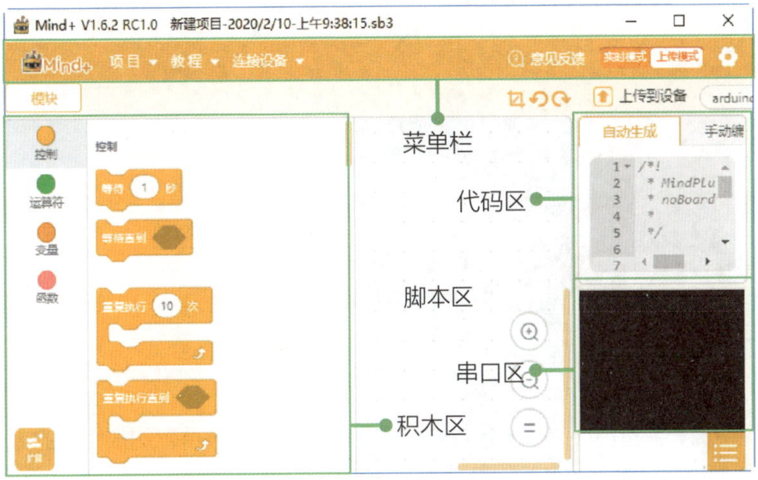

图1.3　Mind+软件界面

03　设置连接　按图 1.4 所示操作，在 Mind+ 中连接 Micro:bit 设备。

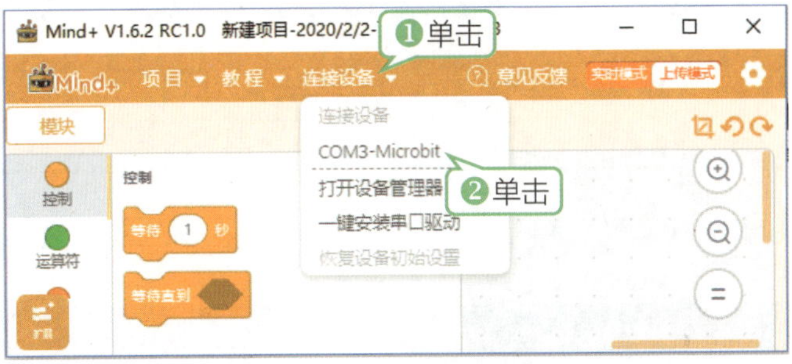

图1.4　设置连接设备

04　打开文件　选择"项目"→"打开项目"命令，在弹出的对话框中按图 1.5 所示操作，打开文件"幸运数字随手掷 .sb3"。

图1.5　打开文件

05　上传到设备　阅读程序，按图 1.6 所示操作，将程序上传到设备。

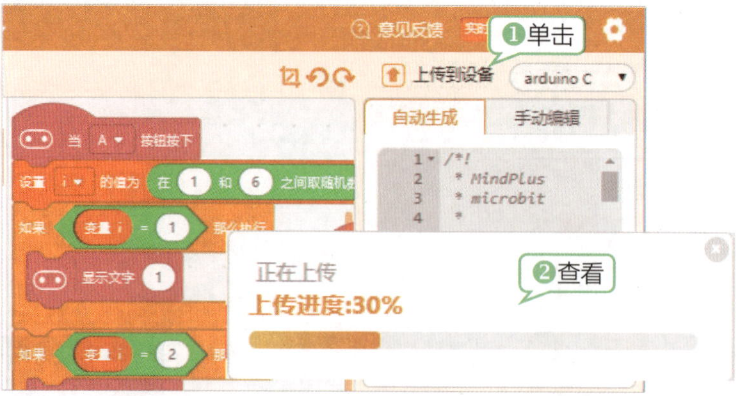

图1.6　上传程序

06　**测试程序**　程序上传完成，通过按主板上的按钮 A 实现模仿掷骰子的效果，按下按钮 B 实现清除屏幕上的信息。

表 1-1　"幸运数字随手掷"游戏测试

动作	屏幕显示效果
按下"按钮A"	
按下"按钮B"	
按下"按钮A"	

2. 问题思考

问题 1：怎样在显示屏上显示数字？

问题 2：怎样通过按钮控制显示屏上显示的数字？

问题 3：怎样让数字随机出现？

项目规划

1. 功能规划

使用Micro:bit设计掷骰子游戏时，不能直接制作一个小立方体，只能模拟。掷骰子的特点是随机产生点数(1~6)，把握这个特点，可以根据Micro:bit的功能进行规划。

♡　**填一填**　根据玩游戏的印象，阅读"项目支持"中的内容，思考后将图1.7中的空格填写完整。

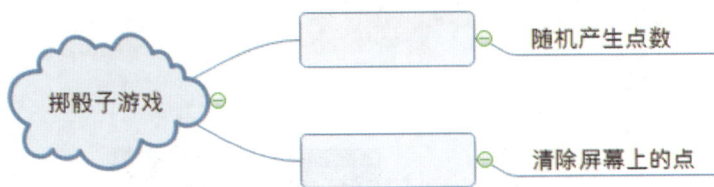

图1.7　"幸运数字随手掷"游戏效果图

♡　**想一想**　玩掷骰子游戏的规则一般是什么，请写在下面的方框中。程序编好后，邀请其他同学按规则一起玩。

▦ 2. 知识准备

从新手开始，需要什么样的知识才能设计这样一款游戏？首先我们要准备使用的硬件Micro:bit，以及用来编程的软件Mind+。将Micro:bit连接在电脑上，运行Mind+设置设备的连接，然后开始储备知识。

♡　**认一认**　仔细阅读"项目支持"相关内容，认识Micro:bit上的部件，如图1.8所示，并根据情况填写在方框内。

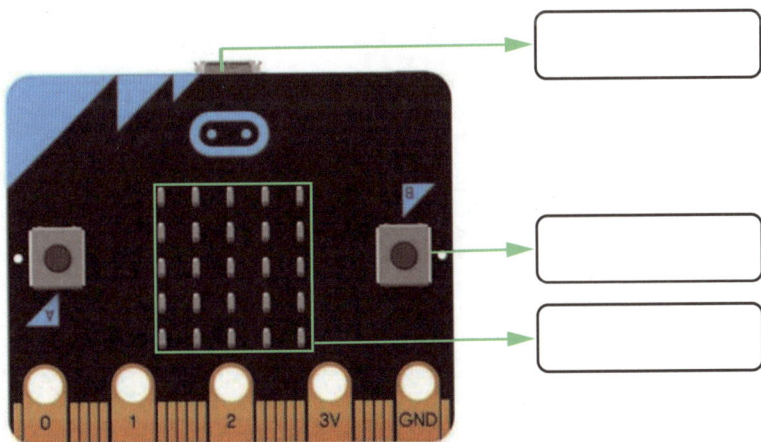

图1.8　Micro:bit主板的正面

♡　**试一试**　按图1.9所示操作，在Mind+中添加扩展Micro:bit。

图1.9　添加扩展Micro:bit

♡　**学一学**　按图1.10所示操作，在脚本区添加积木。

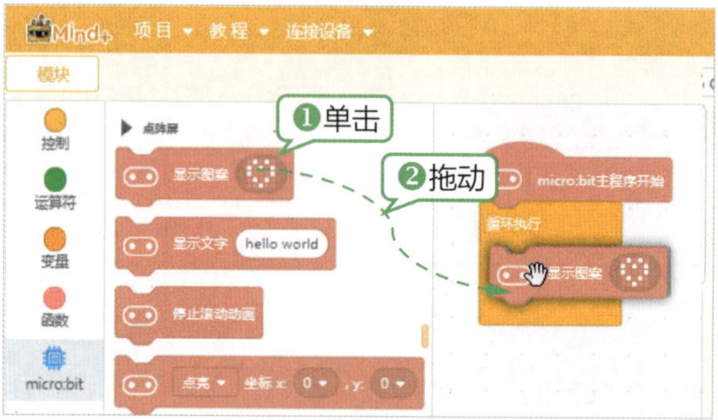

图1.10　添加积木

♡　**改一改**　按图1.11所示操作，修改"显示图案"，可试试能不能绘制骰子的6个点。

图1.11　绘制图案

♡　**想一想**　打开"幸运数字随手掷.sb3"程序,仔细观察脚本,并阅读"项目支持"的相关内容,想一想如何随机抽取数字,如何存放随机抽取的数字。

▦ 3. 算法设计

通过前面的分析,我们知道掷骰子游戏需要产生一个随机数(1~6),再根据随机数显示相应的点数,流程图如图1.12所示。

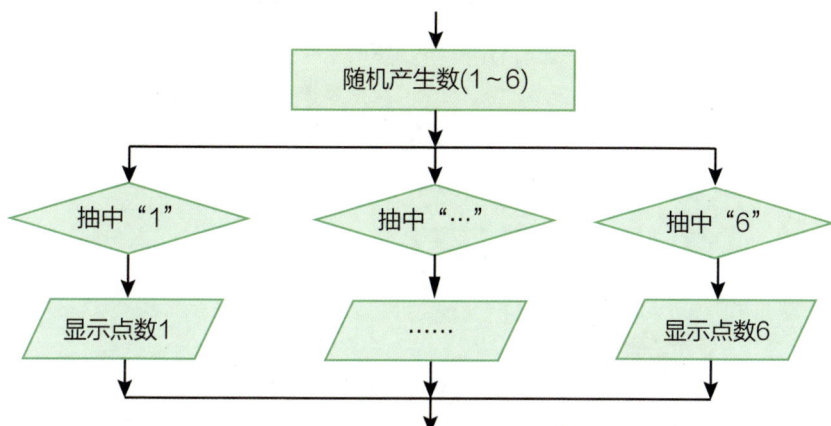

图1.12　"幸运数字随手掷"游戏流程图

根据流程图可知,程序中要用到判断、随机产生数等功能,请确认可能用到的积木有哪些,并说说它们的作用。

□　其他:＿＿＿＿＿＿＿＿＿＿＿＿＿＿＿＿＿＿＿＿＿＿＿＿

项目实施 ♟

▦ 1. 编写程序

首先将Micro:bit与电脑连接,在Mind+中进行连接设置;再根据游戏功能的规划，为按钮A与按钮B编写脚本；在Mind+中存放数据需要用到变量，以存放随机产生的数。

01 连接设备　使用 USB 线将 Micro:bit 与电脑连接。运行 Mind+ 软件，选择"连接设备"→"COM3-Microbit"命令，在 Mind+ 中设置与 Micro:bit 的连接。

02 添加 Micro:bit 积木　单击 Mind+ 左下角的"扩展"按钮，在打开的窗口中选择"主控板"→"Micro:bit"选项，在积木区添加 Micro:bit 相关积木。

03 定义变量　按图 1.13 所示操作，定义新变量 i。

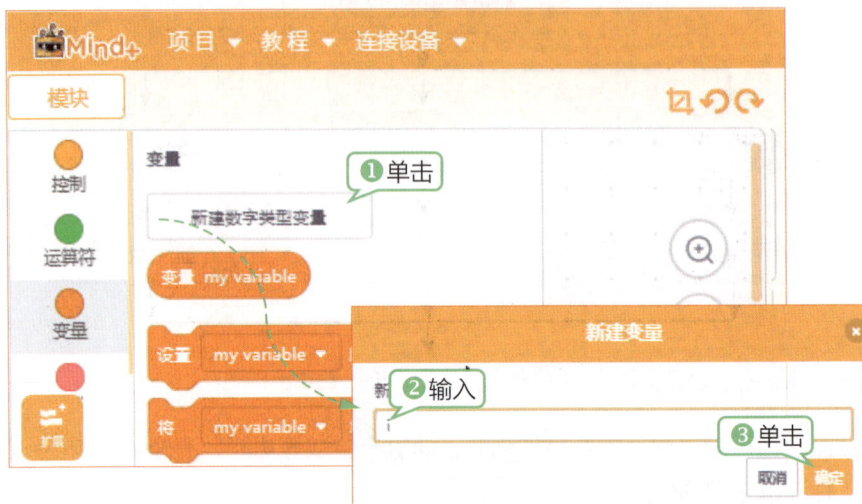

图1.13　定义变量

04 使用变量　按图 1.14 所示操作，在程序中使用变量 i。

图1.14　使用变量

05 编写按钮 A 脚本　为按钮 A 添加脚本，如图 1.15 所示。

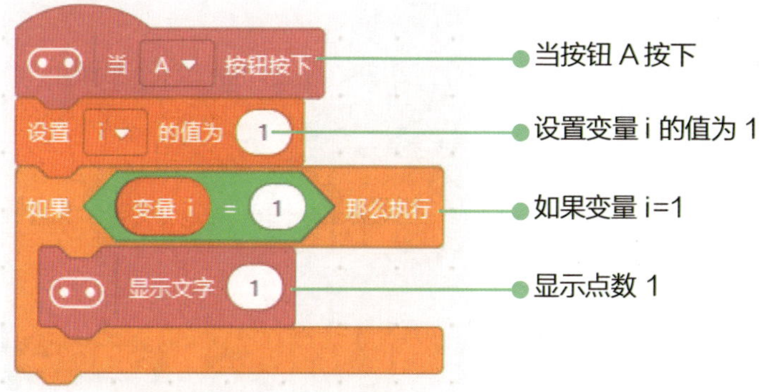
当 A 按钮按下
设置 i 的值为 1
如果 变量 i = 1 那么执行
显示文字 1
当按钮 A 按下
设置变量 i 的值为 1
如果变量 i=1
显示点数 1

图1.15　按钮A脚本

06 编写按钮 B 脚本　为按钮 B 添加脚本，如图 1.16 所示。

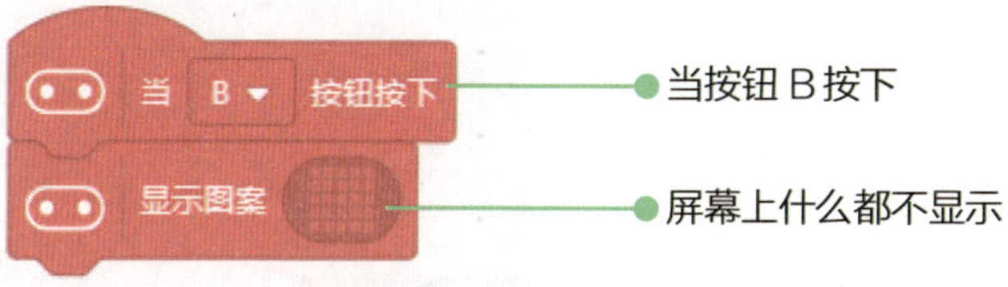
当 B 按钮按下
显示图案
当按钮 B 按下
屏幕上什么都不显示

图1.16　按钮B脚本

07 保存项目　选择“项目”→“保存项目”命令，以“幸运数字随手掷 .sb3”为文件名保存文件。

2. 测试程序

运行程序，需要将程序上传到设备，运行程序时检查是否能实现原先设计的功能，如果不能则需要修改，直到实现为止。

01 上传程序　单击“上传到设备”按钮，将程序上传到 Micro:bit。

02 运行程序　分别按下 Micro:bit 上的按钮 A 与按钮 B，对程序进行测试。

03 设置随机选数　通过运行程序可知，现在的程序只能抽到数字 1。需将脚本中变量 i 的值设置成随机抽取数字，范围是 1~6 的数字，效果如图 1.17 所示。

04 添加抽到其他数的脚本　与随机数相对应，需要添加相应的判断语句，脚本效果如图 1.18 所示。

05 运行程序　上传并运行程序，检测程序的效果，如果有问题就继续修改，直到满意为止。

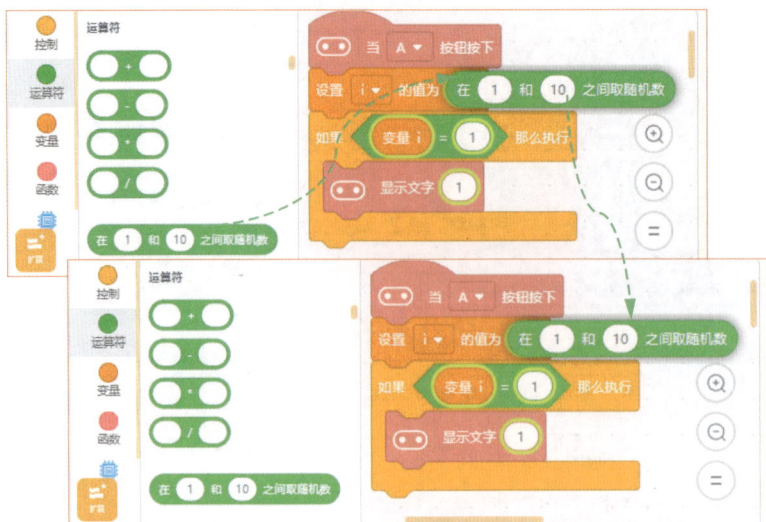

图1.17　设置随机选数

当变量 i 等于 2 时

屏幕上显示两个点

当变量 i 等于 3 时

屏幕上显示三个点

当变量 i 等于 4 时

屏幕上显示四个点

当变量 i 等于 5 时

屏幕上显示五个点

当变量 i 等于 6 时

屏幕上显示六个点

图1.18　随机抽中1~6的脚本

项目支持 ✖

▦ 1. Mind+软件界面

Mind+软件界面包括菜单栏、积木区、脚本区，编程时常用到菜单栏"项目"菜单中的命令，以及"积木区""脚本区"等。

♡ **菜单栏**　"项目"菜单可以新建项目、打开项目、保存项目等；"教程"菜单可以观看视频教程、访问在线论坛、查看示例程序等；"连接设备"菜单能检测到连接的设备，并且可以选择连接或是断开设备。

♡ **积木区**　这里是"舞台"的"道具"区，为了完成各种动作，需要很多不同的道具组合。在"扩展"选项中，可以选择更多积木，支持各种硬件编程。

♡ **脚本区**　这里是"舞台表演"的核心，所有的"表演"都会按照脚本区的脚本行动。这里是大家都能看得懂的图形化编程，拖曳积木区的积木就能在此编写程序。

▦ 2. Micro:bit主板正面

Micro:bit主板正面如图1.19所示，有5×5个LED点阵显示屏。点阵显示屏两边有两个可编程按钮，可以控制游戏操作或暂停/播放一首音乐。

图1.19　Micro:bit主板正面

▦ 3. Micro:bit中按钮的使用

Micro:bit主板上有两个按钮，可以设置成三种状态，分别是按下按钮A、按下按钮B，以及按钮A、B一起按下，如图1.20所示。

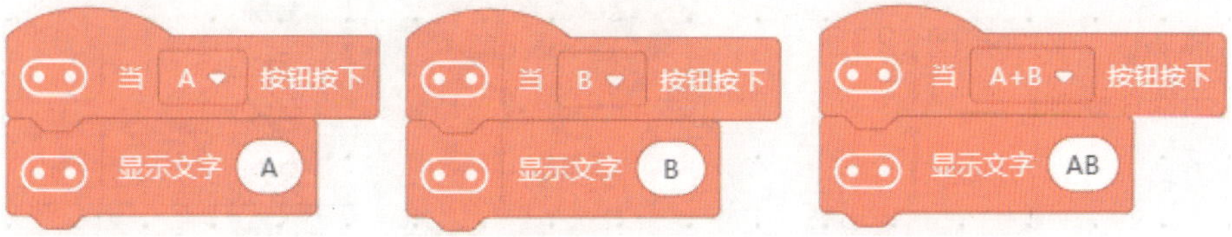

图1.20　Micro:bit中按钮的使用

4. 变量

变量是编程时用来存放数据的地方，如输入的数、中间计算的结果、执行了多少次等。在Mind+中使用变量需要先定义，然后调用。

5. 选择结构

在使用Mind+编写程序时会用到选择结构。选择结构在执行语句时进行条件判断，以便对符合条件的语句进行操作。"如果…那么执行…"积木是单分支条件语句，运行程序时，如果条件为真，就执行"如果…那么执行"内的脚本块；如果为假就退出，如图1.21所示。

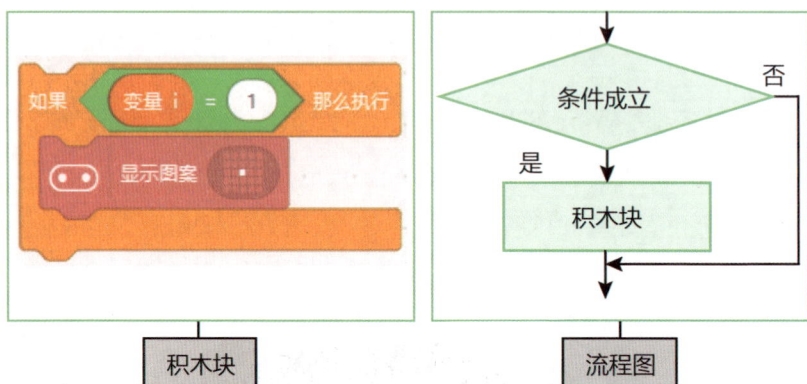

图1.21 选择结构

6. 编辑积木

在Mind+中，可以对积木进行添加、删除、复制、移动等编辑操作，方便使用积木搭建各种脚本。

♡ **复制积木** 在脚本区添加积木时，可以采用拖动的方法添加，也可复制已有的积木，按图1.22所示操作，可以快速复制积木，编写脚本。

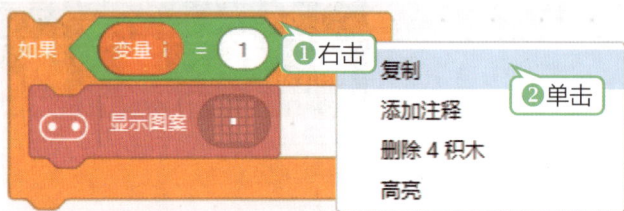

图1.22 复制积木

♡ **删除积木** 删除积木的方法很多，可以将积木拖到模块区，或者按图1.23所示操作删除。

图1.23 删除积木

♡ **修改积木参数**　积木中的参数可以修改，按图1.24所示操作，可在提供的列表中选择或输入参数。

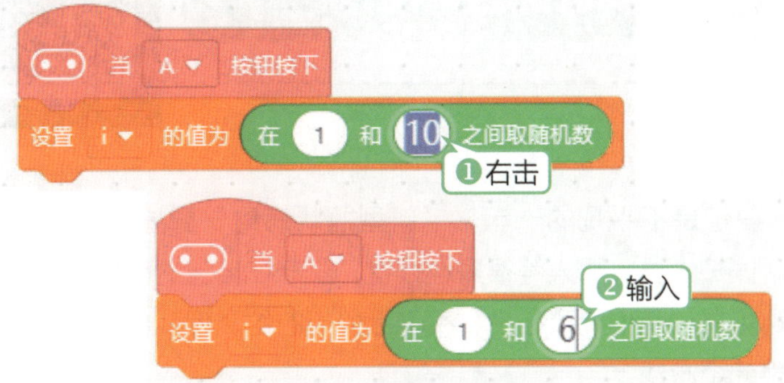

图1.24　修改积木参数

项目延伸 🖥

📖 **1. 展示分享**

使用自己设计的Micro:bit"骰子"，与家人一起玩图1.25中的"大富翁"游戏，看看电子"骰子"使用起来是否方便。

图1.25　"大富翁"游戏

📖 **2. 创意设计**

本项目中通过按钮控制掷"骰子"与清除屏幕，并且掷"骰子"后在屏幕上显示的是点数，仔细上网查找相关案例，看能不能掷"骰子"时显示的是数字，或者掷完"骰子"后直接报出数字。

| 项目2 | 狙击病毒训练营 |

2020年，注定是不平凡的一年，"新型冠状病毒"肆虐，全国打响了疫情防控战。在战斗中，医护人员、军人等很多逆行者，坚守在自己的岗位上，誓与病毒奋战到底。为阻断病毒传播，我们隔离在家，帮不上他们的忙，但我们可以编写一个程序，制作一个消灭病毒的小游戏。

项目准备

1. 项目体验

将游戏器材安装好，离靶子 1 米远处用子弹(乒乓球)射向靶子(当成病毒)，如果击中靶子，则会发出声音，并在Micro:bit的显示屏上显示击中的次数，效果如图1.26所示。

图1.26　打靶游戏效果图

2. 问题思考

> 问题 1：怎样判断击中病毒？

> 问题 2：怎样在显示屏上显示射中次数？

> 问题 3：怎样实现计数？

项目规划

1. 功能规划

射击类游戏，首先击中某个物体，它要能感知；其次击中后要能计数，并且在击中时能播放声音。这些在Micro:bit中如何实现？这是一个射击类的游戏，有游戏的功能，打子弹打中"病毒"能在LED屏上显示数字，并且如果打中会发出声音。将功能规划好，填写到图1.27中。

图1.27　打靶游戏规划图

2. 外观规划

从功能描述中，我们可以看到，要实现射击病毒游戏的效果，首先要有一个靶子，安装在Micro:bit主板与扩展板上方，其外观效果如图1.28所示。

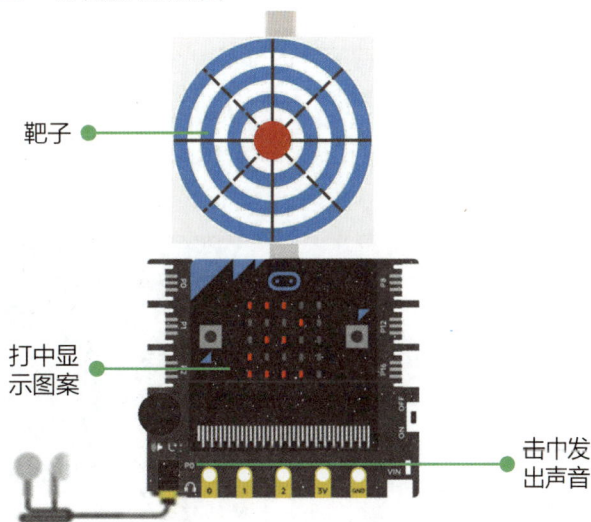

图1.28　打靶游戏外观图

♡ **画一画** 在网上找一找打靶游戏，观察靶子的设计，请在下面框中画出自己的设计。

♡ **想一想** 为游戏制定一个规则，并记录下来，等游戏制作好后，邀请同学一起玩。

▦ **3. 知识准备**

游戏中需要击中靶子，所击中的次数能显示在显示屏上，并且击中时，有声音响起。要实现这样的功能，最好使用扩展板。

♡ **连一连** 将主板与扩展板连接在一起，注意电源还是接在主板上，连接方式与前面的一样，如图1.29所示。

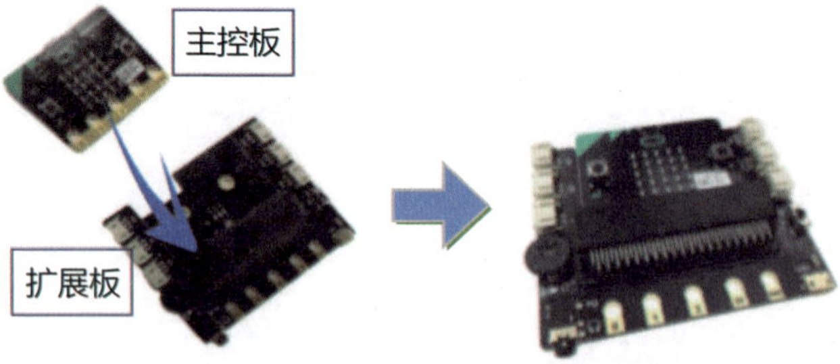

图1.29 连接Micro:bit主板与扩展板

♡ **认一认** 仔细阅读"项目支持"中的相关内容，认识扩展板，如图1.30所示。在框内填写相应的名称。

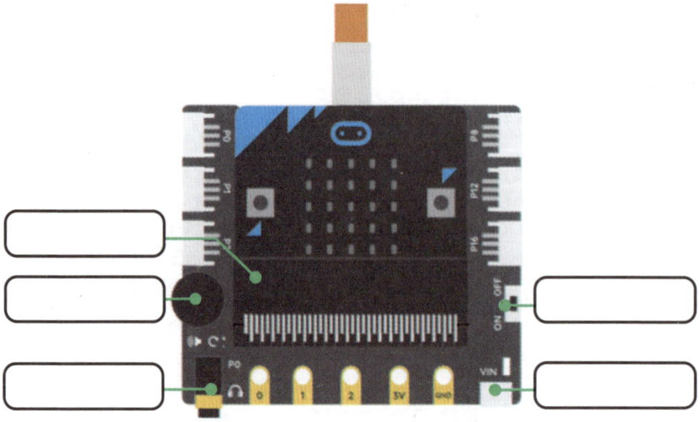

图1.30 认识Micro:bit扩展板

♡ **试一试**　运行Mind+软件，设置设备连接，在脚本区添加如图1.31所示的脚本并设置。上传程序到设备，测试当程序运行时能否播放声音。

图1.31　测试声音的脚本

♡ **比一比**　编写图1.32所示的两段脚本，分别上传到设备，测试程序。请分别在框中写下脚本的功能。

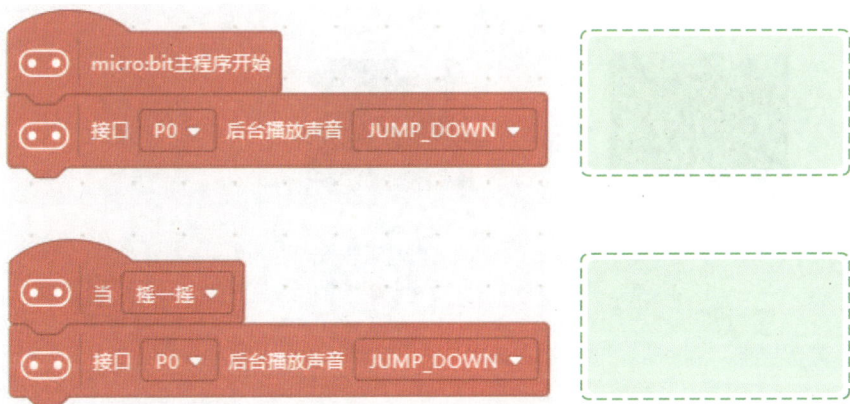

图1.32　测试脚本功能

♡ **想一想**　如果想实现摇动Micro:bit就能在主板的显示屏上显示摇动次数的效果，可模仿项目1编写脚本。

▦ 4. 算法设计

通过前面的分析，再用流程图梳理一下思路，如图1.33所示。当子弹射中靶子时(主板晃动)，能发出声音，并在主板的显示屏上显示被击中的心形图案。

根据流程图，知道在设计程序时需要用到判断语句、显示图案、播放声音，以及变量计数等功能。实现这些功能，还需了解编程需要的积木，选一选可能用到的积木，并说说它们的作用。

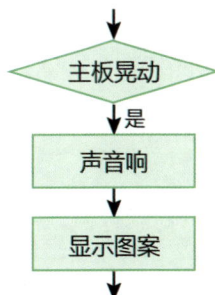

图1.33　打靶游戏算法

☐   当 A ▾ 按钮按下

☐   显示图案

☐   ◯ = ◯

☐   将 i ▾ 增加 1

☐   在 1 和 10 之间取随机数

☐   如果 ◇ 那么执行

☐ 其他: _____

项目实施

▦ 1. 器材准备

规划设计好后，需要准备设计游戏的硬件器材，器材有主板、扩展板、数据线、耳机、双面胶等，如图1.34所示。

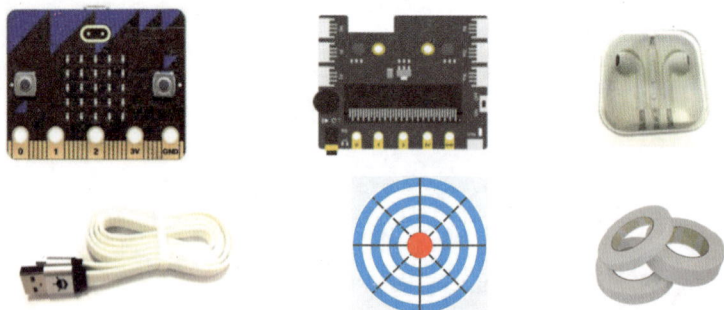

图1.34   游戏需要的器材

▦ 2. 编写程序

击中靶子后，会引起主板晃动，而检测主板晃动要用到电子罗盘。在编写程序时，需要检测主板有无晃动，以播放声音、显示图案。

01   **连接设备**   将主板插在扩展板上，并使用数据线连接到电脑上，将耳机插在扩展板的插口上。运行 Mind+ 软件，选择"连接设备"→"COM3-Microbit"命令，在 Mind+ 中设置与 Micro:bit 的连接，并添加扩展模块 Micro:bit。

02   **编写脚本**   编写如图 1.35 所示的脚本，实现当摇动主板时，显示心形图案并发出声音。

03   **测试程序**   上传程序到设备，摇动主板，观察程序的运行结果。

图1.35　编写脚本

3. 完善程序

　　运行程序时发现，编写的脚本只能实现主板摇动时发出声音、显示图案，不能在打中靶子时显示打中的个数，离游戏的理想效果还有一定的差距，需要对程序进行完善，如使用变量、添加计数功能等。

01 梳理思路　根据完善程序的思路，使用流程图重新整理，如图 1.36 所示。

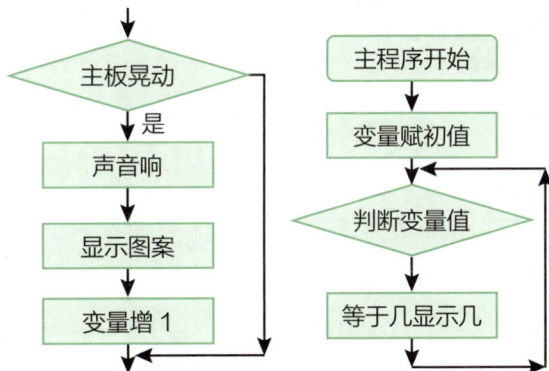

图1.36　完善后的程序流程图

02 新建变量　在积木区选择"变量"→"新建数字类型变量"命令，新建变量 i。

03 实现计数功能　编写脚本，实现当主板摇动一次计一次数，效果如图 1.37 所示。

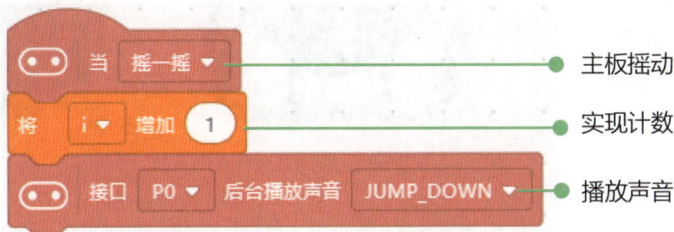

图1.37　实现计数功能

04 显示打中次数　编写如图 1.38 所示的脚本，设置程序执行时的次数，然后根据变量的值，显示打中的次数。

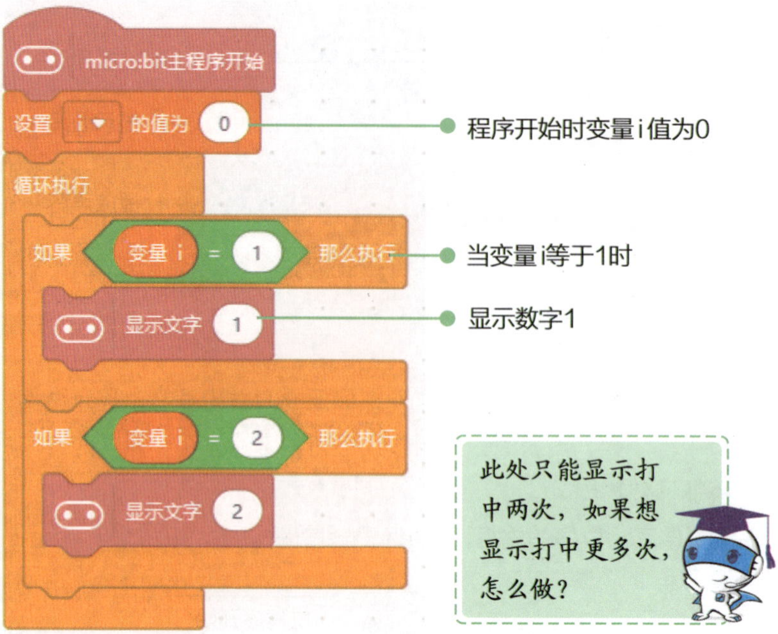
micro:bit主程序开始
设置 i 的值为 0
程序开始时变量i值为0
循环执行
如果 变量 i = 1 那么执行
当变量i等于1时
显示文字 1
显示数字1
如果 变量 i = 2 那么执行
显示文字 2
此处只能显示打中两次，如果想显示打中更多次，怎么做？

图1.38　显示打中次数

4. 优化游戏

对游戏进行优化，可以从修改游戏的外观开始，如更换一个靶子图案，可爱的或可恶的，换一种积木实现算法，对比打中病毒的精确度。

01　更换靶子　根据游戏的主题“打病毒”，选择合适的靶子图案，如图 1.39 所示。

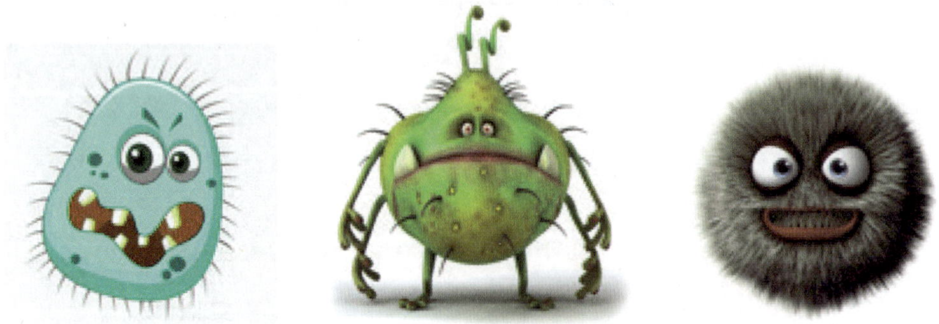

图1.39　病毒图案

02　修改脚本　用循环语句编写脚本，如图 1.40 所示，实现反复判断有没有击中靶子。

03　保存程序　选择“项目”→“保存项目”命令，以“狙击病毒训练营 .sb3”为文件名保存。

始终执行

清除图案

当主板摇动时

显示心形图案

播放声音

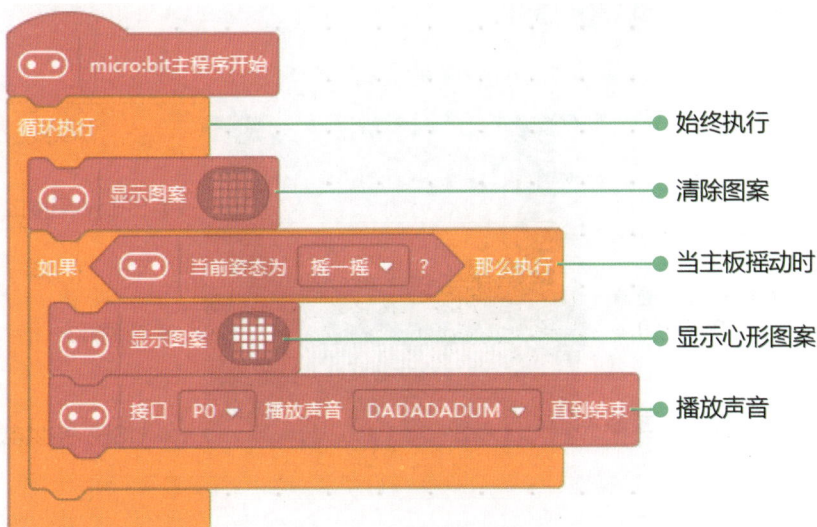

图1.40　修改脚本

项目支持

▦ 1. Micro:bit主板背面

Micro:bit主板的背面如图1.41所示，其中蓝牙可以和手机互联，实现通过手机发送指令控制主板；无线连接功能可以让多块Micro:bit主板实现远程通信，完成一些需要远距离控制的任务；电子罗盘可以感知上下左右和东西南北，利用它可以制作不会迷路的装置。

板载蓝牙

数据线接口

Reset按钮

电子罗盘

图1.41　Micro:bit主板背面

▦ 2. 扩展板

要使用Micro:bit主板播放声音，需要使用鳄鱼夹连接外接设备，将主板接在扩展板上，扩展板含有扩展接口，如图1.42所示。Micro:bit 扩展板附带了3.5mm 耳机接口和音量旋钮，方便耳机直接插用。

图1.42　扩展板

Micro:bit扩展插槽
音量旋钮
耳机接口
3Pin防呆接口
电源开关
USB外接供电口

▤ 3. 循环结构

在使用Mind+编写程序时要用到循环结构，这里的循环是一直执行，没有终止条件。如图1.43所示，左侧脚本是重复显示两个图案，运行程序时，一直执行产生心跳的效果。

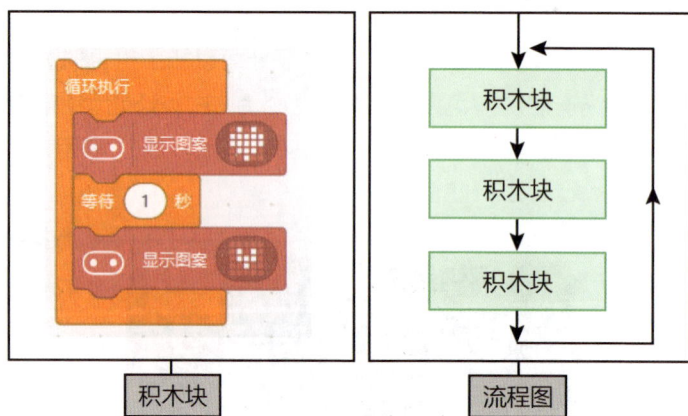

图1.43　循环结构

项目延伸

▤ 1. 展示分享

邀请同学一起来玩一玩游戏，可以自己设定游戏规则。例如，在1分钟之内比谁射中的次数多。

▤ 2. 创意设计

本项目中检测主板晃动使用的是电子罗盘，播放声音使用的是耳机，也可以使用其他的传感器与电子设备。仔细上网查找相关案例，看能不能对本项目进行改进。

项目3 移动方块消消乐

消消乐是一款经典的小游戏，游戏中消除的对象为小动物头像。玩家通过移动小动物头像位置，当凑够3个或3个以上相同头像时，即可消除。使用Micro:bit可模仿编写消消乐游戏。

项目准备

▦ 1. 项目体验

运行程序，红色方块从上面随机落下，按下按钮A、B可以控制红色方块水平移动，当遇到上方掉落的方块时，产生消除效果(LED灯全部亮了后熄灭)，效果如图1.44所示。

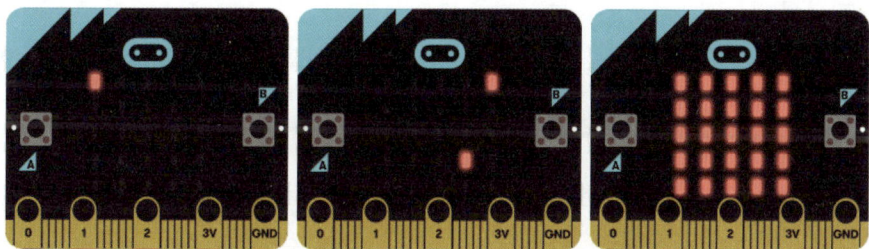

图1.44　"移动方块消消乐"游戏效果图

▦ 2. 问题思考

问题 1：怎样产生红色方块随机出现并下落效果？

问题 2：如何使用按钮控制方块移动？

问题 3：如何判断可控方块与落下的红色方块相遇？

项目规划

■ 1. 功能规划

消消乐游戏开始运行时，有一个红色方块从上往下移动，如果没有东西能接住红色块，便一直向下移动，直到消失，顶端接着再随机出现红色块往下掉。能使用按钮控制小方块的左右移动，每按一次按钮A，向右移动一格；每按一次按钮B，向左移动一格。可使用按钮控制小方块拦截上面掉下的方块，如果拦截成功，则方块消失。

♡ **画一画**　请根据玩游戏的体验，设计游戏的规则，在图1.45所示的思维导图上填上自己设计的内容。

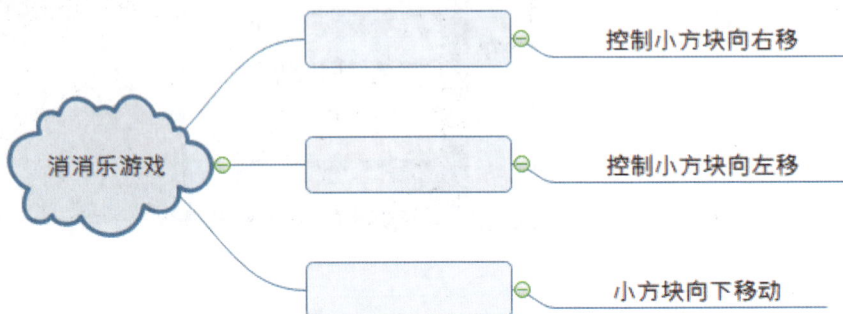

图1.45　"移动方块消消乐"游戏规划图

♡ **想一想**　为此游戏设计一款游戏规则，并记录在下面的框中。游戏设计好后，邀请同学一起玩。

■ 2. 知识准备

要实现红色块随机出现并下落，直到移到最下面一行消失，以及如何用按钮控制红色方块移动，需要学习的知识很多。

♡ **试一试**　按图1.46所示编写脚本，上传到设备上，进行测试，并记下脚本的功能。

♡ **比一比**　编写按下按钮后灯亮一下再熄灭的脚本，如图1.47所示，上传到设备，运行程序对比效果，选择正确的脚本，并考虑错误产生的原因。

♡ **学一学**　Micro:bit主板上的LED屏如图1.48所示，共有25个LED灯，每个LED灯都有坐标，横轴为x，竖轴为y。如(0,0)是左上角的灯，(4,4)是右下角的灯，请试着点亮框内列出坐标的灯。

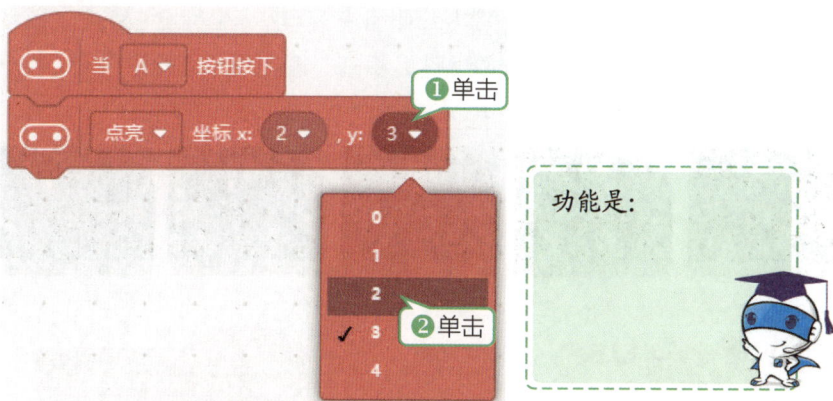

图1.46　测试点亮LED灯脚本

功能是：

图1.47　对比脚本实现的功能

(0, 0)
(0, 1)
(0, 2)
(0, 3)
(0, 4)

图1.48　LED灯的坐标

想一想 如图1.49所示，用变量可以实现y坐标不动，x坐标发生变化，即红色方块向右移动。想一想，在"？"处放上什么积木，能实现按下按钮A，红色方块向右移动？

图1.49 实现红色方块向右移动的脚本

3. 算法设计

设计消消乐游戏，要分别考虑按下按钮A、B，控制的红色方块沿水平方向移动，以及随机出现的红色方块沿垂直方向移动，流程如图1.50所示。

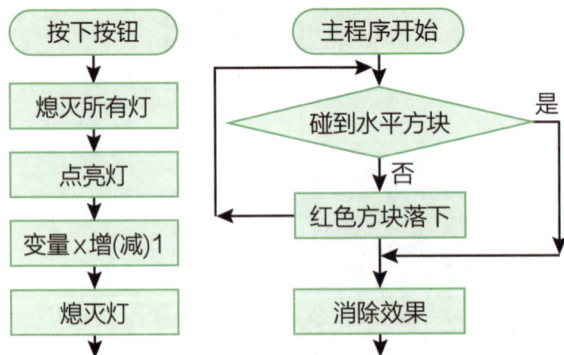

图1.50 "移动方块消消乐"游戏算法设计

根据流程图可知，游戏要实现通过按钮控制红色方块移动，以及随机落下方块，并且要判断通过按钮控制的方块是否碰到下落的方块的功能。要实现这些功能，需要使用专门的积木，请选一选可能用到的积木，并说说它们的作用。

☐　　　☐　将 i▼ 增加 1

☐　显示图案　　☐　在 1 和 10 之间取随机数

☐　＝　　☐　重复执行直到

☐　其他：_____

项目实施

1. 编写程序

根据学习过的知识与流程图，分别编写用按钮A、B控制红色方块左右移动的脚本，以及方块由上往下落下的脚本。

01　编写红色方块下落脚本　编写脚本如图 1.51 所示，能够实现红色方块从上方落下。

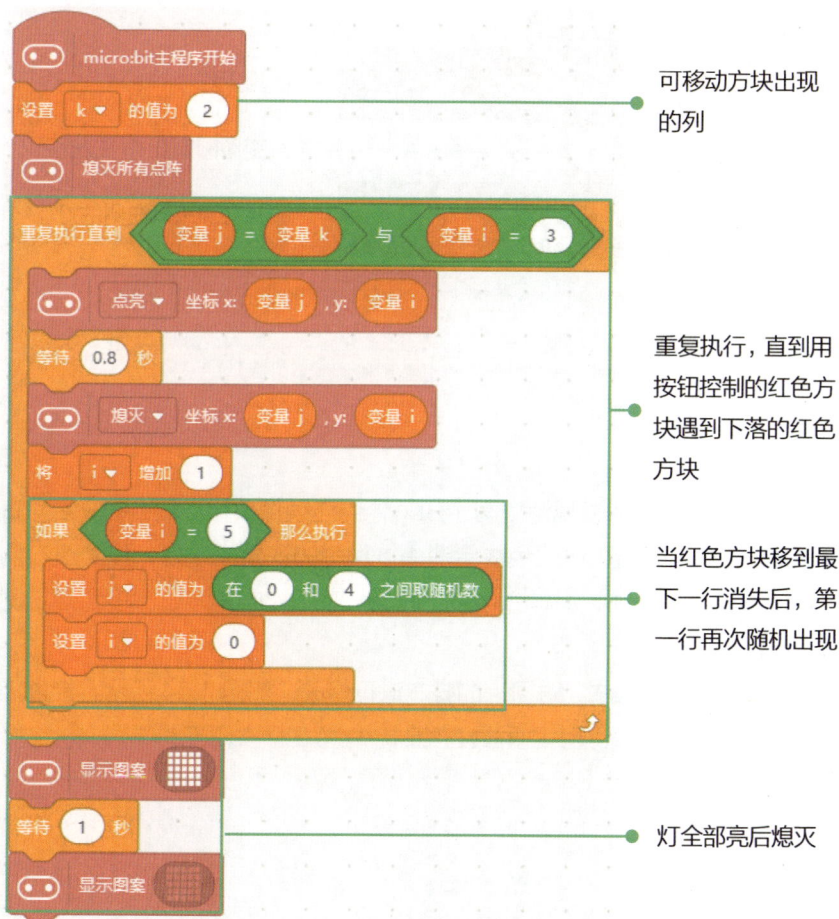

可移动方块出现的列

重复执行，直到用按钮控制的红色方块遇到下落的红色方块

当红色方块移到最下一行消失后，第一行再次随机出现

灯全部亮后熄灭

图1.51　"方块随机下落"脚本

02 编写按下"按钮 A"的脚本 编写脚本如图 1.52 所示，能够实现按下按钮 A，红色方块向右移动 (y=3，此处默认出现在倒数第二行)。

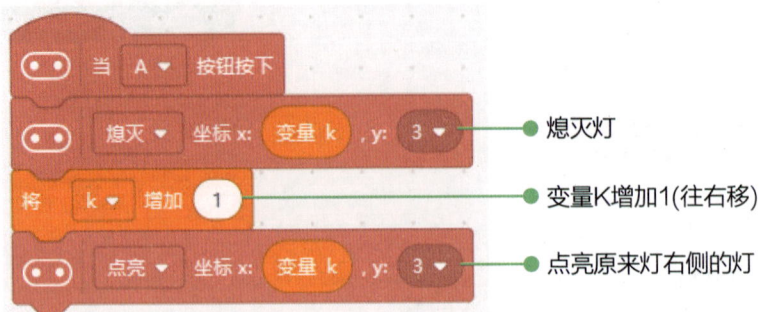

图1.52 按下"按钮A"的脚本

03 编写按下"按钮 B"的脚本 编写脚本如图 1.53 所示，能够实现按下按钮 B，红色方块向左移动。

图1.53 按下"按钮B"的脚本

04 运行测试程序 将文件以"移动方块消消乐 .sb3"命名保存，上传到设备，运行并测试程序。

🔲 2. 优化程序

通过运行测试程序，会发现游戏有个Bug，当连续按按钮A，红色块会向右移动，当移到最右侧时，再按按钮A，红色块会消失。理想的效果应该是，移到最右侧时，再按按钮，红色块能停止不动；同样，当按下按钮B时，能向左移动，移到最左侧时，再按按钮，也会停止不动。

01 修改按下"按钮 A"脚本 对原来的脚本进行修改，如图 1.54 所示，能够实现当按下按钮 A，红色方块移到 LED 屏最右侧时，停留在最右侧不消失。

　●　如果到最右侧

　●　将变量值设置为4

　●　红色方块向右移动

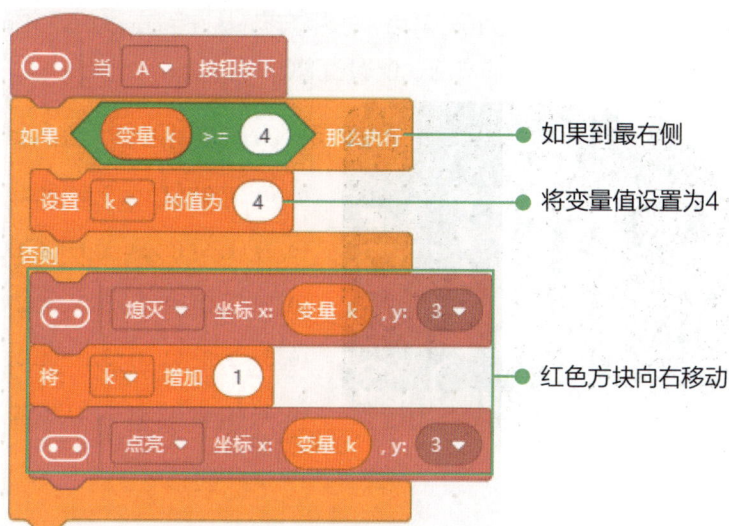

图1.54　按下"按钮A"的脚本

02　修改按下"按钮 B"脚本　对原来的脚本进行修改，如图 1.55 所示，能够实现当按下按钮 B，红色方块移到 LED 屏最左侧时，停留在最左侧不消失。

　●　如果到最左侧

　●　将变量值设置为0

　●　红色方块向左移动

图1.55　按下"按钮B"的脚本

03　运行测试程序　保存文件，上传到设备，运行并测试程序。

项目支持

1. Micro:bit的LED显示屏

Micro:bit 自带了一个 5×5 的LED显示屏，如图1.56所示，可用于文字或图形展示，左上角为(0,0)点，右下角为(4,4)点，水平方向(从左到右)为x轴方向，依次递增0~4；垂直方向(从上到下)为y轴方向，依次递增0~4。

各个点坐标分布如下（x, y）：

(0, 0) (1, 0) (2, 0) (3, 0) (4, 0)

(0, 1) (1, 1) (2, 1) (3, 1) (4, 1)

(0, 2) (1, 2) (2, 2) (3, 2) (4, 2)

(0, 3) (1, 3) (2, 3) (3, 3) (4, 3)

(0, 4) (1, 4) (2, 4) (3, 4) (4, 4)

图1.56　LED显示屏

▦ 2. 直到型循环

在执行了一次循环后，对条件进行判断，如果条件不满足，就继续执行循环体，直到条件满足时终止循环，如图1.57所示。因此，这种循环结构称为直到型循环。

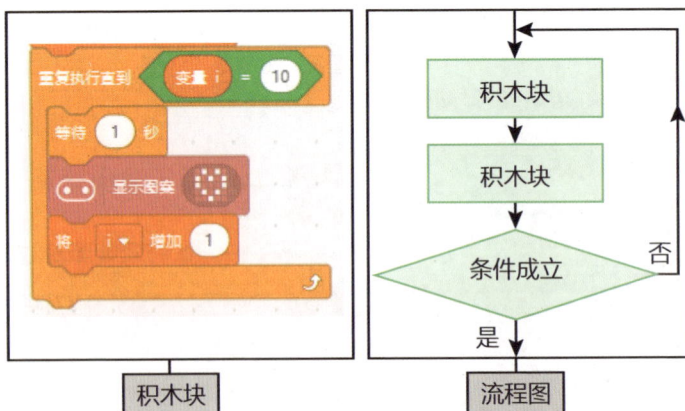

图1.57　直到型循环

项目延伸

▦ 1. 展示分享

设定游戏规则，如统计两分钟内消除的方块数，和同学一起来玩一玩游戏，看谁在单位时间内消除的方块数多。

▦ 2. 创意设计

本项目中游戏只能玩一次，想一想能不能在一次游戏结束后，同时按下按钮A、B，使游戏能够重新开始，或者上面重复落下红色块。

项目4　探测扫雷真神奇

我们在电视、电影上经常会看到扫雷的场面，军人拿着探雷器探测地下是否埋有地雷，如果找到了就会发出警报声。而扫雷游戏也是一种常见的小游戏。学习了Mind+软件后，就可以自己编写一个扫雷游戏程序。用Micro:bit主板探测扫雷，在规定的时间内，看看谁能最快找到所有的地雷。

项目准备

1. 项目体验

游戏开始，一人将地雷(小磁铁)在场景里藏好，另一人用Micro:bit主板进行探测，正常情况下，屏幕上会显示一个点状图案，当接近地雷时，会看到LED显示屏上出现箭头图案和磁场强度，并且会听到警示声音，效果如图1.58所示。

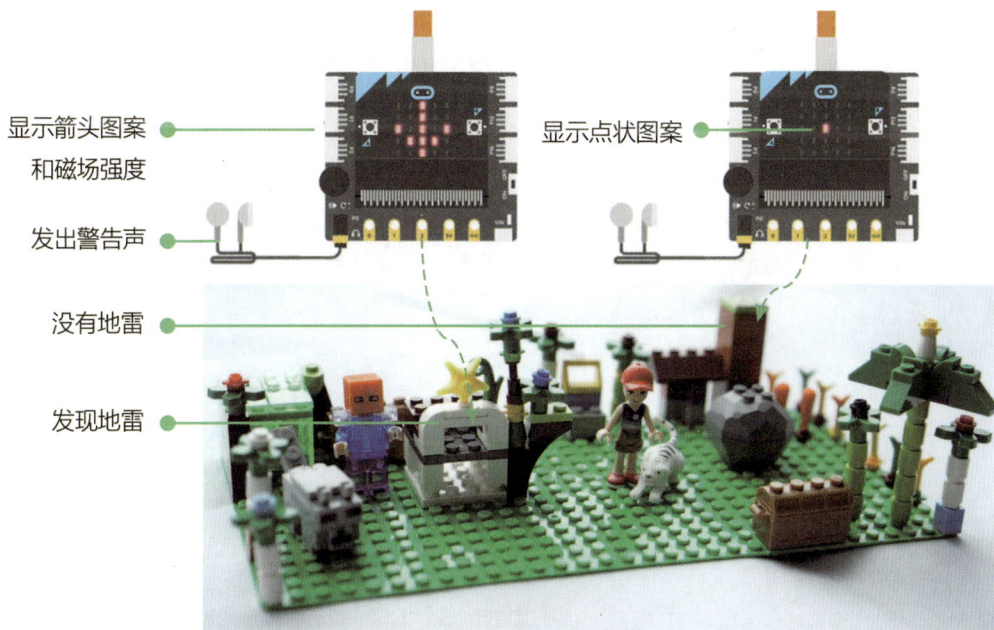

显示箭头图案和磁场强度

显示点状图案

发出警告声

没有地雷

发现地雷

图1.58　扫雷游戏效果图

2. 问题思考

问题 1：怎样判断磁场的强弱？

问题 2：探测到磁场后如何发出警告？

问题 3：如何编写程序来实现探测扫雷？

项目规划

1. 头脑风暴

探雷器是一种用于探测地雷的工兵器材，现在常见的探雷器有便携式、车载式和机载式等类型。

♡ **查一查** 常见的探雷器是什么样的，由哪些部分组成？请你上网搜索，并将查找到的结果记录在下面的方框中。

♡ **说一说** 和其他人讨论一下，说一说你查找到的探雷器是如何实现探测扫雷功能的？

2. 功能规划

因为Micro:bit主板可以感应到磁场，所以可以用小磁铁代替地雷，Micro:bit通过探测磁力的变化，从而找到地雷。这些功能在Micro:bit中如何实现呢？查看"项目支持"的内容，完成图1.59中空格的填写。

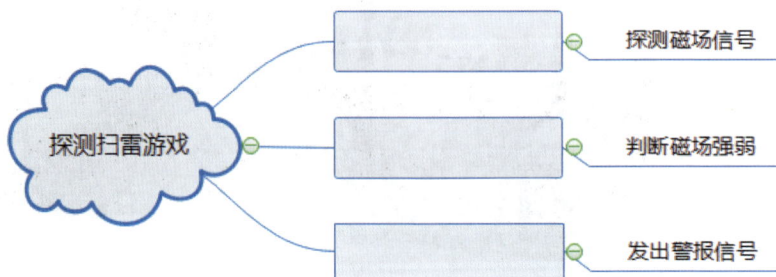

探测扫雷游戏 —— 探测磁场信号

—— 判断磁场强弱

—— 发出警报信号

图1.59 扫雷游戏功能规划

🔲 3. 场地规划

从功能描述中，我们可以看到，要实现扫雷的游戏效果，首先要制作一个可以埋藏地雷的场地，其次要设计好警报的方式。

💚 **画一画**　你会如何设计埋藏地雷的场景呢，是在城市还是在野外？请将你的设计画在下框中。

💚 **想一想**　在探测到地雷后，Micro:bit会立即发出警报。请你想一想，除了图1.60所示思维导图中的这些警报方式，还可以有哪些方式，请在图中填写。

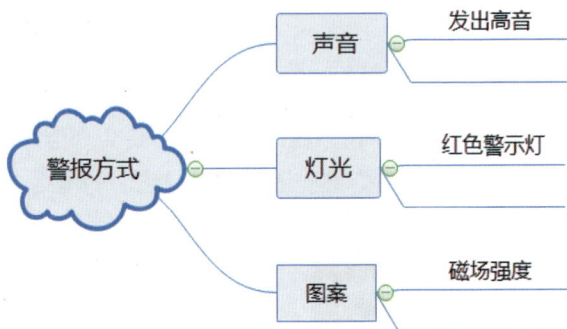

图1.60　扫雷游戏警报方式

💚 **选一选**　如果要制作扫雷游戏，你需要Micro:bit的哪些模块？请在图1.61中选出你需要的模块。

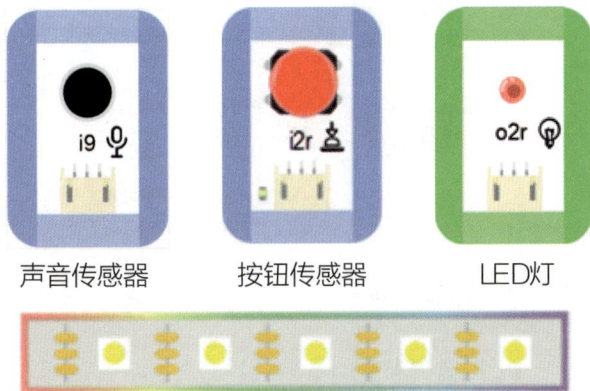

声音传感器　　按钮传感器　　LED灯

彩虹灯带

其他：＿＿＿＿＿＿＿＿＿＿＿

图1.61　选择模块

📖 4. 算法设计

通过前面的分析，我们知道扫雷游戏的规则就是将小磁铁藏好，利用Micro:bit主板自带的地磁传感器探测磁场的变化，如果磁场强度大于提前设定好的阈值，则说明可能有地雷。其算法流程如图1.62所示。

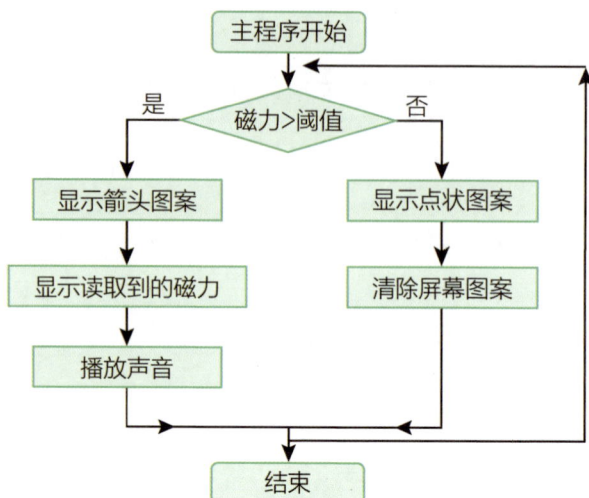

```
        ┌──────────┐
        │ 主程序开始 │←─────────────────────┐
        └──────────┘                       │
              ↓                            │
   是      ╱──────────╲      否             │
  ┌──────<  磁力>阈值  >──────┐             │
  │        ╲──────────╱      │             │
  ↓                          ↓             │
┌──────────┐          ┌──────────┐         │
│ 显示箭头图案 │          │ 显示点状图案 │         │
└──────────┘          └──────────┘         │
  ↓                          ↓             │
┌──────────────┐      ┌──────────┐         │
│ 显示读取到的磁力 │      │ 清除屏幕图案 │         │
└──────────────┘      └──────────┘         │
  ↓                          ↓             │
┌──────────┐                 │             │
│  播放声音  │                 │             │
└──────────┘                 │             │
  │                          │             │
  └────────────┬─────────────┘             │
               ↓                           │
          ┌────────┐                        │
          │   结束  │────────────────────────┘
          └────────┘
```

图1.62　算法流程图

流程图可以助力程序的编写，要实现程序功能，程序中可能用到Mind+软件哪些模块积木呢？请你选一选，并说说它们的作用。

☐ 循环执行

☐ 如果 ◆ 那么执行

☐ ⬭ = ⬭

☐ 显示图案

☐ 显示文字 hello world

☐ 读取磁力计的值(μT) x ▾

☐ 接口 P0 ▾ 播放音符 1 低 C/C3 1 ▾ 拍

☐ 其他：_____

项目实施 🔧

🟢 1. 器材准备

根据前期的规划，制作扫雷游戏需要准备的硬件器材如图1.63所示，主要有主板、扩展板、耳机、数据线、小磁铁、搭建场地的积木等。

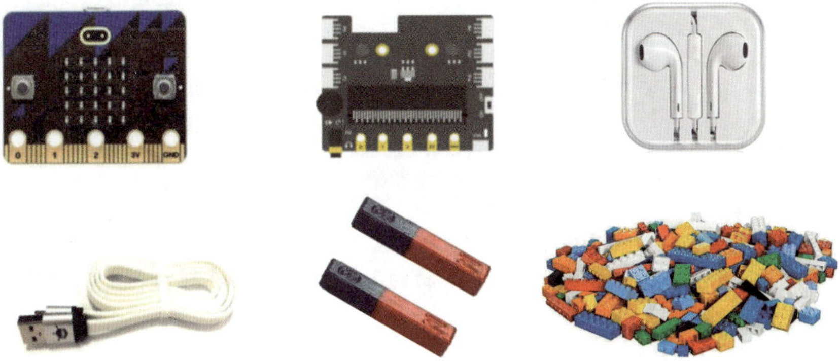

图1.63　器材准备

▦ 2. 场景搭建

根据自己设计的埋藏地雷场景，准备好相关器材后，就可以着手搭建场景模型了。本项目搭建了一个户外花园的场景，小磁铁可以随机藏在搭建好的建筑内，如图1.64所示。

图1.64　场景搭建

▦ 3. 编写程序

要利用Micro:bit主板探测磁场变化找到地雷，还需要编写程序来实现。因为不同的物体，磁力大小是不一样的，最好先编写辅助程序，探测出小磁铁和积木等不同物体的磁力值。

01 连接设备　运行 Mind+ 软件，连接设备，在 Mind+ 中设置与 Micro:bit 的连接，切换到"上传执行"模式，并添加扩展模块 Micro:bit。

02 测试磁力　编写如图 1.65 所示的程序，上传到设备，多次测试小磁铁和积木等物体的磁力，并记录下来，以便于根据磁力的大小判断是否有地雷。

图1.65 读取磁力大小

在主板的LED显示屏上显示读取到的磁力大小

可用于磁场感应的电子罗盘在B键下面的芯片上，因此在探测时，应将要探测物体放在B键的下方。

03 编写脚本 新建项目，编写如图 1.66 所示的脚本，实现当探测到有地雷时，就发出警报。

根据前期的多次测试，设定判断磁力大小的阈值为100

显示箭头图案及探测到的磁力值，并发出警告声

如果磁力<100，则在显示屏上闪烁显示点状图案

图1.66 编写代码

播放音频的耳机插在扩展板的耳机P0端口，因此在播放声音的时候，P0端口不能再接入其他传感器。

04 测试程序 上传程序到设备后，会出现如图 1.67 所示的提示。此时，转动 Micro:bit 直到所有灯都被点亮，随后出现笑脸图案，等灯全部熄灭后，校准完成。校准过后方可运行程序。

❗ **提示**

请转动micro:bit一圈以校准电子罗盘

操作演示

图1.67 校准电子罗盘

因为Micro:bit板载的电子罗盘需要通过检测地球的磁场来工作，因此它也就可以检测出物体的磁力强弱。

📖 4. 优化程序

在玩扫雷游戏时，每次更换场景或是埋藏新的地雷，都需要再次测试磁力大小，以便重新设定判断是否有磁铁的阈值，这会给游戏带来很多不便。因此需要对程序进行完善，通过按下主板上的按钮A和B来增加或减少磁力判断阈值，从而实现探测仪灵敏度的调整。

01 修改脚本　设置原阈值为 80，按下按钮 A，则阈值增加 10；按下按钮 B，则阈值减少 10。修改程序脚本，如图 1.68 所示。

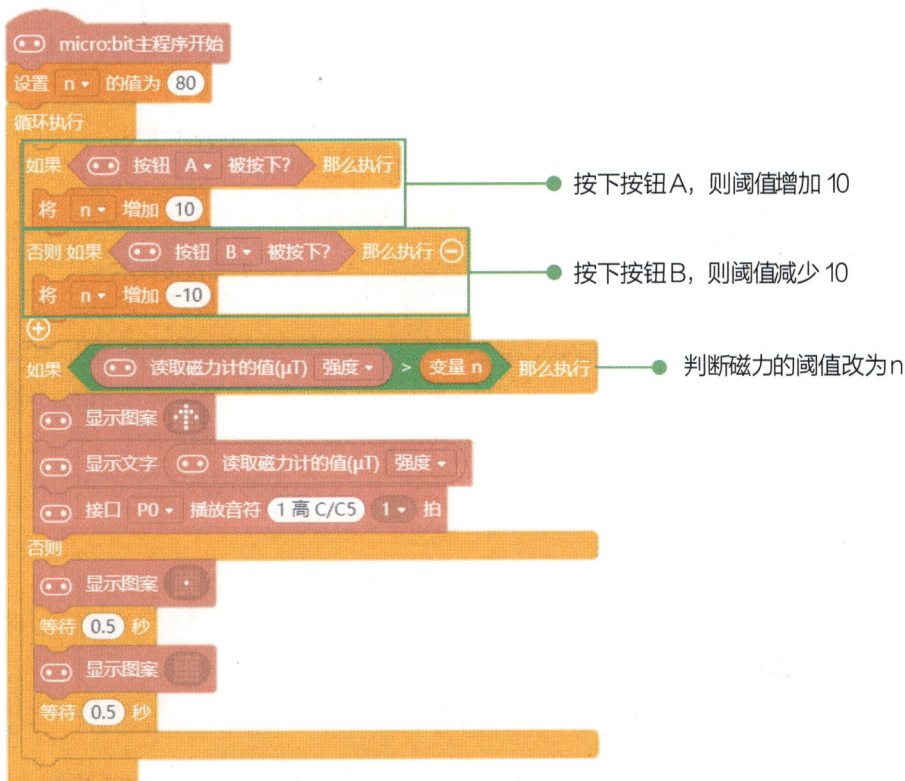

图1.68　修改脚本

02 保存程序　选择"项目"→"保存项目"命令，以"探测扫雷真神奇"为文件名保存。

项目支持 ✖

📖 1. Micro:bit磁力计

Micro:bit主板自带的磁力计可以检测地磁场强度，它采用的是x、y、z三轴磁力计，其坐标如图1.69所示。若将磁性物质靠近Micro:bit，则磁力计测得的磁场强度将相应增加，一般小磁铁的磁场强度远高于地磁场强度，磁力计数据变化很明显。

2. Micro:bit音乐模块

Mind+软件在Micro:bit模块中集合了音乐模块，如图1.70所示。利用这些积木，不仅可以播放内置的很多旋律，也可以通过编写音符积木，自己编写曲子。

图1.69　Micro:bit磁力计

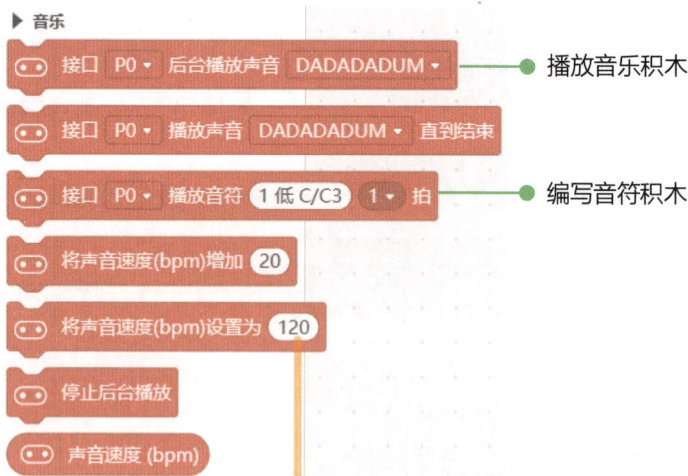

图1.70　音乐模块

项目延伸

1. 展示分享

将地雷埋藏好，找几个朋友用制作好的探雷器开始扫雷吧，看看谁能用最快的速度将所有的地雷找出来。

2. 创意设计

本项目中当探测到地雷时，显示箭头图案，并且发出警报声。你能不能尝试换一种报警方式，编写程序，以外接的LED灯不停闪烁来报警呢？

项目5	幸运抽奖大转盘

乐乐的生日快到了，他想在他的生日聚会上设计一个抽奖环节，感谢所有来参加的好朋友。就像电视节目中的那样，转动转盘，让朋友们感受游戏的紧张刺激之余，还能获得各种令人开心的奖品。

项目准备

1. 项目体验

幸运大转盘的游戏在很多场合都能看到，但多半是用纸板做的，不够灵活，最好是做一个电动的转盘，不需要太大，如图1.71所示。当按下按钮时，转盘转动，停止时大转盘指针最终指向的就是中奖奖品。

2. 问题思考

图1.71　幸运大转盘

问题 1：幸运大转盘准备设计哪些奖项？

问题 2：制作大转盘需要什么组件？

问题 3：怎样设计转盘使之简单、易操作？

项目规划

1. 头脑风暴

♡　想一想　生活中有哪些幸运大转盘的实例？

♡　查一查　生活中常见的幸运大转盘是什么样的，有哪些形式？请你上网搜索，并将查找到的结果记录在下面的方框中。

♡ **说一说** 和其他人讨论一下，说一说你查找到的幸运大转盘是如何实现抽奖功能的？

■ 2. 方案设计

从讨论结果来看，要实现转盘抽奖的效果，首先要搭建好一个可以转动的转盘，其次要编写程序，让转盘能够随机转动。还可以根据需要添加按钮等组件来控制转盘的转动。

♡ **画一画** 如果你是乐乐，你会如何设计幸运大转盘的外观呢？请将你的设计在下框中画出来。

♡ **想一想** 要搭建这样的转盘，你需要哪些材料？这些材料如何获取，怎样加工才能使转盘更加美观？

♡ **选一选** 如果要实现转盘的转动，你需要Micro:bit的哪些模块？请在图1.72中选出需要的模块。

风扇　　　　　　旋钮传感器　　　　　　按钮传感器　　　　　　舵机

其他：＿＿＿＿＿＿＿＿＿＿＿＿＿＿＿＿＿＿＿＿＿＿＿

图1.72　选择模块

3. 算法设计

为了实现随机转动抽奖的功能，可以使用外接的传感器，如按钮传感器。在程序的控制下，按下按钮时，转盘开始转动，转动到随机角度后，指针停下所指的位置就是所获奖项。其算法流程如图1.73所示。

借助流程图可以助力程序的编写，要实现程序功能，程序中可能用到哪些模块积木呢？请你选一选，并说说它们的作用。

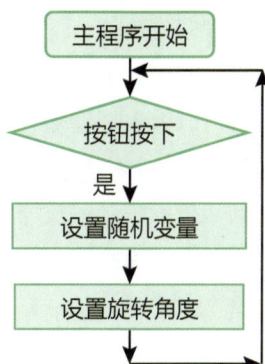

图1.73　算法流程图

□　其他：_____

项目实施

1. 器材准备

根据前期的规划，用巧克力盒子制作大转盘的外壳，再利用舵机和按钮来完成转盘的制作，需要准备的硬件器材如图1.74所示，主要有主板、扩展板、按钮、舵机、数据线、巧克力盒等。

图1.74　硬件器材

43

2. 模型搭建

根据自己设计的幸运大转盘，准备好相关器材后，就可以着手搭建模型了。本项目在搭建前还需要制作转盘、指针和底座。

01 **绘制转盘和指针**　根据需要设计好奖项，在白色卡纸上绘制转盘和指针，裁剪后的效果如图 1.75 所示。

02 **制作底座**　在巧克力盒子上开 3 个孔，改装后的盒子效果如图 1.76 所示。

图1.75　绘制转盘和指针

舵机孔

按钮孔
电源孔

图1.76　改装底座

03 **安装电路**　将舵机、按钮连接到 P0 和 P1 接口，然后与主板一起在盒子里固定安装好，如图 1.77 所示。

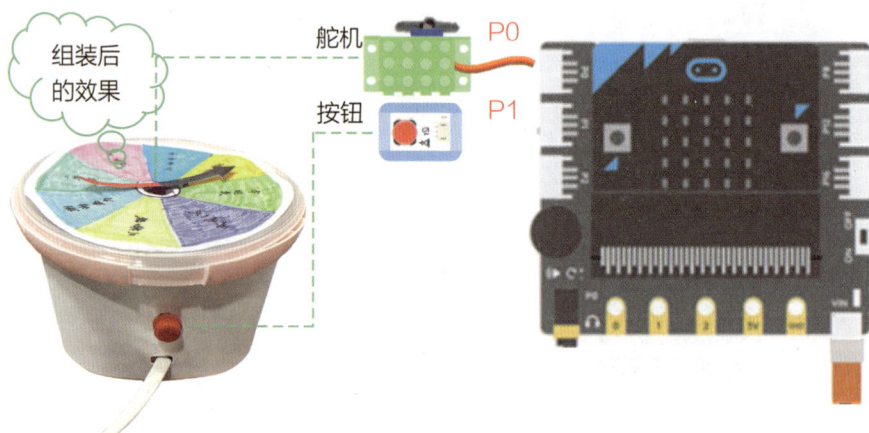

组装后的效果

舵机　P0

按钮　P1

图1.77　安装电路

3. 编写程序

要实现幸运大转盘的转动，还需要编写程序来完成。在编写程序时，需要使用随机变量控制舵机旋转的角度。

01 连接设备 运行 Mind+ 软件，连接设备，在 Mind+ 中设置与 Micro:bit 的连接，切换到"上传执行"模式，并添加扩展模块 Micro:bit。

02 添加舵机指令 选择"扩展"→"执行器"命令，如图 1.78 所示，添加"舵机模块"，在编程界面增加控制舵机的指令。

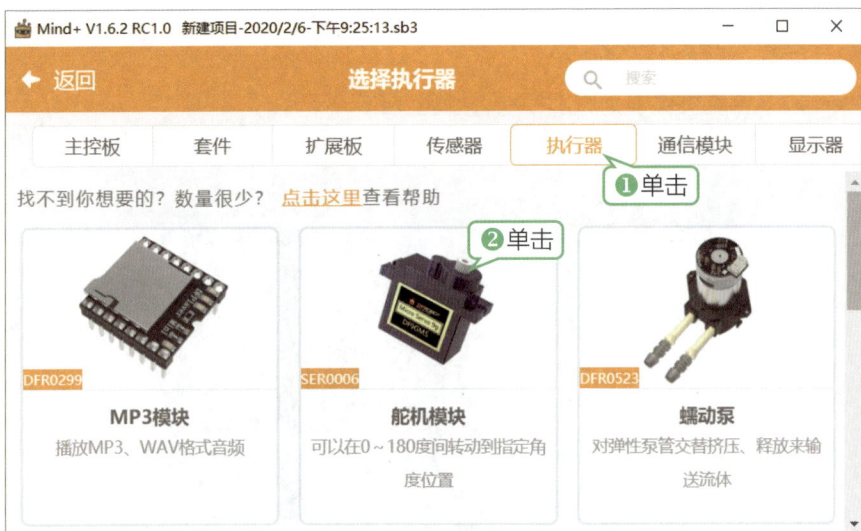

图1.78 添加舵机指令

03 编写脚本 编写如图 1.79 所示的脚本，实现当按下按钮时，舵机随机转动角度。

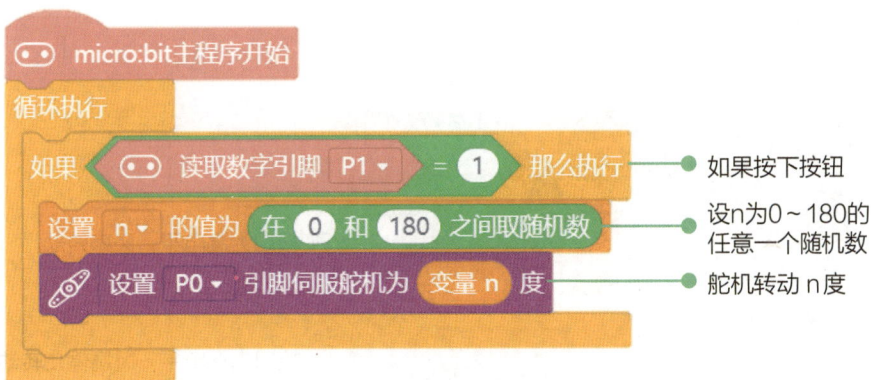

图1.79 编写代码

由于舵机耗电量大，需要外接电源才能正常转动，因此在运行转盘游戏时，可以将主板数据线连接到扩展板的"VIN"USB外接供电口。

04 测试程序　上传程序到设备，按下按钮，测试程序的运行结果。

4. 优化游戏

因为舵机转动的角度有限，只能在0°~180°之间转动角度，有些位置转不到。若想转动角度超过180°以上，可以对转盘游戏进行优化，比如将舵机更换为风扇模块。

01 更换模块　将舵机更换为风扇模块，如图 1.80 所示。

图1.80　更换模块

02 修改脚本　如图 1.81 所示，修改程序脚本。

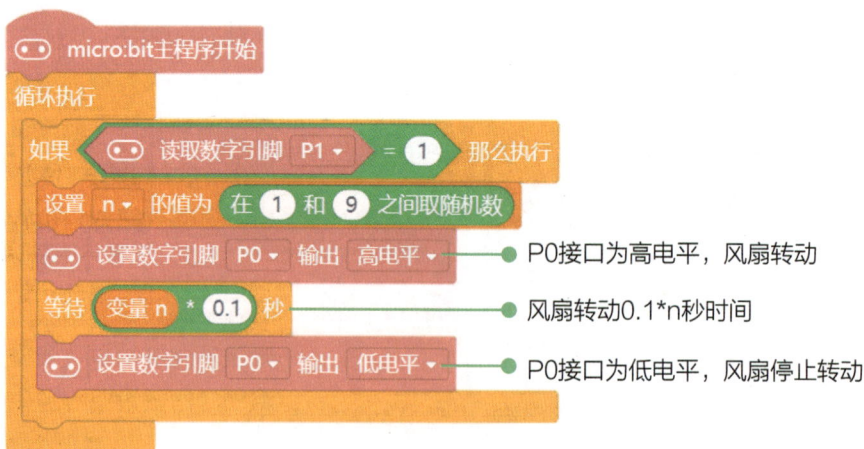

图1.81·修改脚本

03　保存程序　选择"项目"→"保存项目"命令，以"幸运抽奖大转盘.sb3"为文件名保存。

项目支持

1. 按钮

　　按钮是一种常用的控制电器元件，常用来接通和断开控制电路，可以达到控制电动机或其他设备运行的目的。在Micro:bit中常用的按钮如图1.82所示。按钮和旋钮都是输入模块，但是按钮只有在按下的情况下，电路才能接通；而旋钮只要在一定的范围内，电路都会处于接通状态，所以经常用旋钮来控制灯的不同亮度，或是声音的不同大小。

按钮 A　　　按钮 B

主控板按钮　　　　外接按钮　　　外接旋钮

图1.82　各种形式的按钮

2. 风扇

　　风扇模块与家用风扇的原理相似，内部有马达，扇叶可以360°旋转，同时转速也可以调整，如图1.83所示。当风扇与扩展板P0连接后，若设置数字引脚P0输出高电平，则风扇转动；若设置数字引脚P0输出低电平，则风扇停止转动。由于风扇或舵机等传感器的耗电量较大，所以需要外接电源(或电脑USB口)独立供电。外接电源接在扩展板的外接电源接口VIN。

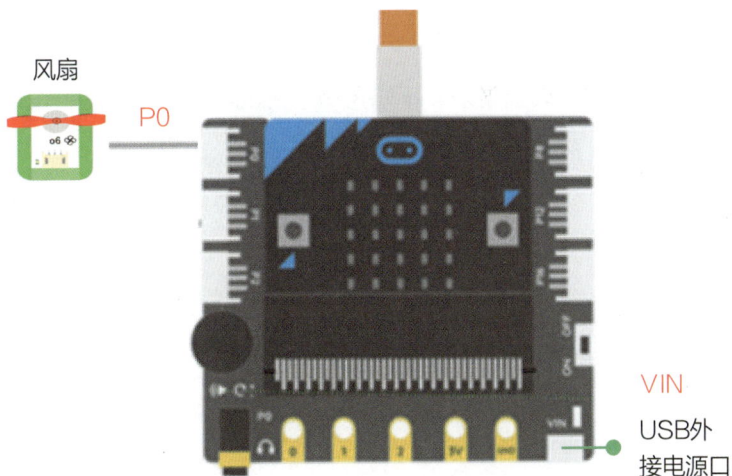

风扇　　P0

VIN
USB外
接电源口

图1.83　扩展板外接电源

3. 运算符模块

在编写程序时，会经常使用"运算符"模块里的积木来判断程序中的条件是否满足。如图1.84所示，当读取数字引脚P1值=1时，整个六边形作为一个布尔值为真(1)，否则返回值为假(0)，而"3<7"的返回值则必然为假。

图1.84 "运算符"模块示例

4. 程序执行模式

Mind+软件的执行模式有两种，即"实时模式"和"上传模式"。通过  实时模式 上传模式 按钮可以切换程序执行的模式。在"实时模式"下，脚本区可执行的程序可在硬件中实时执行，而"上传模式"是将程序上传到主板中再执行。

项目延伸

1. 展示分享

生日聚会或假期的时候，和家人朋友们一起来玩一玩这个游戏吧，试试谁的手气最好。

2. 程序挑战

本项目中，当按下按钮时，风扇随机转动一段时间后停止。你能否尝试修改程序，使得风扇转动的时间由按住按钮的时间决定？请你再思考一下，还有没有其他控制方式，看看能不能对本项目再次进行修改。

3. 创意设计

如果同学们很喜欢这个转盘游戏，不妨再做个挑战吧！能不能重新设计转盘，使得指针固定，转盘转动呢？动手试试吧！

项目6　五彩气球大作战

每一个孩子都有气球情结，一到聚会或是节日，就会用很多气球来装饰。即使是最普通的气球，也可以设计出很多玩法。本项目我们就来使用Micro:bit设计一个有趣的气球游戏——五彩气球大作战。

项目准备

▦ 1. 项目体验

在Mind+软件中打开"五彩气球大作战"游戏程序，如图1.85所示，使用USB数据线连接Micro:bit主板。运行游戏后，左右倾斜Micro:bit主板，以控制舞台上丘比特的左右移动。

图1.85　"五彩气球大作战"游戏程序

▦ 2. 问题思考

问题1：怎样装饰舞台？怎样设计气球等角色？

问题2：怎样编程实现这些角色的动作？

问题3：击中气球后，如何计分？

项目规划

1. 功能规划

在Mind+软件中，这个游戏是如何实现的呢？我们先通过玩游戏，了解一下各个动作对应的功能，并在图1.86中将动作与功能连接起来。

图1.86　动作功能连线

2. 界面设计

根据功能规划，"五彩气球大作战"游戏的界面中有背景，还有气球、炸弹、丘比特等角色，另外还要有记录得分和表示游戏状态的对话框，如图1.87所示。

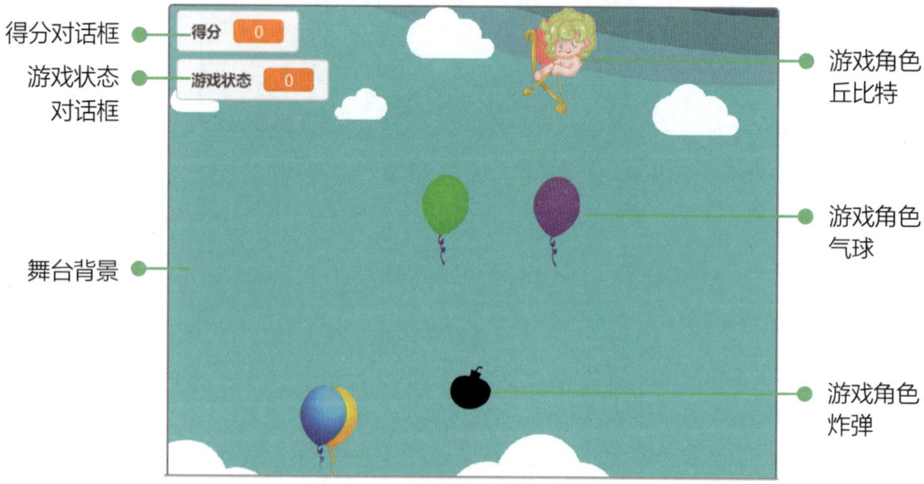

图1.87　游戏界面参考图

♡　**画一画**　在游戏过程中，遇到炸弹会爆炸，请你想一想炸弹爆炸前后的图案是什么样的？将你设计的图案画在下面的方框中。

爆炸前	爆炸后

💙 **说一说**　设计制作此程序时，需要准备哪些素材？通过哪些途径可以获取这些素材？

3. 框架规划

通过前面的分析，可知制作本游戏需要搭建舞台背景，制作气球等角色，同时还要通过编程实现各角色的动作，如图1.88所示。

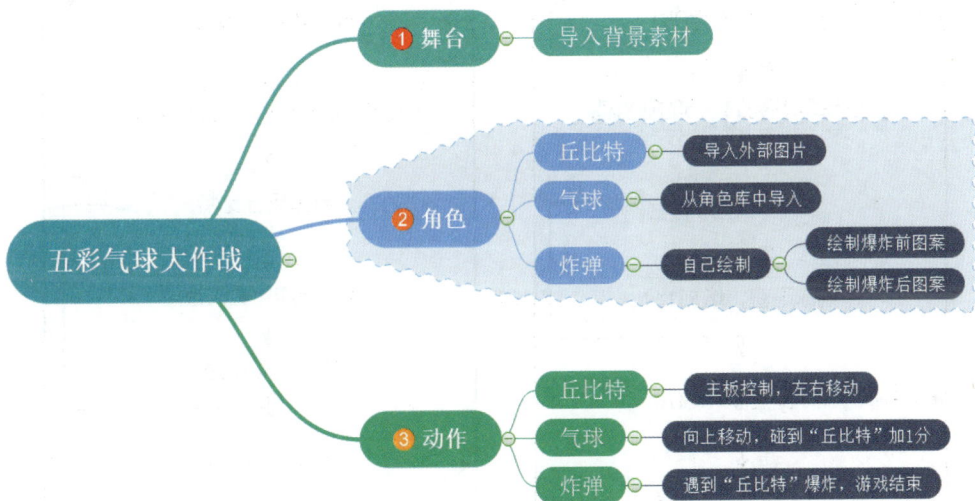

图1.88　作品框架

4. 算法设计

通过前面的分析，每个角色都有自己的动作，这些动作需要通过编写代码来实现。

01　丘比特　利用主板自带的重力感应功能控制丘比特角色的位置，当左右倾斜主板时，丘比特就会左右移动。程序流程如图 1.89 所示。

02 气球 气球从舞台下方随机位置出现，往上移动。当碰到丘比特时，就会消失，游戏得分增加 1。程序流程如图 1.90 左图所示。

03 炸弹 炸弹也是从舞台下方随机位置出现，往上移动。当碰到丘比特时，就会爆炸，游戏结束。程序流程如图 1.90 右图所示。

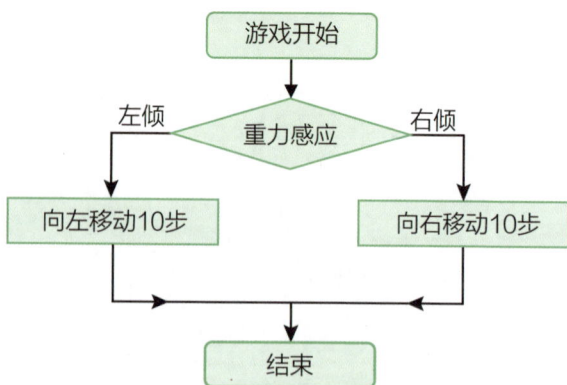

图1.89 丘比特算法流程图

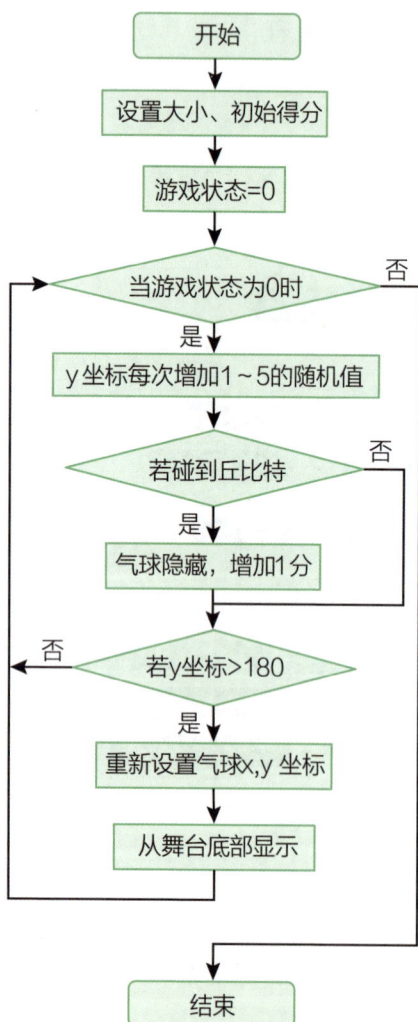

气球算法流程图 炸弹算法流程图

图1.90 气球算法和炸弹算法流程图

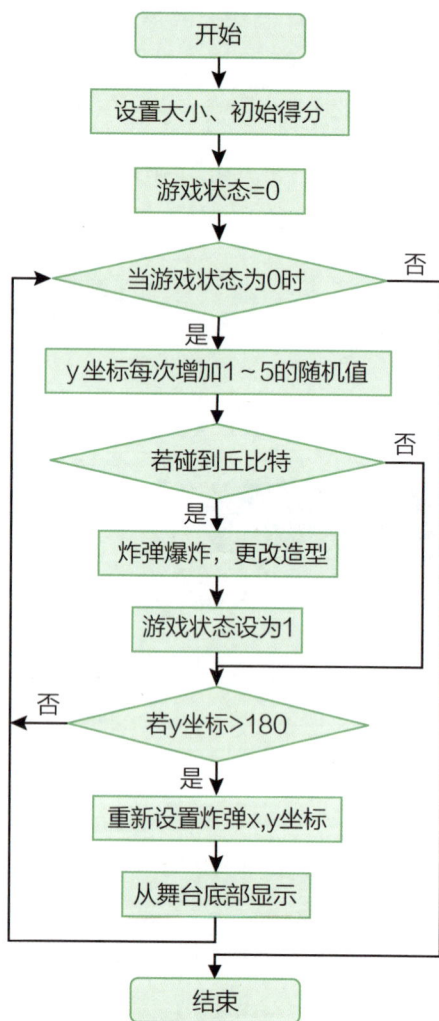

项目实施

1. 导入背景

"五彩气球大作战"程序需要一个天空的背景，在"舞台"背景库里没有找到合适的背景，此时可以从网上下载一个背景图片素材，导入舞台中，操作方法如图1.91所示。

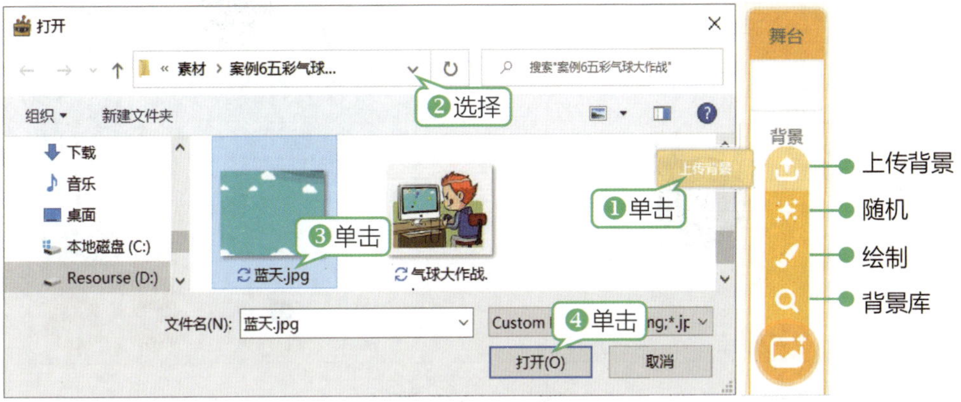

图1.91 导入背景

舞台背景默认宽为480步长，高为360步长。舞台区用角色移动的步数来衡量大小和位置。如果导入的图片素材和舞台长宽比不一致，最好事先用图片编辑软件裁剪成合适大小再导入。

2. 添加角色

背景导入好之后，接下来就是添加各类角色了。在添加游戏需要的角色之前，先在角色区删除默认的角色。

01 添加气球 单击"选择角色"按钮，按图 1.92 所示操作，添加"气球"角色。

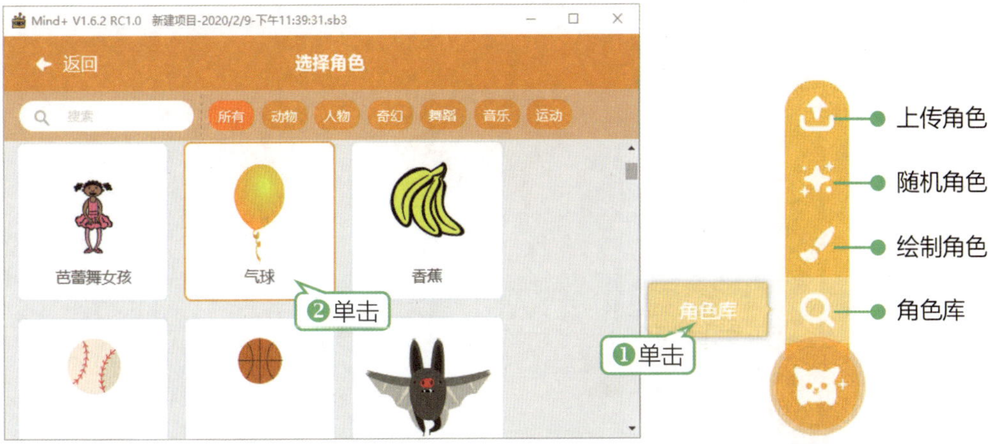

图1.92 添加气球

02 添加丘比特 单击"选择角色"按钮，通过上传角色的方式，将素材文件夹中的"丘比特"图片添加到舞台中。

03 添加炸弹 采用"绘制角色"的方式，添加"炸弹"角色，并修改角色的名称为"炸弹"，如图 1.93 所示。

图1.93 绘制角色

04 添加造型 采用"绘制"的方式，利用"直线"和"油漆桶"等工具绘制"炸弹"角色的第 2 个造型，并将第 2 个造型的名称修改为"comb2"，如图 1.94 所示。

图1.94 绘制造型

3. 编写程序

要实现气球、炸弹等角色的各种动作，还需要编写程序代码来实现。在为这些角色编写程序时，主要运用"动作""事件""控制"模块。

01 **连接设备**　运行 Mind+ 软件，连接设备，并添加扩展模块 Micro:bit，在 Mind+ 中设置与 Micro:bit 的连接，切换到"实时执行"模式。

02 **编写气球脚本**　选中角色区的"气球"，在脚本区编写如图 1.95 所示的脚本。

- 当绿旗被点击，执行下面的命令
- 修改气球的大小
- 设置"得分"初始值为 0
- 设置"游戏状态"变量初始值为 0，状态为 1 时，游戏结束
- 气球 y 坐标值每次都增加一个值，从而实现从下往上飘动
- 当碰到丘比特的时候，气球就不显示，同时得分增加 1
- 当 y 大于 180 时，气球飘出舞台
- 重新设置 x,y 坐标，使气球在舞台最下方随机位置出现

图1.95　编写气球代码

03 **复制气球**　选中角色区的气球，右击，选择"复制"命令，生成"气球 2"角色，同时将编写的代码也一并复制到"气球 2"角色中。采用同样的方法再复制 2 个气球。

> 若要得到五彩的气球，可以选中要修改颜色的气球，打开"造型"界面，选择其他颜色，也可以通过"填充"按钮更改气球的颜色。

04 **编写炸弹脚本**　选中角色区的"炸弹"，在脚本区编写如图 1.96 所示的脚本。

当 🚩 被点击
将大小设为 30 ——● 修改炸弹的大小
设置 得分 ▾ 的值为 0
设置 游戏状态 ▾ 的值为 0
循环执行
　如果　变量 游戏状态 = 0　那么执行
　将y坐标增加 在 1 和 5 之间取随机数
　　如果　碰到 丘比特 ▾ ？　那么执行
　　换成 bomb2 ▾ 造型
　　等待 1 秒
　　隐藏 ——● 当碰到丘比特的时候，炸弹换成第2个造型，显示1秒钟后隐藏，游戏结束
　　设置 游戏状态 ▾ 的值为 1
　　如果　y 坐标 > 180　那么执行 ——● 当 y 大于 180 时，炸弹飘出舞台
　　换成 bomb1 ▾ 造型
　　将x坐标设为 在 185 和 -185 之间取随机数
　　将y坐标设为 -185 ——● 炸弹切换回第 1 个造型，重新设置 x,y 坐标，使炸弹在舞台最下方随机位置出现
　　显示

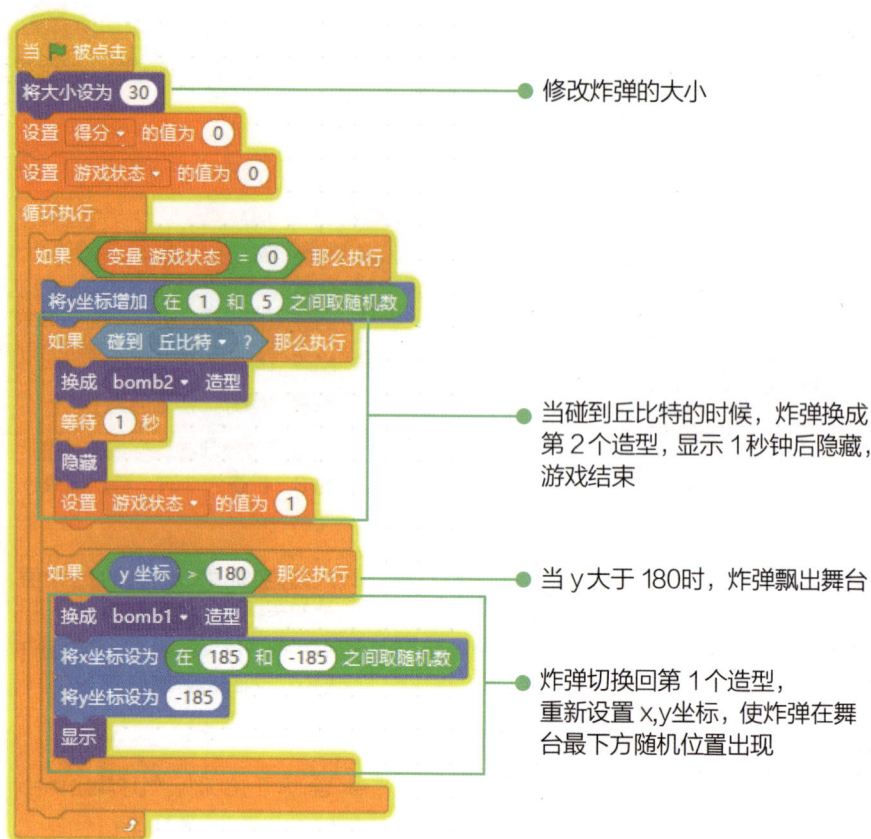

图1.96　编写炸弹代码

　　每个角色可以有多个造型来实现角色的变化。只有当角色的造型数为两个或两个以上时，才可以使用"下一个造型"积木。

05 编写丘比特脚本　选中角色区的"丘比特"，在脚本区编写如图 1.97 所示的脚本代码。

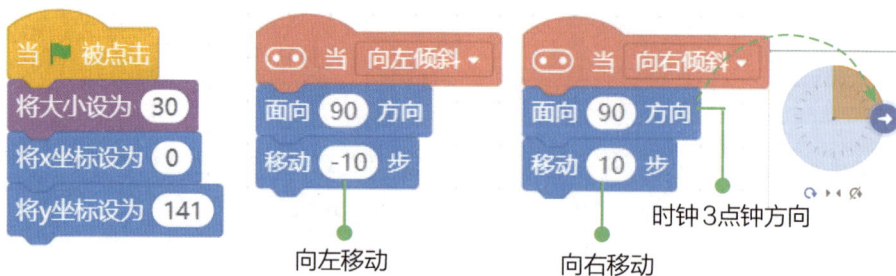

当 🚩 被点击
将大小设为 30
将x坐标设为 0
将y坐标设为 141

当 向左倾斜 ▾
面向 90 方向
移动 -10 步
● 向左移动

当 向右倾斜 ▾
面向 90 方向
移动 10 步
● 向右移动

● 时钟3点钟方向

图1.97　编写丘比特代码

06　测试程序　上传程序到设备，单击舞台上方的"运行"按钮🏳，测试程序的运行效果。

　　首次运行游戏的时候，会提示校准重力感应，此时需要将Micro:bit主板旋转或晃动，直到重力感应所有的LED灯全部点亮，随后灯全部熄灭，校准完成。

▦ 4. 优化游戏

　　为了增加游戏效果，还可以为游戏添加一些声音特效。例如，当气球被丘比特射中时，添加射击声音；当丘比特碰到炸弹时，添加爆炸的音效。在程序中添加的声音，和舞台背景、角色一样，可以录制，也可以从声音库中选择上传。

01　上传声音　在"声音"模块中，上传素材文件夹中的"射击"和"爆炸"声音文件，如图 1.98 所示。

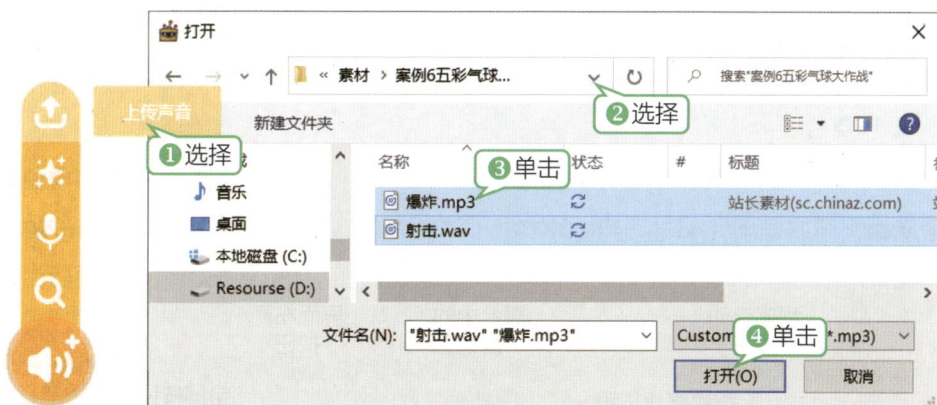

图1.98　上传声音文件

02　修改气球脚本　如图 1.99 所示，修改气球碰到丘比特时的代码。

图1.99　修改气球脚本

03　修改炸弹脚本　如图 1.100 所示，修改炸弹碰到丘比特时的代码。

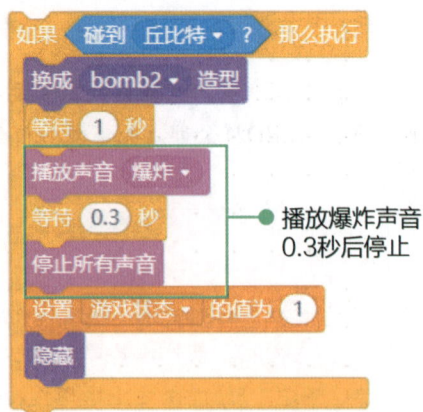

如果 碰到 丘比特▼ ？ 那么执行
换成 bomb2▼ 造型
等待 1 秒
播放声音 爆炸▼
等待 0.3 秒
停止所有声音
设置 游戏状态▼ 的值为 1
隐藏

● 播放爆炸声音
0.3秒后停止

图1.100 修改气球脚本

04 保存程序 选择"项目"→"保存项目"命令，以"五彩气球大作战.sb3"为文件名保存。

项目支持

1. 舞台区

舞台就是角色表演的地方。舞台默认情况下在中间有一只Mind+精灵的角色，左上角是用于控制程序启动与终止的按钮，右上角是2个界面布局按钮和1个全屏按钮，如图1.101所示。

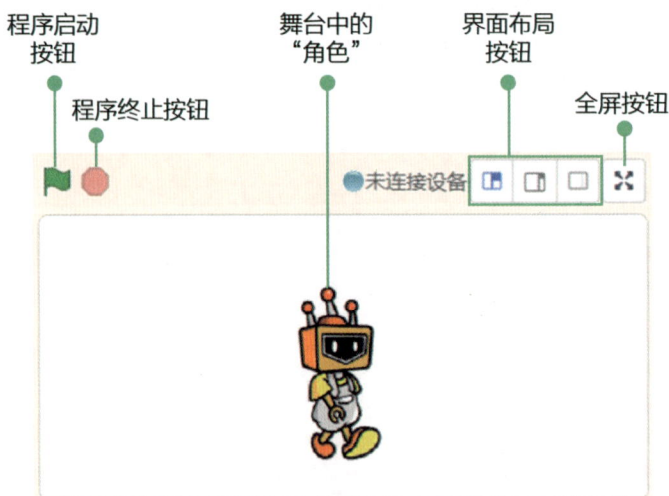

程序启动按钮 程序终止按钮 舞台中的"角色" 界面布局按钮 全屏按钮

●未连接设备

图1.101 舞台区的按钮与角色

2. 角色区

在创建角色的区域，可以修改角色名称，更改角色的位置、大小、方向、显示状态等信息，如图1.102所示。

角色名　　　　　　　　　　　　　　角色坐标

角色大小与方向

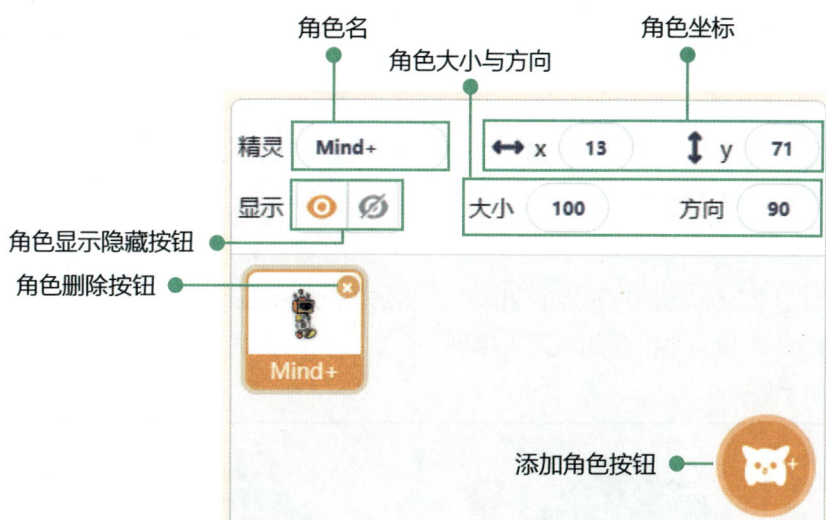

角色显示隐藏按钮

角色删除按钮

添加角色按钮

图1.102　角色区按钮

3. 角色的坐标

　　Mind+舞台宽是480步长，高是360步长，可以通过"坐标"来定义角色、鼠标等的位置。舞台边界的坐标系的水平方向是x轴，竖直方向是y轴，在舞台区域移动角色，可以观察到Mind+精灵当前的x,y坐标值，如图1.103所示。

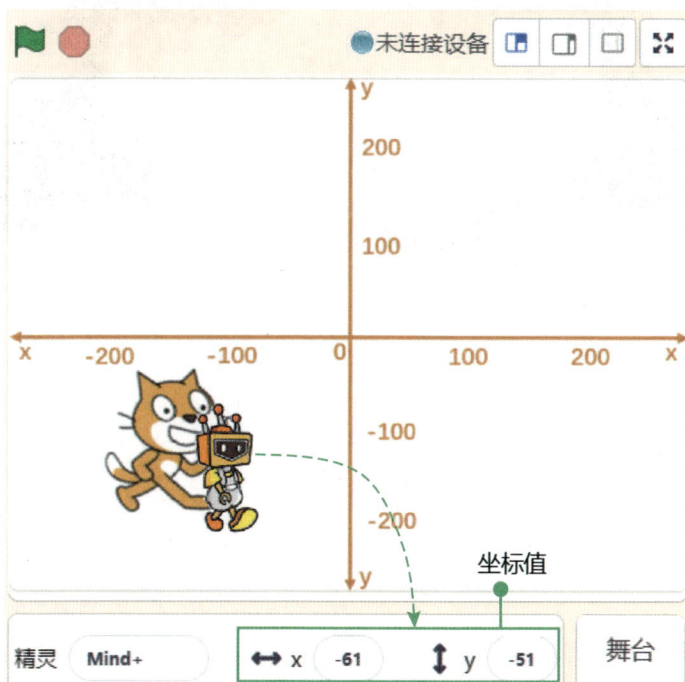

图1.103　角色的坐标

项目延伸

1. 展示分享

设计好这个游戏，是不是让你很有成就感呢？邀请你的好朋友们一起来玩一玩这个游戏吧，看看谁的分数最高。

2. 创意设计

参考上述描述，完成本游戏的制作后，不妨再做个挑战吧！试一试，做个接苹果的游戏，用盘子来接自由下落的苹果，接到一个加1分；如果接到虫子，则游戏结束，如图1.104所示。

图1.104　接苹果游戏

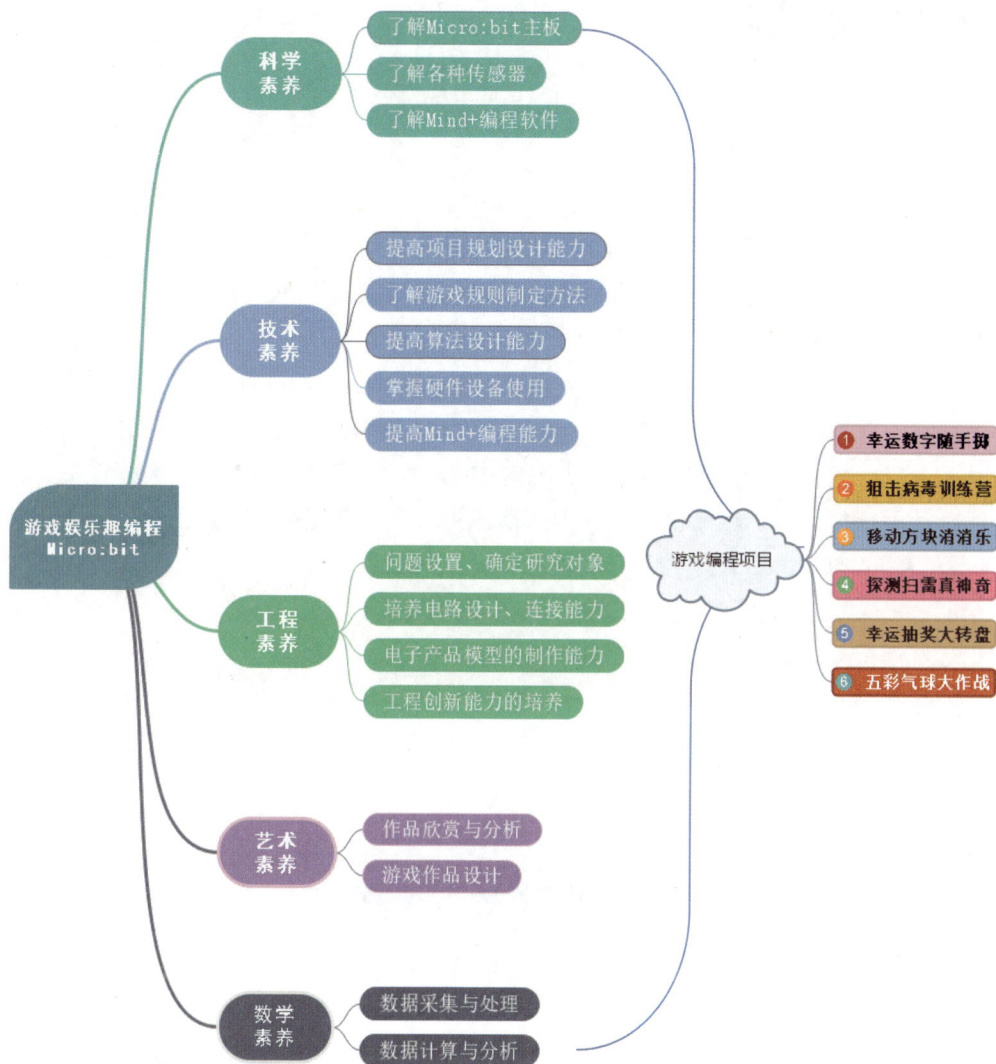

科学
素养
- 了解Micro:bit主板
- 了解各种传感器
- 了解Mind+编程软件

技术
素养
- 提高项目规划设计能力
- 了解游戏规则制定方法
- 提高算法设计能力
- 掌握硬件设备使用
- 提高Mind+编程能力

游戏娱乐趣编程
Micro:bit

工程
素养
- 问题设置、确定研究对象
- 培养电路设计、连接能力
- 电子产品模型的制作能力
- 工程创新能力的培养

艺术
素养
- 作品欣赏与分析
- 游戏作品设计

数学
素养
- 数据采集与处理
- 数据计算与分析

游戏编程项目
1. 幸运数字随手拈
2. 狙击病毒训练营
3. 移动方块消消乐
4. 探测扫雷真神奇
5. 幸运抽奖大转盘
6. 五彩气球大作战

第2单元

智能家居设计坊Arduino

开源硬件帮助同学们实现炫酷的游戏小发明，还可以帮助大家去搭建新颖有趣的电子作品，用于美化家庭生活，给家里增光添彩，带来温馨和快乐，让家庭生活更加智能化。

本单元运用Mixly编程平台，为Arduino编写程序，只需拖动图形化积木块，即可完成程序编写。我们以智能家居为主题，通过了解Arduino的LED灯、蜂鸣器、各类传感器等，设计搭建简易门铃、声光控灯、智能风扇、自动浇花、燃气报警器、火灾报警器等，和大家一起了解智能家居背后的科学原理，体验创造的乐趣。

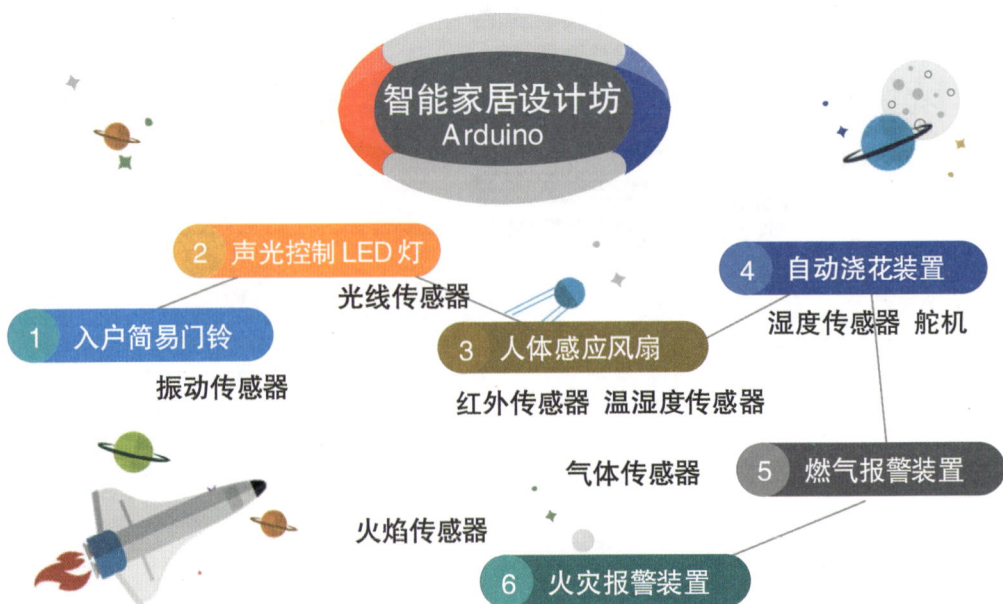

智能家居设计坊
Arduino

2　声光控制 LED 灯

光线传感器

1　入户简易门铃

振动传感器

3　人体感应风扇

红外传感器　温湿度传感器

4　自动浇花装置

湿度传感器　舵机

气体传感器

5　燃气报警装置

火焰传感器

6　火灾报警装置

📊 项目目标

　　本单元整体以Arduino实际应用制作为目标，在了解编程平台Mixly的基础上，搭建智能家居，了解其背后的科学原理。

　　主要目标有：了解Arduino中的振动传感器、光线传感器、红外传感器、温度传感器、湿度传感器、气体传感器、火焰传感器，以及舵机、蜂鸣器、LED灯的使用，掌握Mixly中变量、随机、选择、循环等积木的使用。

🏆 项目预期成果

简易门铃装置

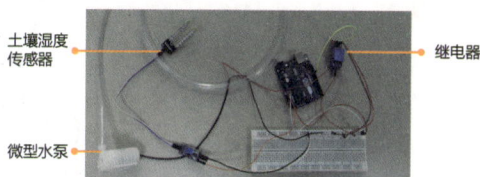

Arduino主板
面包板
振动传感器
蜂鸣器

自动浇水装置

土壤湿度传感器
微型水泵
继电器

声光控灯装置

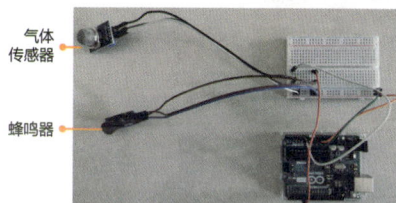

光线传感器
LED灯
声音传感器

燃气报警装置

气体传感器
蜂鸣器

人体感应风扇

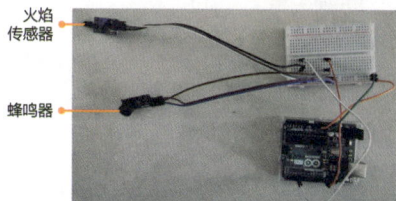

温度传感器
风扇模块
人体热释红外传感器

火灾报警装置

火焰传感器
蜂鸣器

项目1 | 入户简易门铃

古时候，大户人家在大门上装有装饰性的门环，叫门的人用门环拍击环下的门钉发出较大的响声，有现代门铃的作用，以示来人。如今，现代门铃早已进入寻常百姓家，各式门铃比比皆是，越来越趋于智能化、人性化，其作用也不仅仅局限于叫门。

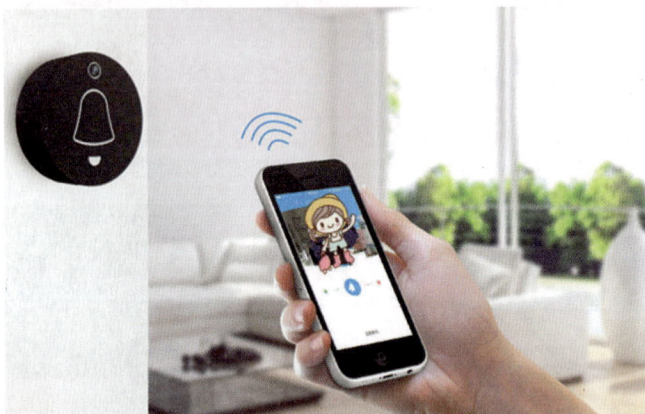

项目准备

1. 项目了解

门铃的主要功能类似敲门，可以发出声音提醒主人有客来访。它的工作原理相对简单。下面我们用电子元件去搭建一款电子门铃，去了解其背后的原理。在深入了解后，借助这些小元件和原理，去创造出更智能化的门铃。

2. 问题思考

> 问题1：电子门铃的原理是什么？

> 问题2：制作智能门铃需要什么组件？

> 问题3：智能门铃有哪些待改进的地方？

项目规划

▦ 1. 头脑风暴

在一段时期内，居民家中常见的电子门铃是门外的按钮被人按下后，门铃就"嘀嘟"地响几声，也有播放一段电子音乐的；后来演变到客人可以在门口与楼上的主人讲话，验明身份后主人再给客人开门；现在有些高级的门铃，不但可以叫门对话，主人还可以通过摄像头，在屏幕上看到楼下的来客。

♡ **填一填** 门铃有以示来人、提醒关注等传达信息的作用，现在的门铃，功能多样化，也不再单纯地安装在门上使用，找一找，生活中还有哪些场景用到它，说说它们的作用，并填写在表2-1中。

表2-1 各式各样的铃

应用场景	功能
房门口	
病房里	
学校里	
……	

♡ **说一说** 去一家店铺，找遍门口也不见有门铃的按钮，等了片刻忍不住推了一下门，只听得门内"嘀嘟"响了一下，主人从内室出来。这种门铃用传感器代替了按钮开关，说一说，生活中，你还见过什么样的智能门铃？

▦ 2. 思路分析

门铃发展到今天，形式各种各样，但认真分析后不难发现，只是"嘀嘟"声变成了音乐声，按钮换成了各类传感器等，或者增加了视频、防盗等功能。智能门铃的种类有很多，你计划设计一款什么样的智能门铃？

♡ **画一画** 对于智能门铃的外观设计，请画出你的构思。

♡ **选一选**　如果要制作简易的门铃，你需要Arduino的哪些模块？请在图2.1中选出你选择的模块。

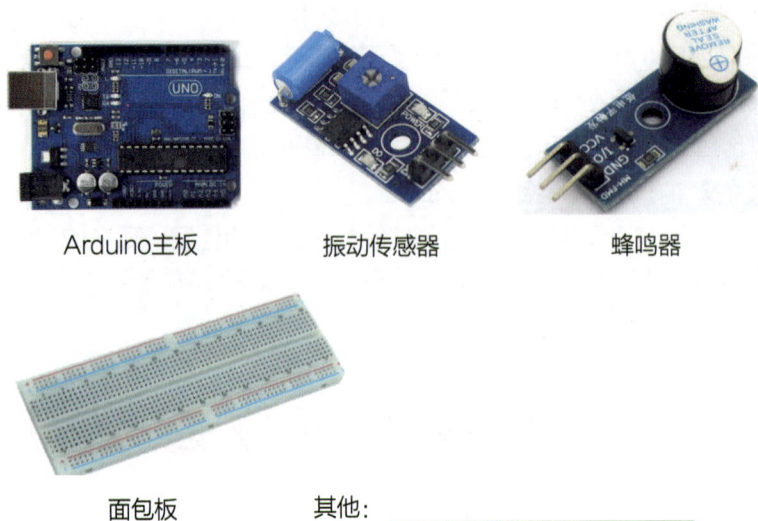

Arduino主板　　　　振动传感器　　　　蜂鸣器

面包板　　　　其他：＿＿＿＿＿＿＿＿＿＿＿

图2.1　选择模块

♡ **想一想**　你考虑过用别的传感器代替按钮吗？如人体红外热释传感器、声音传感器等设计门铃。用无源蜂鸣器发声，或者用灯代替铃声，使铃声不再单调，可以吗？

3. 算法设计

普通电子门铃的结构，一般包括集成电路芯片、蜂鸣器或喇叭、电池及安装在门外的按钮。当按下按钮时，主板向蜂鸣器供电，发出蜂鸣声或音乐，延时播放一段时间后，重新进入待机状态，其工作流程如图2.2所示。

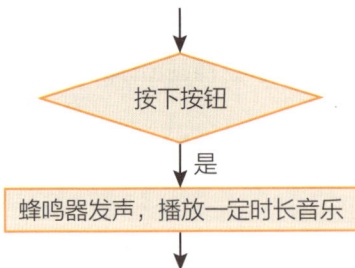

按下按钮

是

蜂鸣器发声，播放一定时长音乐

图2.2　智能门铃工作流程图

♡ **查一查**　制作电子智能门铃可以用有源蜂鸣器或无源蜂鸣器，请上网搜索它们的发声原理，和小伙伴们分享并记录下来。

♡ **选一选**　制作智能门铃，完成元件的搭建后，需要编程帮助它实现智能功能。请选一选可能要用到的指令积木，找一找它们属于哪个模块，并说说各指令积木的功能。

☐ 数字输出 管脚# 0 ▾ 设为 高 ▾　　☐ 且

☐ 模拟输入 管脚# A0 ▾　　☐ >

☐ 模拟输出 管脚# 3 ▾ 赋值为 0　　☐ 如果 执行

☐ 其他：＿＿＿＿＿＿＿＿＿＿＿＿＿＿＿＿＿

项目实施

1. 器材准备

工具：彩笔、剪刀、锥子、胶枪、糨糊等。

材料：制作智能门铃所需材料见表2-2。

表2-2　制作智能门铃材料清单

材料	数量	材料	数量
Arduino主板	1块	面包板	1块
电源、连接线	1套	USB转串口线	1根
有源蜂鸣器模块	1个	振动传感器模块	1个
杜邦线	若干根	扎带	3根
纸盒	1个		

2. 连接电路

制作智能门铃，首先要完成振动传感器、有源蜂鸣器等和Arduino主板之间的电路连接。

01 连接电路 根据设计，用杜邦线将振动传感器、有源蜂鸣器模块和主板连接起来，效果如图 2.3 所示。

Arduino主板

面包板

振动传感器

蜂鸣器

图2.3 连接电路

02 连接电脑 用 USB 转串口线，将 Arduino 主板与电脑连接，如果主板指示灯 ON 亮，说明电路连接没有问题。

3. 编写程序

启动Mixly软件，在模块区选择指令积木，拖曳到编程区，设置管脚号和其输出电平值，然后上传到主板中。

01 拖曳指令积木 根据智能门铃工作流程图，结合准备知识，将指令积木从模块区拖曳到编辑区，效果如图 2.4 所示。

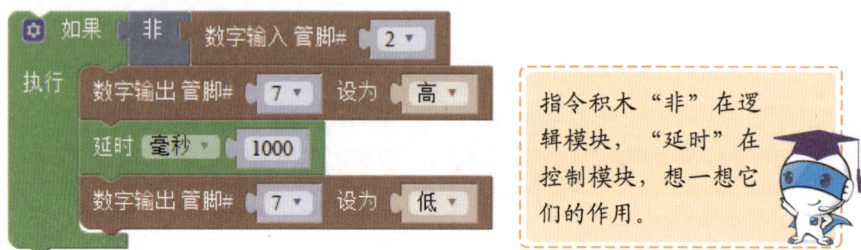

如果 非 数字输入 管脚# 2▼

执行 数字输出 管脚# 7▼ 设为 高▼

延时 毫秒▼ 1000

数字输出 管脚# 7▼ 设为 低▼

> 指令积木"非"在逻辑模块，"延时"在控制模块，想一想它们的作用。

图2.4 简易门铃程序

02 上传程序 用方形 USB 线把主板和电脑连接起来，上传程序。

4. 制作外观

完成电路的连接和程序的上传后，要使智能门铃有趣、美观，还需要对其外观进行合理的设计与制作。

01 绘制外观图案 在 A4 纸上绘制门、人物等卡通图，用胶水贴在纸盒盒盖上，然后用锥子在画面有发声的位置扎几个眼，便于声音从盒子里传出来，效果如图 2.5 所示。

正面 　　　　　　　　　　　　侧面

图2.5　智能门铃外观设计图

02　**固定主板和电池**　在纸盒底面用剪刀锥洞，用扎带将主板、电源分别固定在箱体上。

03　**固定各传感器模块**　对着盒盖处音孔的位置，用热熔胶枪打一点胶，将蜂鸣器固定在盒内，接着用胶枪将振动传感器固定在盒盖内侧。

项目支持

1. Arduino 主板

Arduino降低了创意电子设计的门槛，使越来越多的人加入开发队伍。从Arduino出现至今，已经设计出很多不同的版本，应用于不同的场合。Arduino主板组成如图2.6所示。

图2.6　Arduino主板

2. Mixly编程软件

使用Arduino制作创意电子作品，需要使用编程语言。听到编程，小伙伴们是不是觉得很难？其实，我们试着使用Mixly这款很棒的图形化编程软件，就没有那么难了！

Mixly的中文名字为米思齐，它无须安装，下载解压后直接就能使用（下载地址

http://mixly.org）。本书中使用的是Mixly 0.999版本，界面如图2.7所示。

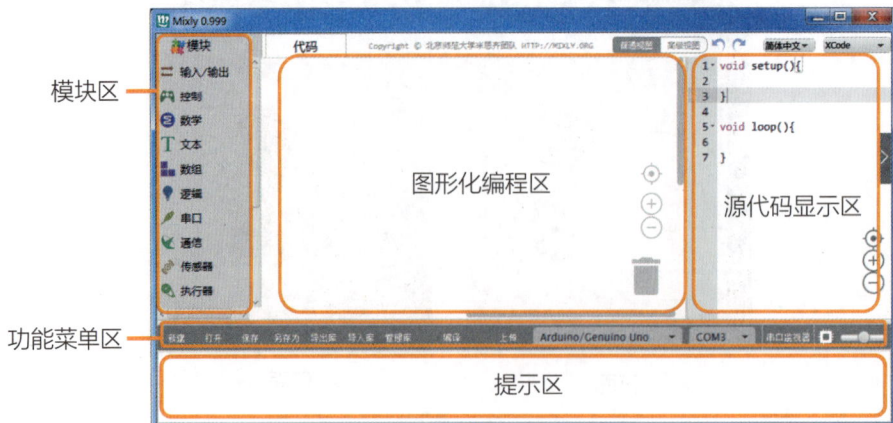

图2.7　Mixly软件界面

♡ **模块区**　提供丰富的模块供编程选择，单击模块名字，右侧会出现该类别所有的指令积木。

♡ **图形化编程区**　拖曳指令积木到此区域，搭建程序。

♡ **源代码显示区**　源代码显示区域是不能进行程序修改的。当然，可以单击图形化编程区域上端的"代码"，进入代码编写模式。

♡ **功能菜单区**　可以方便地新建、打开、保存程序文件，设置COM口，选择控制板类型、显示串口监视信息和向主板上传文件等操作。

♡ **提示区**　向用户反馈信息的场所。例如，编译或上传是否成功，如果失败是什么原因，或者导入库是否成功等信息。

3. 数字输入指令积木

数字输入指令积木，专门用来把数字类传感器获取的数据传给主板，它只能输入数字信号。如图2.8所示，在"输入/输出"模块中找到数字积木指令。例如，振动传感器模块是数字输入传感器，当振动时，输出0，然后通过"取非"操作，给主板"高"电平，蜂鸣器发声。

图2.8　数字输入指令积木

4. 数字输出指令积木

数字输出指令积木是专门用来控制数字输出类的传感器。如图2.9所示，在"输入/输出"模块中找到数字输出积木指令。例如，蜂鸣器模块是典型的数字输出传感器，输出"高"给蜂鸣器模块，蜂鸣器就会响；输出"低"给蜂鸣器模块，蜂鸣器不响。

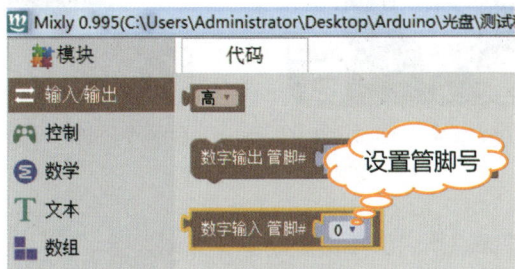

图2.9　数字输出指令积木

5. 传感器

传感器就像是人的眼睛、鼻子、耳朵或是动物的触角或声呐，它们可以将环境中的声、光、电、磁、温度、湿度等物理量转化为控制器可以处理的电信号。

传感器分为模拟和数字两种类型，数字传感器通常标注有符号D，只能返回1、0两种信息，或者称之为"高""低"电平，如按钮模块、振动传感器模块等。而模拟传感器可以返回更多的信息，通常标注符号有A，例如光线传感器能告诉 Arduino光线明暗的程度，数据范围为0～1023。

6. 振动传感器

振动传感器是一种数字输入传感器。当传感器被振动时会向主板输入信号0，保持平静时输入信号1。根据厂家不同，也有的情况正好相反。后面会讲到用"串口"指令积木进行测试。常见的振动传感器模块如图2.10所示。

图2.10　各种振动传感器

7. 蜂鸣器

蜂鸣器模块是一种一体化电子发声装置，创客作品中经常用到的有无源蜂鸣器和有源蜂鸣器两种。这里的"源"不是指电源，而是指振动源。

♥ **有源蜂鸣器** 有源蜂鸣器内部带振动源，只要通电就会叫，即只给"高"电平就能发出蜂鸣声，程序控制方便。不同品牌外形不同，如图2.11所示。

有源蜂鸣器(3P防呆接口)　　　　有源蜂鸣器(3针脚)

图2.11　有源蜂鸣器

♥ **无源蜂鸣器** 无源蜂鸣器内部不带振动源，如果只给"高"电平则无法令其鸣叫。但通过"执行器"模块中的"播放声音"指令积木程序，可以控制声音的频率，发出悦耳的声音。不同品牌外形不同，如图2.12所示。

无源蜂鸣器(3P防呆接口)　　　　无源蜂鸣器(3针脚)

图2.12　无源蜂鸣器

项目延伸

📠 1. 展示分享

制作完成后，插上电源，合上盒盖，用手指轻敲盒盖，从小孔内传出蜂鸣声，一个智能门铃就完成了。

📠 2. 经验交流

如果你顺利完成了前面的实验，请你试着用LED灯模块替换蜂鸣器，智能门灯能正常工作吗？用无源蜂鸣器替换有源蜂鸣器，门铃还能正常工作吗？这是为什么？请动手做一做，验证下你的判断吧！

📠 3. 创意设计

亲爱的小创客们，在家里装了电子门铃，如果只是叫门，不免有点单调，不妨发挥你的想象，利用不同的传感器制作出不一样的智能门铃吧！比如增加监视防盗功能等。想到了，暂时做不出来也没关系，后面我们会慢慢接触到各种传感器，经过你的努力学习，一定会把创意变成现实。

项目2　声光控制LED灯

给家中的洗手间、楼道选择声光控的LED灯，当白天或光线较强时，灯不亮；当光线黑暗或夜晚来临时，开关进入预备工作状态；当有脚步声、说话声、拍手声，灯亮并延时一分多钟自动熄灭。自此人们不必在黑暗中摸索开关，也不必担心点长明灯费电和损坏灯泡。

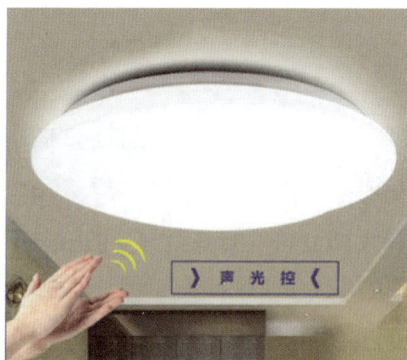

项目准备

1. 项目了解

声光控LED灯，在生活中已很常见，多数用于走廊过道。下面和同学们一起用电子元件去搭建声光控LED灯，去了解其背后的原理。在深入了解后，借助这些小元件和原理，去创造智能化的生活空间。

2. 问题思考

问题1：制作声光控LED灯需要分几步？

问题2：制作声光控LED灯需要什么组件？

问题3：声光控LED灯有哪些待改进的地方？

项目规划   📐

▦ 1. 头脑风暴

日常生活中，楼道里都会安装自动控制类的灯。楼道灯发展到今天，控制类型有很多，有声控灯、触摸灯、感应灯等。

♡ **填一填** 生活中，你见过哪些控制类型的楼道灯？说一说它们的工作流程、优缺点，并填写在表2-3中（也可以填写你的"创意灯"）。

表2-3 不同的楼道灯

控制类型	作用
声控灯	
光控灯	
……	

♡ **说一说** 为了照明方便、节约用电，这类自动控制的灯，除了安装在楼道内，还可以应用在哪些场景？如冰箱内照明、室内小夜灯等。

▦ 2. 思路分析

声控灯是由声音传感器控制的灯，缺点是白天有人经过也会亮；光控灯是由光线传感器控制的灯，缺点是天黑时灯一直亮。下面就一起制作一个更节能的声光控延时灯。声光控延时灯可安装在楼道、楼梯间、储藏室、洗手间等地方。你准备将声光控灯安装在哪儿？设计成什么样？

♡ **画一画** 对于声光控灯的外观设计，请把你的构思画出来。

♡ **想一想** 要搭建这样的楼道声光控灯，你需要哪些材料？这些材料如何获取，怎样加工才能使楼道和灯光更加美观？

♡　**选一选**　如果要实现楼道灯的声控和光控，你需要Arduino的哪些模块？请在图2.13中选出要选择的模块。

声音传感器　　　　　光线传感器　　　　　LED灯

其他：＿＿＿＿＿＿＿＿＿＿＿＿＿＿

图2.13　选择模块

♡　**说一说**　除了用光线传感器和声音传感器外，你考虑过使用别的传感器制作楼梯灯吗？

■ 3. 算法设计

声光控延时灯工作时必须满足以下条件：光线暗并且有较大声音时灯才亮。否则，两个条件有一个不满足，都不亮。下面一起制作一款楼道声光控延时灯，其工作流程如图2.14所示。

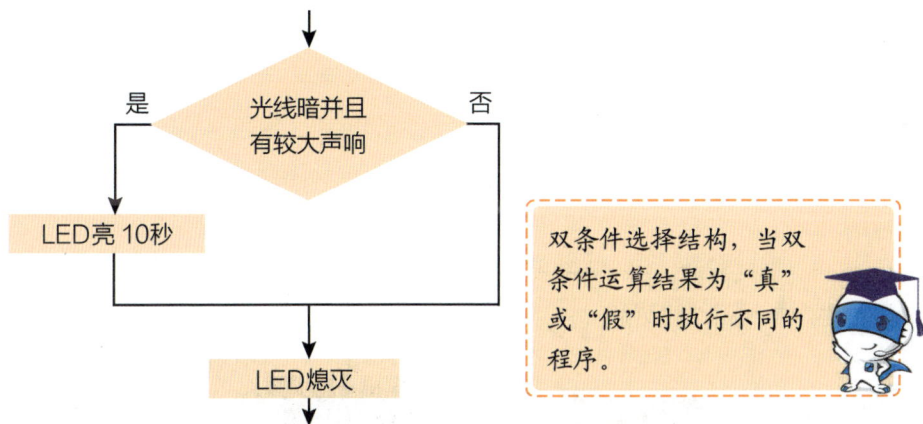

图2.14　楼道声光控灯工作流程图

♡　**查一查**　声光控的LED灯，通过光线传感器和声音传感器感知环境变量，请查一查光线传感器的工作原理，了解它是数字传感器还是模拟传感器？

♡　**选一选**　用光线传感器和声音传感器制作声光控延时灯，请选一选可能要用到的指令积木，找一找它们属于哪个模块，并说一说各指令积木的功能。

☐ 数字输出 管脚# 0 ▾ 设为 高 ▾   ☐ [且 ▾]

☐ 模拟输入 管脚# A0 ▾   ☐ [>]

☐ 模拟输出 管脚# 3 ▾ 赋值为 0   ☐ 如果 执行

☐ 其他：_____

项目实施

1. 器材准备

工具：剪刀、美工刀、双面胶、锥子、胶枪、扎线等。

材料：制作楼道声光控灯所需材料见表2-4。

表2-4　制作楼道声光控灯材料清单

材料	数量	材料	数量
Arduino主板	1块	方形USB线	1根
电源连接线	1根	杜邦线	若干根
9V电池	1块	光线传感器	1个
声音传感器	1个	方形纸盒	4个
LED模块	1个	面包板	1块

2. 连接电路

制作楼道声光控灯，首先要完成LED、光线传感器、声音传感器等和Arduino主板之间的电路连接。

01　连接电路　根据设计，用杜邦线将LED、光线传感器、声音传感器模块和主板连接起来，效果如图2.15所示。

图2.15　连接电路

02　连接电脑　用 USB 转串口线将 Arduino 主板与电脑连接，如果主板指示灯 ON 亮，说明电路连接没有问题。

3. 编写程序

在 Mixly 软件中，通过串口监视器查看有无光线、声音时的模拟输入值，然后编写、上传程序。

01　查看光线传感器输入数值　编写串口打印程序，程序上传成功后，通过串口监视器观察结果：用手遮挡住传感器时，数据为 0；有自然光照射时，数据为 100 以上。考虑到环境影响，判断楼道黑暗条件初定为光线值＜80。

02　查看声音传感器输入数值　同理，查看声音传感器数值变化：手握住传感器时，数据为 0；放开手时，数据为 5 左右；大声喊两句，数据为 50 以上。考虑到刮风等不确定环境会使 LED 灯常亮，建议判断有人来的条件初定为声音值＞50。

03　拖曳指令积木　根据楼道声控灯工作流程图，结合准备的知识，把指令积木从模块区拖曳到编辑区，效果如图 2.16 所示。

图2.16　楼道声控灯程序

04　上传程序　用方形 USB 线把主板和电脑连接起来，上传程序。

4. 制作外观

完成电路的连接和程序上传后，根据前期规划，还需要动手设计、制作楼梯模型，安装电子元器件等。

01　搭建楼梯模型　可用纸盒搭建一个楼梯模型，效果如图 2.17 所示，并在侧面"墙"上锥 3 个小洞，用于放置 LED 和传感器模块。

图2.17　楼道声控灯模型外观效果

请按照你的设计，制作出楼道或楼梯模型吧！

02 **固定各传感器模块** 将 3 个传感器的杜邦线连接到主板上相应的管脚，用透明胶带固定 LED 和传感器模块。

03 **固定主板和电池** 将主板和电池连接后，用扎线固定在"墙"外侧。

项目支持

1. 光线传感器

光线传感器也叫作亮度感应器，光线越强，输出数值越大；光线变暗时，输出数值变小。它属于模拟传感器，能检测环境中光线的强度，最终输入一个0~1023的数值来代表光线的亮度。不同厂家光线传感器的外观如图2.18所示。

图2.18　光线传感器

2. 声音传感器

声音传感器属于模拟传感器，它是专门用来检测声音大小的传感器，该传感器内置一个对声音敏感的电容式驻极体话筒。声波使话筒内的驻极体薄膜振动，导致电容变化，而产生与之对应的微小电压，最终输入一个0~1023的数值来代表声音的大小。不同厂家声音传感器的外观如图2.19所示。

图2.19　声音传感器

3. 逻辑运算指令积木

在"逻辑"类模块中可以找到逻辑运算指令积木，如图2.20所示。逻辑运算主要包括三种基本运算：且运算、或运算和非运算，其运算结果为"真"或"假"。

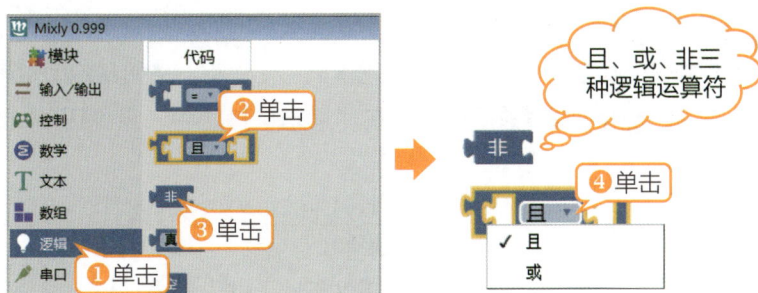

图2.20　逻辑运算指令积木

♡　**且运算**　指令积木两边条件都为真时，结果才是真。只要有一个为假，结果就是假，表2-5为所有且运算的结果。比如银行保险柜有两把锁，每人负责一把钥匙，必须两个人同时在场的情况下，才能打开保险柜。

表2-5　且运算

左边条件	右边条件	返回结果
真	真	真
假	真	假
真	假	假
假	假	假

♡　**或运算**　指令积木两边条件都为假时，结果才是假。只要有一个为真，结果就是真，表2-6为所有或运算的结果。比如家里的锁有指纹和密码两种打开方式，按指纹可以打开门锁，输入口令也能打开门锁。

表2-6　或运算

左边条件	右边条件	返回结果
真	真	真
假	真	真
真	假	真
假	假	假

♡　**非运算**　非运算只有一个条件，结果与条件刚好相反，表2-7为非运算返回结果。比如"一反常态"游戏：上场的队员听主持人的口令，做出与口令相反的动作！喊起立，你需蹲下；喊蹲下，你需起立。

表2-7　非运算

条件	返回结果
真	假
假	真

4. 常量

常量是程序中一个确定的值，如数字型常量1、2、3等，又如布尔型常量真、假。在"数学"模块中，数字积木 **0** 是常量；在"逻辑"模块中，真/假积木 **真** 也是常量，如图2.21所示。

图2.21 常量模块

项目延伸

1. 展示分享

制作完成后，用手捂着光线传感器，并对着声音传感器说话，LED灯亮；有光时，声音再大LED灯也不亮，效果如图2.22所示。

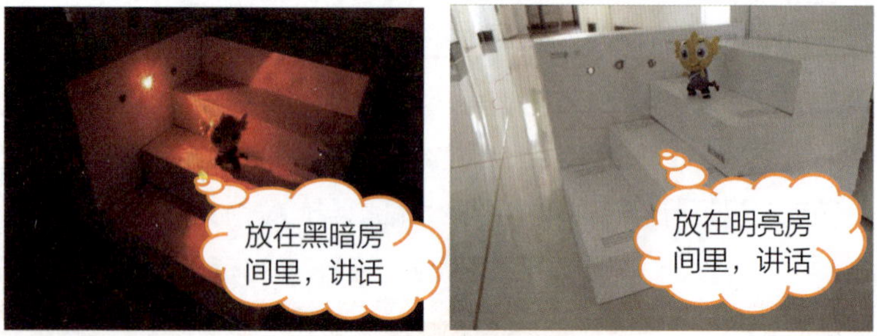

图2.22 LED灯亮和熄灭效果图

2. 经验交流

实验可能出现的问题大致有：①在条件判断积木中，需使用模拟输入指令积木，容易误拖入数字指令积木；②各传感器实际接口与积木程序中的管脚不一致；③光线传感器和声音传感器属于模拟传感器，应接A0～A5的任意口；④用光线传感器数值判断是否"天黑"，应用小于号"＜"，声音传感器数据判断用大于号"＞"；⑤不讲话，LED灯也容易亮，可以适当调整声音传感器判断条件值更大一些。

3. 创意设计

亲爱的小创客们，请你尝试使用红外传感器判断有人经过，LED灯亮并发出报警，制作一个防盗系统。当然，你还可以有更好的创意，比如用3D打印机设计制作一个楼道或楼梯的外观，是不是更有趣呢，动手试试吧！

项目3 | 人体感应风扇

生活中的风扇有手动开关的、红外遥控的、定时的，还有声控的。我们能否让风扇再智能一些，当感应到有人时启动，离开时自动停止；或者即使有人，室内温度低时也自动停止，当温度高时又自动开启呢？本项目我们就来尝试制作一个人体感应风扇吧！

项目准备

1. 项目了解

我们借助一些传感器，尝试制作具有冷暖自知功能的人体感应风扇，并了解它背后的智能控制原理。

2. 问题思考

01　制作人体感应风扇分哪几步？

02　制作这样一款风扇需要哪些器件？

03　人体感应和温度传感器件如何组合使用？

项目规划

1. 头脑风暴

夏天的夜里，无论是手动、定时还是遥控开关的风扇，都存在人睡着了，风扇还一直开着，人容易着凉，或者人还没睡着风扇却关了，人被热醒的缺点。如果制作一个根据室内有没有人和温度高低自行启停的风扇，将大大方便人们的生活。制作这样的风扇，我们需要哪些硬件器材呢？又是如何控制的呢？

♡ **填一填**　家电中常用温度传感器或温湿度传感器感知温度的变化。在生活中，你见过能感应温度变化的电器有哪些？并填写在表2-8中。

表2-8　感应温度变化的电器

电器名称	电器用途
空调	
电饭锅	
……	

♡ **说一说**　在入侵报警器、自动门、自动门铃、自动摄像机等系统中，都使用了一种人体感知技术，你知道这种传感器的名字吗？说一说它是如何感知到有人的？

▦ 2. 思路分析

　　制作人体感应智能风扇，欲感知室内冷暖和人的存在，需要用到温度传感器、人体热释红外传感器和风扇模块，然后在程序的控制下，控制电风扇的开关。你准备将人体感应风扇安装在哪儿？设计成什么样？

♡ **画一画**　对于人体感应风扇的外观设计，请把你的构思画出来。

♡ **想一想** 要搭建这样的人体感应风扇，需要哪些材料？这些材料如何获取，怎样加工才能使人体感应风扇更加美观？

♡ **查一查** 温度传感器的种类繁多，如LM35温度传感器、DHT11系列温湿度传感器等，都能感知环境温度的变化。根据本项目需求，查一查用哪种传感器更合适一些？

3. 算法设计

通过分析，人体感应风扇工作的必要条件为：有人在且温度高于设定的温度，风扇才转动；否则，两个条件中有一个不满足，风扇都不转。所以，在程序设计时，需用到的逻辑关系是"且"。人体感应风扇的工作流程如图2.23所示。

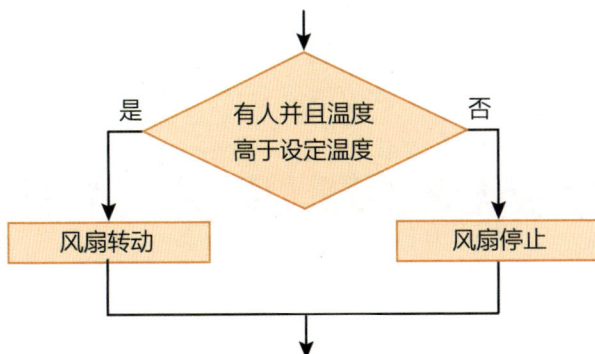

图2.23 人体感应风扇的工作流程

♡ **查一查** 人体感应风扇拟通过人体热释红外传感器和温湿度传感器感知环境变化，请查一查它们的工作原理，了解它们分别是数字还是模拟传感器。

♡ **说一说** 判断语句中要有一个设定温度，你准备设定气温高于多少度时，风扇自动启动？气温低于多少度时，风扇又自动停止？

♡ **选一选** 用人体热释红外传感器和温湿度传感器制作人体感应风扇，请选一选可能要用到的指令积木，找一找它们属于哪个模块，并说说各指令积木的功能。

☐ 数字输出 管脚# [0▾] 设为 [高▾]   ☐ [[且▾]]

☐ DHT11 管脚 [0▾] [获取温度▾]   ☐ [[>▾]]

☐ 模拟输出 管脚# [3▾] 赋值为 [0]   ☐ 如果 执行

☐ 声明 [item] 为 [整数▾] 并赋值   ☐ [item]

☐ 其他：_____

项目实施 🔧

▦ 1. 器材准备

工具：美工刀、双面胶、胶枪、扎线等。

材料：制作人体感应风扇所需材料见表2-9。

表 2-9　制作人体感应风扇材料清单

材料	数量	材料	数量
Arduino主板	1块	方形USB线	1根
电源连接线	1根	人体热释红外传感器	1个
9V电池	1块	风扇模块套件	1组
温湿度传感器	1个	方形纸盒	1个
面包板	1块	公对公、公对母杜邦线	若干

2. 连接电路

制作人体感应风扇灯，首先要完成人体热释红外传感器、温湿度传感器、风扇模块等和Arduino主板之间的电路连接。

01　连接电路　根据设计，用杜邦线将人体热释红外传感器、温湿度传感器、风扇模块和主板连接起来，效果如图 2.24 所示。

温湿度传感器

风扇模块

人体热释红外传感器

图2.24　连接电路

02　连接电脑　用 USB 转串口线将 Arduino 主板与电脑连接，如果主板指示灯 ON 亮，说明电路连接没有问题。

3. 编写程序

在Mixly软件中，根据设计的算法添加各指令积木，并设定相应的参数值，然后上传、测试程序。

01　拖曳指令积木　根据风扇工作流程图和连接电路图，拟定风扇的启动条件为高于26℃，结合准备知识，把指令积木拖曳到编辑区，效果如图 2.25 所示。

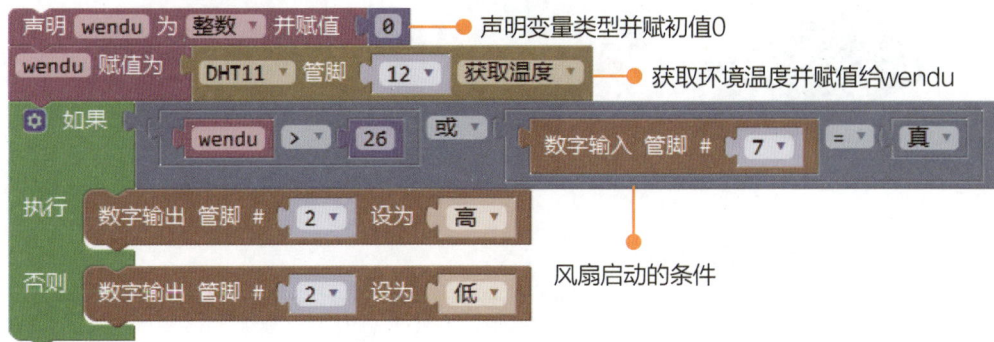

声明 wendu 为 整数 并赋值 ● 0　　　●声明变量类型并赋初值0

wendu 赋值为　DHT11　管脚　12　获取温度　●获取环境温度并赋值给wendu

如果　wendu ＞ 26　或　数字输入 管脚 # 7 ＝ 真

执行　数字输出 管脚 # 2 设为 高

●风扇启动的条件

否则　数字输出 管脚 # 2 设为 低

图2.25　人体感应风扇程序

02 上传程序 用方形 USB 线把主板和电脑连接起来，上传程序。

🔲 4. 制作外观

完成电路的连接和程序上传后，还要根据风扇的摆放位置、安装固定方式等需求，考虑风扇的外观设计。

01 说一说 方舟和同学在制作外观的过程中，他们就设备的外观设计进行了讨论，请加入他们的讨论，说说你的想法。

> 风扇放在办公室或家里，不仅要美观大方，还要考虑其合理性……

> 如果把人体感应风扇放在我们的书桌上，外观设计又要考虑哪些方面？

02 试一试 根据大家设计的解决方案，想一想还缺少哪些材料，并动手试一试为人体感应风扇制作外观吧！

项目支持 🛰

🔲 1. 人体热释红外传感器

人体热释红外传感器是数字传感器。当有人进入其感应范围，则向系统输入高电平；人离开感应范围，则自动延时关闭高电平。它有两种触发方式：L 不可重复，H 可重复。默认为可重复触发方式：即感应输出高电平后，在延时时间段内，如果有人体在其感应范围内活动，其输出将一直保持高电平，直到人离开后才延时将高电平变为低电平（默认延时为 3 ~ 4 秒)。不同厂家人体热释红外传感器的外观如图2.26所示。

图2.26 人体热释红外传感器

🔲 2. DHT11温湿度传感器

DHT11温湿度传感器是模拟传感器，它对环境的温度、湿度通过一定检测装置，测量到温湿度后，按一定的规律变换成电信号输出。不同厂家温湿度传感器的外观如图2.27所示。

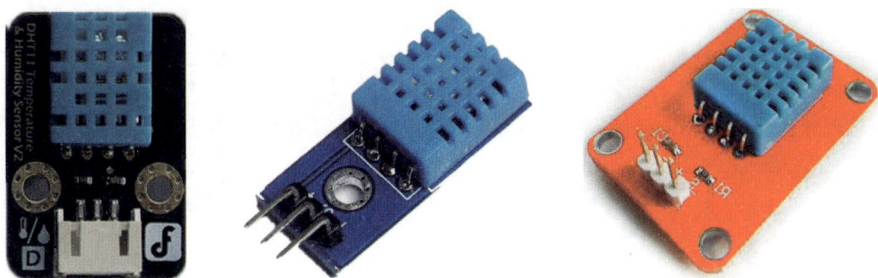

图2.27　温湿度传感器

▦ 3. 定义变量

变量模块是专门用来设置数字类型、字符类型等变量的。在"变量"模块中可以找到声明变量的积木指令，将变量命名为wendu，设置为整数型，如图2.28所示。

声明 wendu 为 整数 并赋值

图2.28　定义数字类型变量

▦ 4. 获取温度的指令积木

在传感器模块中，有多种获取温度的指令积木，在使用时，需要根据传感器的类型选择相应的指令积木，如图2.29所示。例如，本项目中用到的是DTH11温湿度传感器。

项目延伸 💻

▦ 1. 展示分享

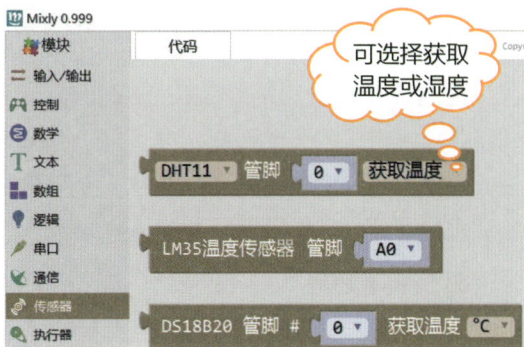

图2.29　获取温度的传感器指令积木

制作完成后，连接电源测试，风扇能否感知外界温度自行启动呢？人离开了，能否自动停止呢？如果不能正常工作，我们可以试着从以下几个方面查找原因：①可能是环境温度低，试着检测环境温度的条件，设低一些；②电路连接的管脚号与程序中各指令积木中的设置是否对应；③积木程序中的逻辑运算符等是否有误。

▦ 2. 创意设计

亲爱的小创客们，至此相信你已经完成了人体智能风扇的制作。接下来，请你尝试着用人体红外热释传感器和温湿度传感器等改进一些家电系统，使它们更智能。例如防盗报警装置、自动开关门、智能电灯、智能窗帘等。你一定有更好的创意，快动手试试吧！

项目4　自动浇花装置

　　种花容易养花难。家庭盆栽由于花盆的储水量不多，需要不定期为花草浇水，有时会因为我们太忙而忘记，或者是假期外出旅游没人给家里的花浇水，这都是令人非常烦恼的问题。我们不妨开动脑筋，自己动手制作一个自动浇花"神器"，让花花草草做幸福的植物吧！

项目准备

1. 项目了解

　　自动浇花装置的神奇就在于它能够自行判断花盆中土壤的干湿情况，然后自动给花浇水。制作之前，我们首先要厘清本项目的设计思路，比如搭建需要什么部件，会用到什么传感器，如何实现取水和浇水等。了解和掌握各部件的工作原理，才能更好地创造和优化我们的美好生活。

2. 问题思考

問題 1: 浇花装置如何知道花盆中的花需要浇水？

問題 2: 如果土壤过干，由什么部件来实施浇水？

問題 3: 每次浇水量多少如何决定？

项目规划

1. 头脑风暴

自动浇花装置最主要的特点是能够自动给花浇水，避免了人为去观察花盆或根据经验去浇水，也能解决忘记给花浇水的烦恼。

♡ **填一填** 根据对自动浇花装置的功能要求，结合其实际应用的场景，将图2.30中的空白位置填写完整。

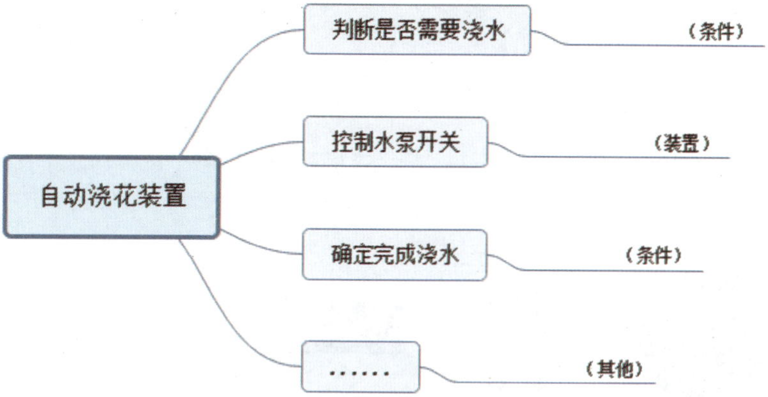

图2.30 自动浇花装置构思

♡ **想一想** 当需要给花浇水时，水泵开启进行浇水，浇水多少就停止呢？如果我们用水泵开启的时间长度来控制浇水量行不行？为什么？

2. 思路分析

设计的装置具备自动浇花功能，肯定是要根据土壤的干湿程度来确定是否需要浇水，如果土壤是湿润的，装置就不会自动浇水；而当土壤过干时，则能自动进行浇水。基于这些思考，你准备将自动浇花装置设计成什么样的？

♡ **画一画** 你准备制作的自动浇花装置是如何组建的？大概是由哪些部分组成？请把你对装置的结构设想画出来。

♡ **选一选** 要搭建这样的自动浇花装置，实现给花自动浇水的功能，你需要Arduino的哪些模块？请在图2.31中选出你选择的模块。

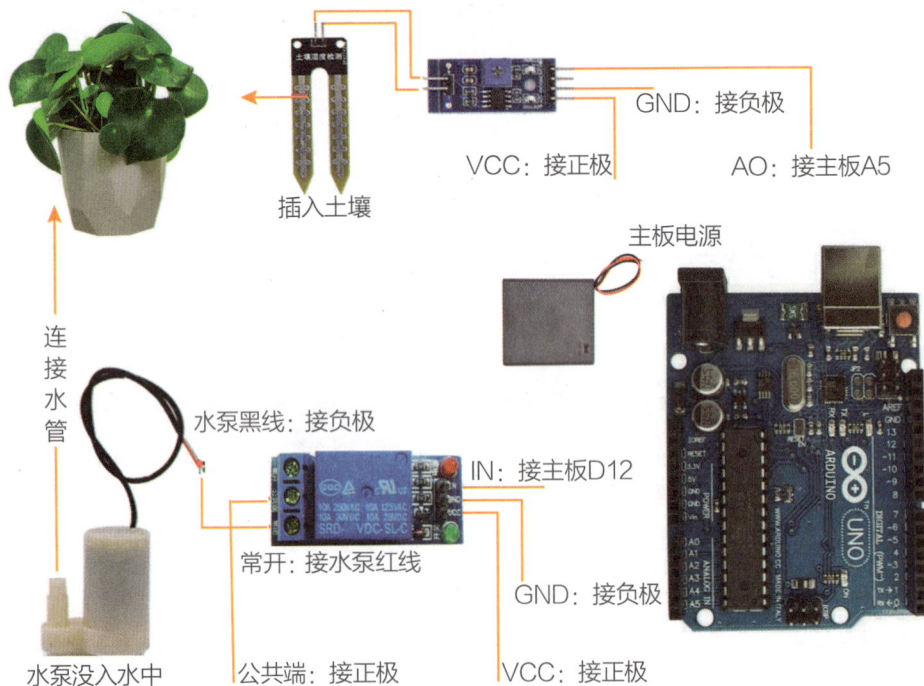

土壤湿度传感器　　　　继电器　　　　　微型水泵　　　　水管

其他：＿＿＿＿＿＿＿＿＿

图2.31　选择装置部件

♡ **连一连** 结合以上思路分析，把Arduino主板及选用的各个部件实际连接起来，看看你连接的实物是否和图2.32一致。如果不一样，为什么？

GND：接负极

VCC：接正极　　　　　AO：接主板A5

插入土壤

主板电源

连接水管

水泵黑线：接负极

IN：接主板D12

常开：接水泵红线

GND：接负极

水泵没入水中　　公共端：接正极　　VCC：接正极

图2.32　模块连接图

　　Arduino主板和传感器、继电器等部件连接时，有时需要连接到共同的VCC端或GND端，可以用连接面包板来解决端口不足的问题。

3. 算法设计

通过前面分析，我们知道自动浇花装置要有判断能力，能够根据土壤干湿状况来决定是否进行浇水。设计程序时会用到选择语句，当然还要用到循环语句，流程图如图2.33所示。

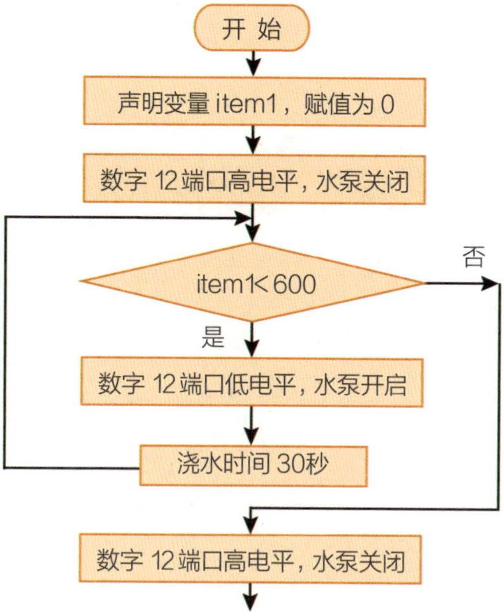
开 始
声明变量 item1，赋值为 0
数字 12端口高电平，水泵关闭
item1< 600
否
是
数字 12端口低电平，水泵开启
浇水时间 30秒
数字 12端口高电平，水泵关闭

土壤湿度传感器检测到的数值小于600时，即认为需要浇水，就自动开启水泵。

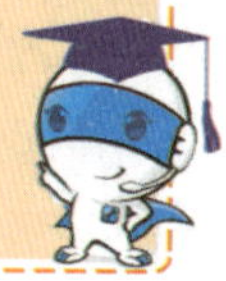

图2.33　自动浇花装置工作流程图

♡ 查一查　土壤湿度传感器用于土壤的湿度检测，通过电位器调节土壤湿度的阀值，顺时针调节，控制的湿度会越大，逆时针越小。请查一查光线传感器的工作原理。

土壤湿度传感器的湿度低于设定值5V时，在空气中AO读取的值最大为1023，浸泡在水里的最小值为245。本装置设定值为600。

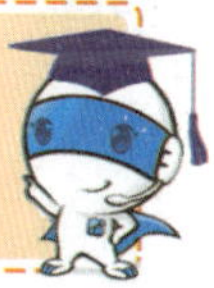

♡ 选一选　根据流程图可知，程序中要用到判断、循环等功能，可能用到的积木有哪些，并说说它们的作用。

□ 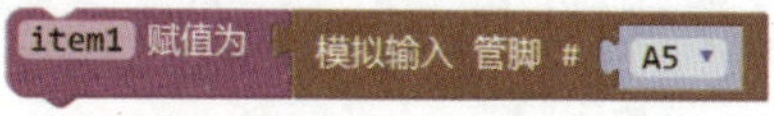
item1 赋值为 模拟输入 管脚 # A5

□ 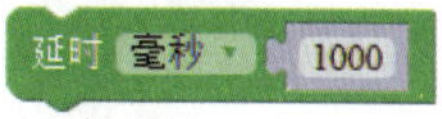
延时 毫秒 1000

□ 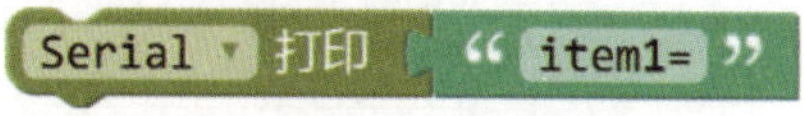
Serial 打印 “ item1= ”

□ 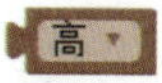
高

□ 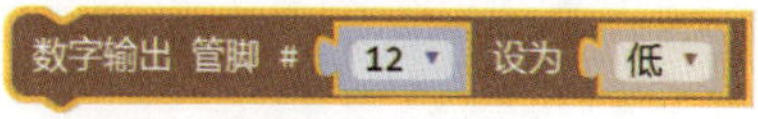
数字输出 管脚 # 12 设为 低

□ 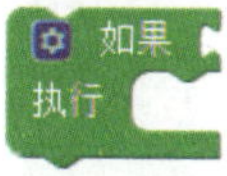
如果
执行

□ 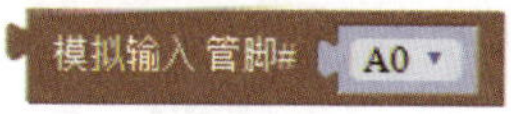
模拟输入 管脚# A0

□ 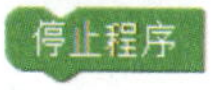
停止程序

□ 其他：________________________

项目实施

1. 器材准备

规划设计好后，需要准备硬件器材，主要有Arduino主板、微型水泵、继电器、下载线、电源等。

工具：剪刀、螺丝刀、插座、电线等。

材料：制作自动浇花装置所需材料见表2-10。

表 2-10　制作自动浇花装置材料清单

材料	数量	材料	数量
Arduino主板	1块	下载线	1根
土壤湿度传感器	1个	杜邦线	若干
面包板	1块	9V电池（盒）	1个
电源连接线	若干	插座	1个

2. 硬件连接

准备好器材，将Arduino主板、土壤湿度传感器、继电器、微型水泵按照正确的接线方式连接起来。

01 连接电路 根据设计，用杜邦线将土壤湿度传感器、继电器、微型水泵等模块和主板连接起来，效果如图 2.34 所示。

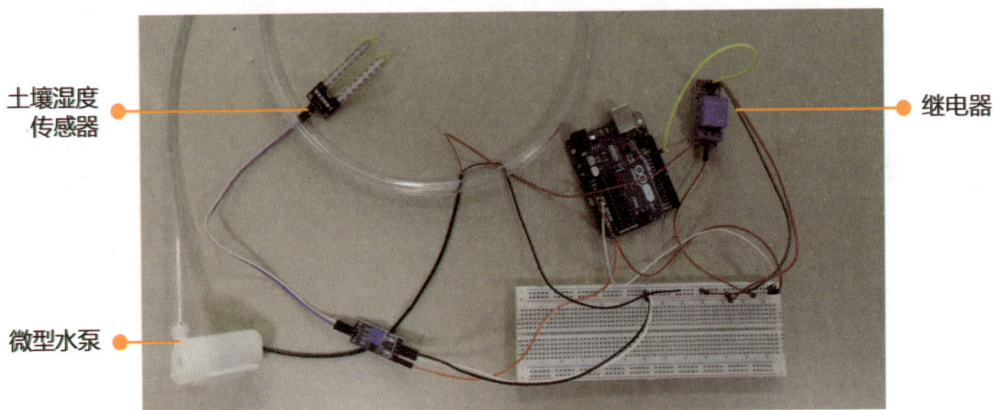

图2.34　连接电路

02 连接电脑 用 USB 转串口线将 Arduino 主板与电脑连接，如果主板指示灯 ON 亮，说明电路连接没有问题。

3. 编写程序

连接好所有的部件后，并仔细检查无误。在Mixly软件中，编写、上传程序。

01　**连接设备**　运行 Mixly 软件，连接程序下载线。

02　**编写代码**　根据工作流程图，分别把指令积木从模块区拖曳到编辑区，并设置相应参数值，效果如图 2.35 所示。

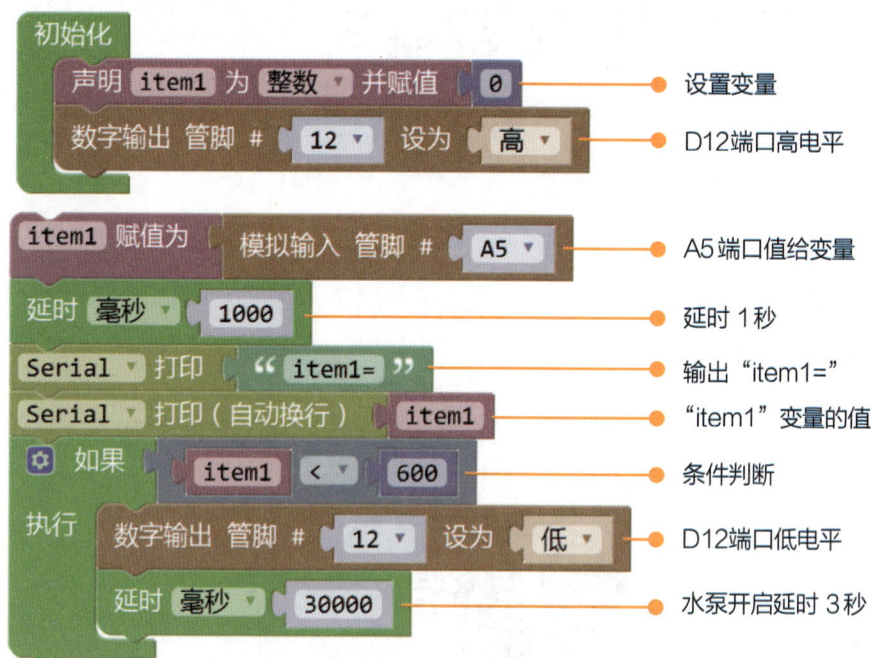

图2.35　编写代码

03　**测试程序**　下载程序，将土壤湿度传感器插入已准备好的花盆土壤中，通过检测到的土壤湿度值，观察继电器能否自动控制水泵的开和关。

项目支持

1. 土壤湿度传感器

　　土壤湿度传感器可以实现土壤湿度的检测。土壤湿度指的是土壤的含水量，能直接影响到植物的水分供应状况。土壤湿度传感器模块中蓝色的电位器是灵敏度调节电位器，用于土壤湿度的阀值调节，顺时针调节，控制的湿度会越大，逆时针则越小。通过电位器调节土壤湿度控制阀值，湿度低于设定值时，DO输出高电平；温度高于设定值时，DO输出低电平。利用土壤湿度传感器可以实现自动对菜园、花园浇水，家庭花盆土壤湿度的控制等，如图2.36所示。

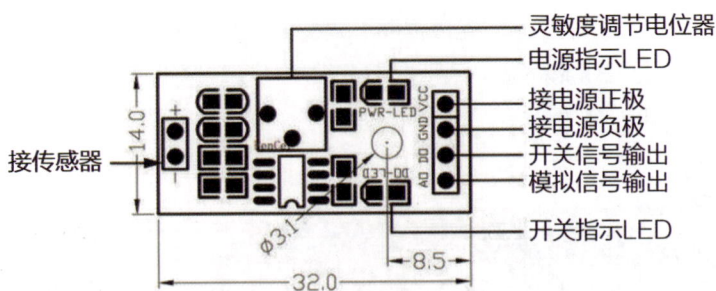

图2.36　土壤湿度传感器

2. 水泵

水泵是输送液体或使液体增压的装置。它将原动机的机械能或其他外部能量传送给液体，使液体能量增加，从而达到输送液体的目的。图2.37是一个带橡胶水管的微型水泵，可用来制造喷泉和瀑布，也可用它为植物浇水，甚至为鱼缸换水。

图2.37　水泵及水管

水泵有红色和黑色两个接线端，其中红色为正，黑色为负。使用时，将水泵浸入水中，橡胶水管一端接水泵出水口，一端放在花盆中，然后按照对应的接线颜色将其与电源的正负极相连便可开始工作。

3. 继电器

继电器是一种电子控制器件，利用低电压、弱电流电路的通断，来间接控制高电压、强电流电路通断的装置，其功能相当于一个开关，常应用于自动化的控制电路中。图2.38是一个数字继电器模块，绿色接线柱按上下顺序分别为NC（常闭）、NO（常开）、N/A（空脚）和COM（公共端）。当电路未通电时，处于断开状态的接口称为"常开"接口，处于接通状态的接口称为"常闭"接口。N/A不接任何针脚，而COM为公共端，可接电源的正极或负极。可使用干电池、蓄电池或电源适配器作为水泵电源。

图2.38　数字继电器模块

项目延伸

1. 展示分享

自动浇花装置制作完成后，试着将土壤湿度传感器插入不同干湿程度的花盆土壤中，检测装置的功能和效果，如图2.39所示。

图2.39　自动浇花装置效果图

2. 经验交流

自动浇花装置制作过程中，可能出现难度较大的地方，需要注意：①模块连接线要特别注意模块端口处的标注，避免接错；②土壤湿度传感器检测值需要观察，可以在程序编写时增加调用该模块的端口值，以确定判断土壤干湿程度的数值。本案例中提供的条件判断值600不是绝对的，可以自己根据实际情况取值；③水泵要完全浸入水中，并且要保证水量充足，避免因缺水而烧坏水泵。

3. 创意设计

亲爱的小创客们，本例只是以一个花盆为例讲解了自动浇花实现的原理。本装置利用Arduino主板的开源性，选用了土壤湿度传感器、微型水泵、继电器等一些模块组合，从而实现自动浇花的设想。你还有什么更好的创意来完善这个装置吗？动手试试！

项目5　燃气报警装置

真的漏气了!

随着时代的进步，燃气已经成为人们生活中不可缺少的物质，它可以给人们的生活提供非常多的帮助，比如煮饭烧水、家庭取暖等。燃气在给人们生活带来便利的同时，因其自身的特点，也存在着重大的安全隐患，这就需要一个燃气泄漏报警器来及时提醒人们，将危害降到最低。

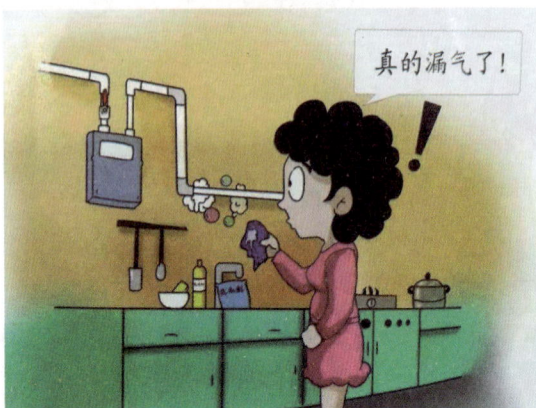

项目准备

▦ 1. 项目了解

生活中的燃气泄漏报警装置种类繁多，但由于真正发生燃气泄漏的可能性较小，所以同学们对其具体的工作情况不太了解。下面和同学们一起用开源硬件去搭建燃气泄漏报警装置，去了解其背后的原理。在深入了解后，可借助这些电子元件和原理，去创造智能化的家居产品。

▦ 2. 问题思考

问题1：制作燃气报警装置需要分几步？

_____

问题2：制作燃气报警装置需要什么组件？

_____

问题3：常用的燃气报警装置有哪些待改进的地方？

_____

项目规划

1. 头脑风暴

燃气给人们的生活带来了很大的便利，但同时也存在着较大的安全隐患，生活中同学们要处处有安全意识，警钟长鸣，安全无小事。

♡　**填一填**　生活中因燃气泄漏带来的安全事故有很多，请搜索相关的安全事故，想一想事故给你带来了哪些启发，生活中燃气的安全预防我们应该怎么做？如果遇到燃气泄漏，该如何处理，需要注意什么？

表 2-11　燃气报警装置

燃气泄漏	影响及措施
事故原因	
造成后果	
如何预防	
……	

♡　**说一说**　为了更加安全地使用燃气，我们除了及时关闭阀门、开窗通风、经常检查燃气设备等，还有哪些有效的预防措施？

2. 思路分析

制作燃气泄漏报警器，需要实现两个方面的功能，一是实时检测室内的燃气浓度；二是根据浓度值触发燃气泄漏的报警设施。制作之前，需要通过 Arduino 的串口打印功能，测试传感器的测量区间值，再根据数值的大小来判定报警装置输出高电平还是低电平，最终实现自动监测并自动报警的功能。现在就让我们一起来制作燃气报警装置吧！你打算设计成什么样子？它具备哪些功能呢？

♡　**画一画**　对于燃气报警装置的外观设计，请把你的构思画出来。

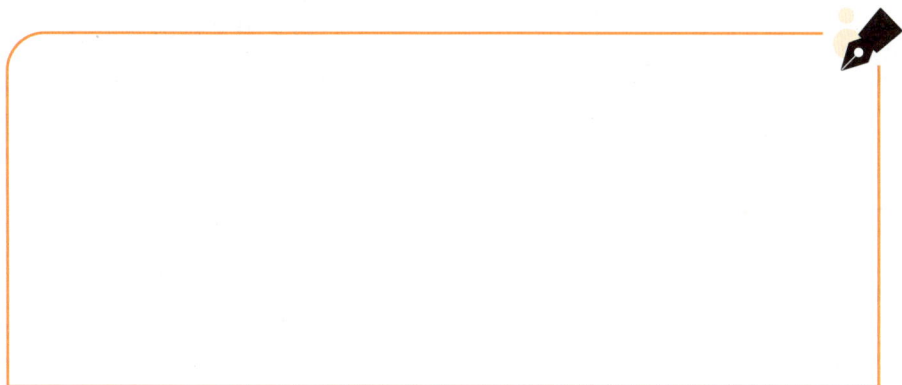

♡ **想一想** 要制作这样的装置，你需要哪些材料？这些材料如何获取，怎样加工才能使作品更加美观？

♡ **选一选** 如果要实现自动检测并报警的功能，你需要Arduino的哪些模块？请在图2.40中选出你需要的模块。

气体传感器　　　　　　　　光线传感器　　　　　　　　蜂鸣器

其他：＿＿＿＿＿＿＿＿＿＿＿＿＿＿

图2.40　选择模块

♡ **想一想** 除了用气体传感器和蜂鸣器外，你考虑过用其他的传感器制作燃气报警装置吗？

🔲 3. 算法设计

燃气报警装置的运行必须满足以下条件：燃气达到一定浓度，蜂鸣器才会发出声音，否则蜂鸣器不会发出声音，其工作流程如图2.41所示。

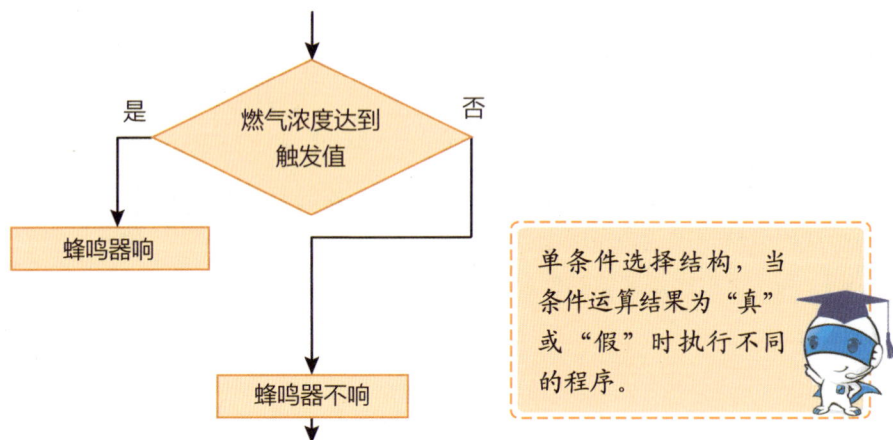

是　　　　　　燃气浓度达到触发值　　　　　　否

蜂鸣器响

蜂鸣器不响

> 单条件选择结构，当条件运算结果为"真"或"假"时执行不同的程序。

图2.41　燃气报警装置工作流程图

♡ **查一查** 燃气报警装置通过气体传感器感知室内燃气浓度，请查一查气体传感器的工作原理，了解它是数字传感器还是模拟传感器。

♡ **选一选** 用气体传感器和蜂鸣器制作燃气报警装置，请选一选可能要用到的指令积木，找一找它们属于哪个模块，并说说各指令积木的功能。

☐ 模拟输入 管脚# A0 ▾

☐ 数字输出 管脚 # 0 ▾ 设为 高 ▾

☐ Serial ▾ 打印（自动换行）

☐ 否则如果 / 如果 / 否则

☐ ⚙ 如果 执行

☐ 其他：＿＿＿＿＿＿＿＿＿＿＿＿＿＿＿＿＿＿

项目实施

1. 器材准备

工具：剪刀、美工刀、螺丝刀、锥子、胶枪、扎线等。

材料：制作燃气报警装置所需材料见表2-12。

表 2-12　制作燃气报警装置材料清单

材料	数量	材料	数量
Arduino主板	1块	电源连接线	1根
面包板	1块	USB线	1根
9V电池	1块	杜邦线	若干根
气体传感器	1个	方形纸盒	1个
蜂鸣器	1个		

2. 连接电路

制作燃气报警装置，首先要将气体传感器、蜂鸣器等和Arduino主板之间的电路连接。

01 **连接电路** 根据设计，用杜邦线将气体传感器、蜂鸣器和 Arduino 主板连接起来，效果如图 2.42 所示。

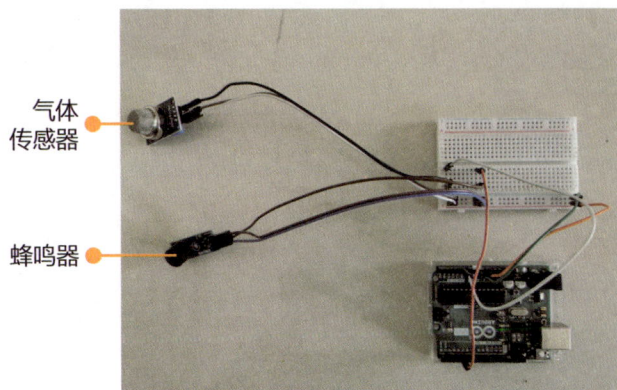

图2.42　连接电路

02 **连接电脑** 用 USB 转串口线将 Arduino 主板与电脑连接，如果主板指示灯 ON 亮，说明电路连接没有问题。

📋 3. 编写程序

在 Mixly 软件中，通过串口监视器查看有无气体传感器的输入值，然后编写、上传程序。

01 **查看气体传感器输入数值** 编写串口屏幕打印程序，程序上传成功后，通过串口监视器观察结果：在环境中没有燃气泄漏时，显示数据为 300 左右；当环境中有燃气泄漏时，显示数据为 800 以上。考虑到环境影响，判断燃气泄漏的检测条件初定为气体值 >800，如图 2.43 所示。

02 **设置蜂鸣器** 根据串口打印确定的气体传感器的数值，再来设置蜂鸣器的判定值，把控制变量指令积木从模块区拖曳到编辑区，效果如图 2.44 所示。

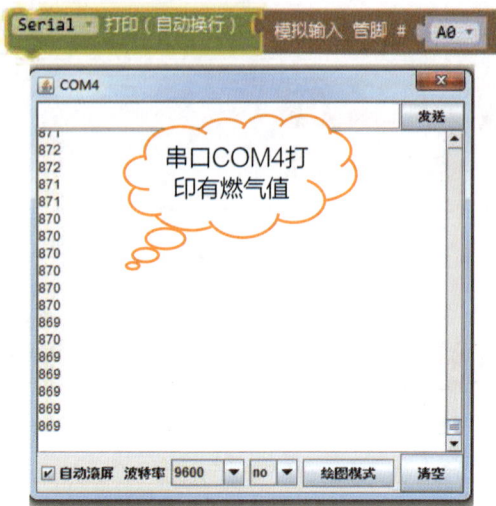

图2.43　串口打印数据

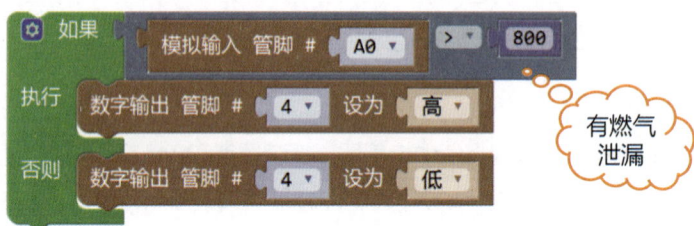

图2.44　燃气检测和报警程序

03 **上传程序** 用方形 USB 线把 Arduino 主板和电脑连接起来，上传程序。

📋 4. 制作外观

完成电路的连接和程序上传后，根据前期规划，还需要动手设计、制作燃气报警装置的模型，安装电子元器件等。

01 **搭建燃气报警装置模型** 如图 2.45 所示外观，裁剪后的纸盒用双面胶固定，并在侧面打孔，用于放置气体传感器和蜂鸣器模块。

图2.45　燃气报警装置模型

02　固定各电子模块　将气体传感器和蜂鸣器用杜邦线连接到主板上相应的管脚，用透明胶带固定蜂鸣器和传感器模块。

03　固定控制板和电池　把 Arduino 主板和电池连接后，用扎线固定在装置的模型内。

项目支持

1. 气体传感器

气体传感器主要用来检测甲烷、液化石油气等气体。它属于模拟传感器，能实时检测环境中气体的浓度，气体的浓度越高，输出数值越大；气体浓度变低时，输出数值变小。最终输出一个0～1023的数值来代表气体的浓度。以下为不同厂家的气体传感器的外观，如图2.46所示。

图2.46　气体传感器

2. 蜂鸣器

蜂鸣器分为无源蜂鸣器和有源蜂鸣器，这两种蜂鸣器均可与Arduino主板兼容。无源蜂鸣器模块是一个采用无源蜂鸣器元件设计的发声电子模块。它区别于有源蜂鸣器，内部无振荡源，所以它比有源蜂鸣器要便宜。不同频率的方波使其发出不同的声音。

有源蜂鸣器模块是一个采用有源蜂鸣器元件设计的发声电子模块。蜂鸣器采用直流电压供电，使用起来非常简单，只要给一个正向电压就可以发出声音，广泛应用于需提示或报警的电了产品中作为发声器件，但是其其不可改变发声频率。不同厂家蜂鸣器的外观如图2.47所示。

图2.47　蜂鸣器

3. 模拟传感器和数字传感器

Arduino主板可以兼容模拟传感器和数字传感器，二者的工作原理和使用方法均有所不同。

♡ **模拟传感器**　模拟传感器能反馈一个连续变化的量，在程序当中原始返回值是0～1023，那么我们就说这个传感器是模拟传感器。例如，本项目中所使用的气体传感器可以检测出气体的浓度为0～1023的值，所以气体传感器为模拟传感器。常见的模拟传感器有声音传感器、颜色传感器、雨滴传感器、水位传感器等。

♡ **数字传感器**　数字传感器只能反馈"真"或者"假"两种数值，在程序当中，"真"用1或true表示，"假"用0或false表示，则此传感器就是数字传感器。常见的数字传感器有振动传感器、按钮传感器、碰撞传感器、触摸传感器、超声波传感器等。

项目延伸

1. 展示分享

制作完成后，可使用打火机气体测试燃气报警装置是否能正常使用，也可将其带到厨房用家中的燃气进行简单测试，可用家中的燃气测试气体传感器的数值区间，根据实际情况修改判定值，测试报警器，尽可能准确地设置气体传感器的区间值。

2. 经验交流

实验可能出现的问题大致有：①气体浓度的触发值选择不够精准，造成误报警或不报警的情况，可以通过在程序中修改触发值的方法来解决；②蜂鸣器的声音太大或者太小的问题，可以通过调节蜂鸣器旋钮的方法来解决。

3. 创意设计

亲爱的小创客们，请你尝试着在燃气报警装置上增加LED灯，当检测到燃气泄漏时，不仅蜂鸣器会响，还会出现灯闪烁的双重报警效果。当然，你还可以有更好的创意，例如增加显示屏可以实时显示空气中的燃气浓度，是不是更有趣呢，动手试试吧！

项目6　火灾报警装置

火灾事故是现代社会危害较大，发生较频繁的灾害。尤其是居住在高层建筑中的家庭一旦发生火灾，有很大的救援难度，所以防患于未然十分重要。给家中装上火灾报警装置，它将在火灾初期报警中发挥重要作用，可以有效减少人员伤亡与财产损失。

项目准备

1. 项目了解

家是每个人最温馨的港湾，一旦发生火灾，不仅造成经济上的重大损失，还会造成人员伤亡。所以运用科学手段及时监测、发现、遏制火灾的发生很有必要。下面和同学们一起用电子元件去搭建火灾报警装置，去了解其背后的原理。在深入了解后，借助这些小元件和原理，去创造智能化的家居环境。

2. 问题思考

问题 1：制作火灾报警装置需要分几步？

问题 2：制作火灾报警装置需要什么组件？

问题 3：现有的火灾报警装置的工作原理是什么？

项目规划 ⚒

▤ 1. 头脑风暴

水火无情，预防高于一切，日常生活中加强火灾预防至关重要。但是往往防不胜防，火灾事故还是频繁发生，安装火灾报警装置可在火灾初期发挥重要作用。

♡ **填一填** 生活中火灾事故频频发生，引发火灾的原因有很多，不同的原因引发的火灾，灭火的方法也不一样，请与他人讨论，并填写在表2-13中。

表2-13 火灾的起因与灭火方法

火灾起因	灭火方法
燃气	
电路	
……	

♡ **议一议** 消防部门建议居民家中常备家用灭火器，请大家讨论，说一说，这种灭火器放置在哪里比较合适？家中的什么位置最容易发生火灾？选择哪种灭火器比较合适？如果制作好火灾报警器，请说一说安装在哪里比较恰当？

▤ 2. 思路分析

一个简易的火灾报警装置，应该同时具备火灾检测和报警两种功能。报警器会根据环境中是否有火焰从而发出警报，你打算制作的火灾报警装置有哪些功能？设计成什么样子？

♡ **画一画** 对于火灾报警装置的外观设计，请将你的构思画出来。

♡ **想一想** 根据火灾报警装置的外观设计，你会选择哪些途径或设备帮助你实现所设计的外观？

☐ **激光雕刻**　　☐ 3D打印

☐ **手工制作**　　☐ 其他：＿＿＿＿＿＿

♡　**选一选**　制作火灾报警装置，你需要Arduino的哪些模块？请在图2.48中选出你选择的模块。

火焰传感器　　　　　　蜂鸣器　　　　　　气体传感器

其他：＿＿＿＿＿＿＿＿＿＿＿＿＿＿

图2.48　选择模块

3. 算法设计

简易火灾报警装置，需要用到火焰传感器、蜂鸣器等。在程序的控制下，蜂鸣器根据火焰传感器的数值判定输出高电平还是低电平，其工作流程如图2.49所示。

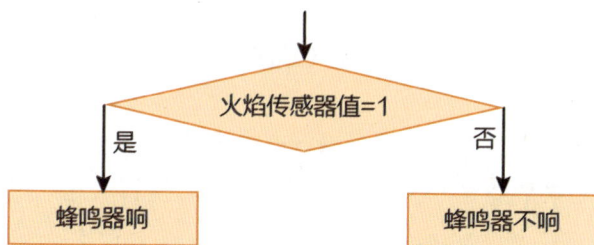

图2.49　火灾报警器工作流程图

♡　**说一说**　可以选择其他方法报警吗？说说你的想法。

♡　**选一选**　制作这样的火灾报警装置，可采用选择结构编写程序，请选一选可能要用到的指令积木，找一找它们属于哪个模块，并说一说各指令积木的功能。

☐　模拟输入 管脚# 〔A0 ▾〕　　　　　☐　数字输入 管脚 # 〔0 ▾〕

☐　数字输出 管脚 # 〔0 ▾〕 设为 〔高 ▾〕

☐　〔 〕= 〔 〕

☐　其他：＿＿＿＿＿＿＿＿＿＿＿＿＿＿＿

项目实施 🔨

📋 1. 器材准备

工具：剪刀、裁纸刀、螺丝刀、胶枪、扎带等。

材料：制作火灾报警器所需材料见表2-14。

表 2-14　制作火灾报警器材料清单

材料	数量	材料	数量
Arduino主板	1块	电源连接线	1根
火焰传感器	1个	方形USB线	1根
蜂鸣器	1个	杜邦线	若干根
9V电池	1块	面包板	1块

📋 2. 连接电路

制作火灾报警装置，首先要完成Arduino主板、电源模块、火焰传感器、蜂鸣器等电路的连接。

01　连接电路　根据设计，用杜邦线将火焰传感器、蜂鸣器和主板连接起来，效果如图2.50所示。

火焰传感器

蜂鸣器

图2.50　连接电路

02　连接电脑　用 USB 线将 Arduino 主板与电脑连接，如果主板指示灯 ON 亮，说明电路连接没有问题。

📖 3. 编写程序

在Mixly软件中，使用选择结构编写程序，并通过方形USB线上传到Arduino主板中，实现火灾的报警。

01　设置蜂鸣器　根据火灾报警装置工作流程图，结合所学习的知识，把控制变量指令积木从模块区拖曳到编辑区。当 4 号管脚的火焰传感器输入的值为真时，蜂鸣器为高电平，效果如图 2.51 所示。

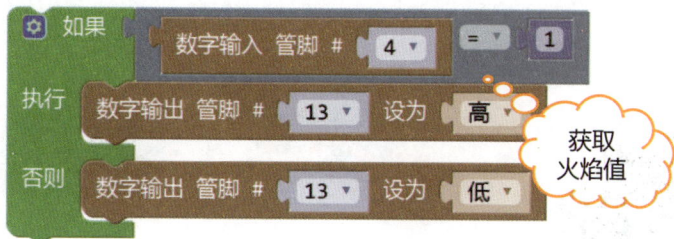

图2.51　检测火焰并报警程序

02　上传程序　用方形 USB 线把主板和电脑连接起来，上传程序。

📖 4. 制作外观

完成电路的连接和程序的上传后，要使制作的火灾报警装置美观有趣，还需要对其外观进行合理的设计与制作。

01　搭建火灾报警装置模型　楠楠同学和瑶瑶同学在制作外观的过程中，就设备的设计产生了讨论，请加入他们的讨论，说说你的想法。

> 制作火灾报警装置，传感器的位置摆放要注意。

> 报警器的材质要防火，耐高温……

02　固定各传感器模块　根据楠楠和瑶瑶提出的问题，请大家讨论并帮助他们选择合适的方法固定传感器模块。

固定内部元件	火焰传感器	固定蜂鸣器
☐ 熔胶棒	☐ 易产生火灾的位置	☐ 防火
☐ 扎带	☐ 固定物体防火	☐ 耐高温
☐ 双面胶	☐ 其他：＿＿＿＿	☐ 不易腐蚀
☐ 其他：＿＿＿＿＿＿		☐ 其他：＿＿＿＿

项目支持 🛰️

📖 1. 火焰传感器

　　火焰传感器是一个数字、模拟双重输入模块，本模块可以实现对火焰的检测，适用于所有需要火焰探测的场合，例如灭火机器人、火焰报警器。火焰传感器对火焰较敏感，对普通火也是有反应的，一般用作火焰报警等用途时，传感器与火焰要保持一定距离，以免高温损坏传感器。不同厂家的火焰传感器的外观如图2.52所示。

图2.52　火焰传感器

📖 2. 传感器灵敏度

　　在利用Arduino主板及传感器搭建智能设备时，经常会遇到上传程序后，设备无效或者过于灵敏的情况。这时反复修改调试程序，但问题依然无法解决。这往往是传感器灵敏度问题导致的。Arduino传感器一般都自带灵敏度调节旋钮，我们可以使用螺丝刀旋转传感器的灵敏度调节旋钮来解决类似的问题。

项目延伸 🖥️

📖 1. 展示分享

　　制作完成后，可使用火柴、打火机、蜡烛等来测试火灾报警装置是否可正常使用，也可用燃气灶的火焰来检测报警器的有效性；但需要注意让传感器和火焰之间保持一定的距离，以免损坏传感器。通过检测，火灾报警装置确实可行。

📖 2. 创意设计

　　如果以上任务你都完成了，请再尝试着借助三色LED灯，结合生活常识，创造出功能更加完善的火灾报警装置，当火灾报警装置检测到火焰时，不仅蜂鸣器报警，同时三色LED灯交替闪烁，达到更好的报警效果！

第3单元

学习用具打印室3D One

随着3D技术日趋成熟，越来越多的人加入了将创意变为现实的创客之旅。你看，天马行空的创意被物化，人人都能"想象—设计—造物"……现在，让我们走进3D技术的世界，体验"智造"的乐趣。

本单元围绕打印学习用品这一主题，通过笔筒、书签、直尺、藏书章、书立、座位牌的设计与制作，去观察生活、理解生活、设计生活、创造生活，并在这个过程中，形成利用设计思维、产品思维去解决身边问题的习惯，努力成为这个时代的"智造者"。

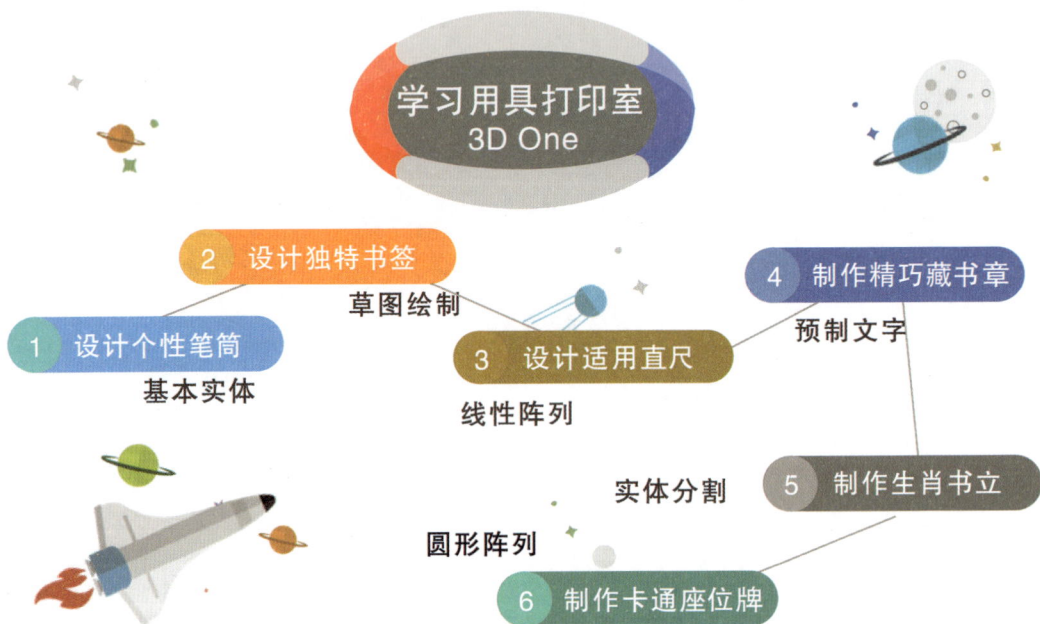

学习用具打印室
3D One

2 设计独特书签
草图绘制

4 制作精巧藏书章
预制文字

1 设计个性笔筒
基本实体

3 设计适用直尺
线性阵列

实体分割

5 制作生肖书立

圆形阵列

6 制作卡通座位牌

项目目标

　　本单元整体以3D One实际应用为目标，在了解3D设计一般方法的基础上，体验设计的流程。

　　主要目标有：知道视图导航和查看视图的操作方法，了解基本实体、草图绘制、草图编辑、特征造型、特殊功能、基本编辑、组合编辑、颜色工具的一般应用，进一步熟悉线条类草图的绘制，掌握浮雕、拉伸、移动、阵列、加运算、减运算、预制文字、镶嵌曲线等工具的使用方法。

项目预期成果

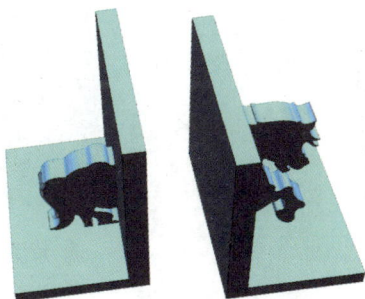

项目1	设计个性笔筒

像孙悟空一样，拔一根毫毛就能变出自己想要的东西，是许多人儿时的梦想。现在，有了3D打印技术，就可以将奇思妙想变为现实。作为创客小高手，方珂珂准备制作一个独一无二的专属笔筒，为铅笔、圆珠笔、钢笔安置一个家。

项目准备

1. 欣赏传世笔筒

"数枝门柳低衣桁，一片山花落笔床。"这是唐代诗人岑参《山房春事》中的经典诗句。笔床就是笔筒的前身。到了明代，笔筒开始出现，经过能工巧匠的设计加工，材质多样、雕镂精致的笔筒，至今盛而不衰。图3.1为几个传世笔筒。

明 青花人物故事笔筒　　明 竹雕《春菜图》笔筒　　清 紫砂描金打枣图大笔筒　　清 紫檀虬龙夔凤纹笔筒

图3.1　欣赏传世笔筒

2. 分析笔筒特点

笔筒是中国传统文化的重要符号，既有实用价值，又可作观赏之物。请根据你对笔筒的了解，参照图3.2中呈现的几个维度，分析笔筒的特点。

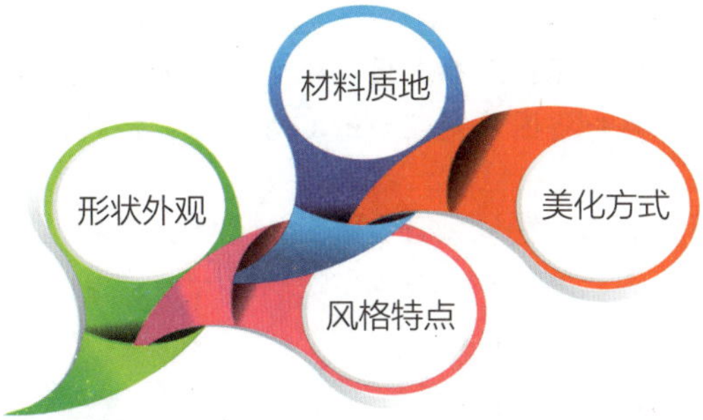

图3.2　分析笔筒特点

3. 问题思考

问题 1: 放哪些种类的笔, 其高度是多少, 一般放多少?

问题 2: 利用圆柱体做笔筒, 怎样掏空圆柱体?

问题 3: 为体现个性化, 怎样在圆柱体上贴图?

项目规划

1. 笔筒设计

作品设计是制作前的一个重要环节。制作个性化笔筒, 首先要考虑笔筒的使用功能, 然后从外观、尺寸等方面进行创意设计。

01　外观设计　生活中的笔筒造型简单, 在器型上以柱体居多, 制作难度不大。本项目笔筒选用圆柱形, 并贴以全家福图片进行装饰, 如图 3.3 所示。

图3.3　外观设计

你为笔筒设计什么形状呢？准备选用哪张图片？如果要像案例作品中的图片一样没有背景，就要先将图片处理为PNG透明背景格式。

02　尺寸设计　本项目笔筒是为铅笔、圆珠笔或钢笔设计，容量约 10 支。根据需求，也为了使半径和高的比例关系更加合理，新笔筒尺寸参照某知名笔筒，如图 3.4 所示。

120mm　　110mm

筒壁厚 4mm

高120mm
半径55mm
筒壁4mm

图3.4　尺寸设计

▦ 2. 制作分析

完成了笔筒的设计工作，接着需要思考制作流程。参照图3.5所示流程，了解制作笔筒的主要步骤。

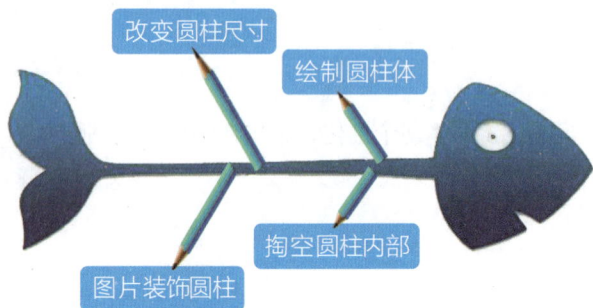

改变圆柱尺寸　绘制圆柱体　掏空圆柱内部　图片装饰圆柱

图3.5　笔筒制作步骤

▦ 3. 软件选择

3D设计软件很多，如3D One、123D Design、SketchUp等，如图3.6所示。以3D One为例，其界面简洁、易于上手，故本项目选择使用3D One软件。

图3.6　常用的3D设计软件

项目实施 🔧

1. 了解软件

"工欲善其事，必先利其器。"使用3D One，需要先了解3D软件界面，以及不同的视图方式。

01 启动软件　启动 3D One 软件，可以从"开始"菜单中选择，也可以双击桌面上的快捷图标。

02 认识界面　参照图 3.7 所示标注，认一认 3D One 的软件界面。

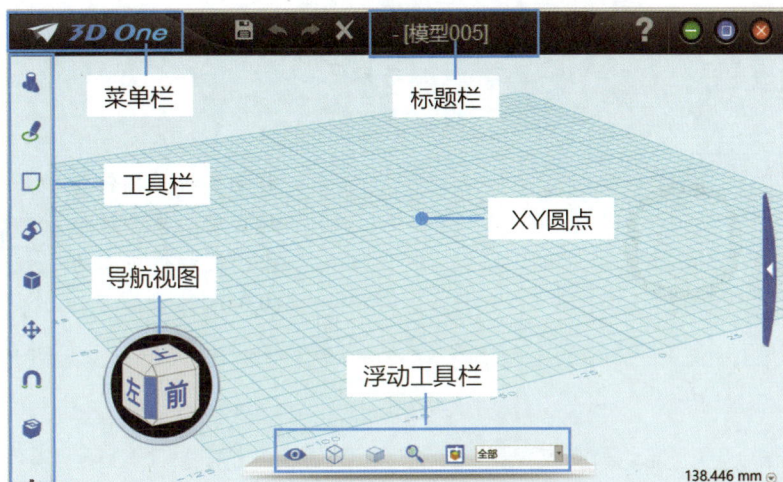

图3.7　认识3D One软件界面

03 了解视图方式　"视图导航"有 26 个面。单击每个面均可切换到其对应的视图。不同的视图角度，显示效果不同，如图 3.8 所示。此外，按住鼠标右键拖动也可以改变视图角度。

"视图导航"器有26个面，单击可切换视图方式。

图3.8　了解视图方式

2. 制作笔筒

按照设计思路，制作笔筒时，首先根据构思绘制圆柱，并依据预设尺寸调整半径和高，其次掏空圆柱内部，初步完成笔筒的制作。

01 绘制圆柱实体　参照图3.9所示操作，利用"基本实体"绘制圆柱体，确定笔筒的形状。

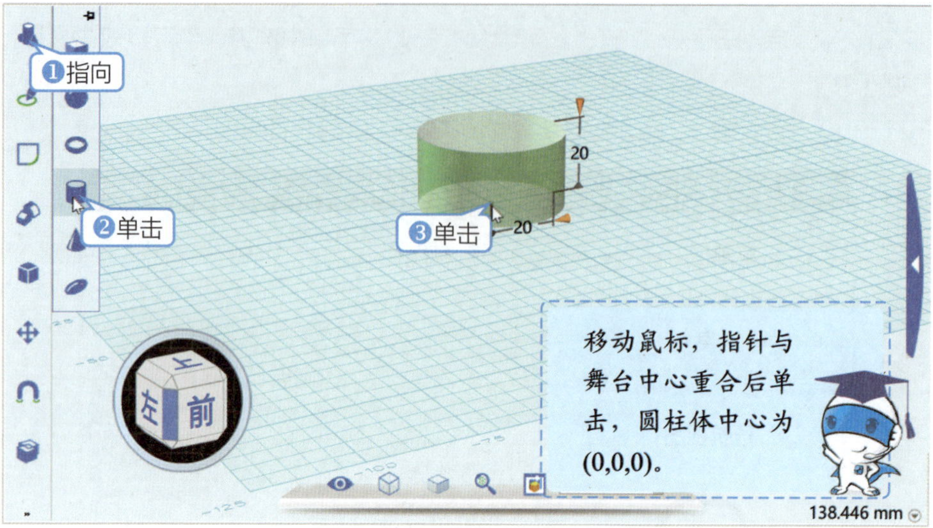

移动鼠标，指针与舞台中心重合后单击，圆柱体中心为(0,0,0)。

138.446 mm

图3.9　绘制圆柱实体

02 改变圆柱尺寸　拖动箭头改变圆柱体的半径和高度，或按图 3.10 所示操作，修改圆柱体半径和高度分别为 55mm、120mm。

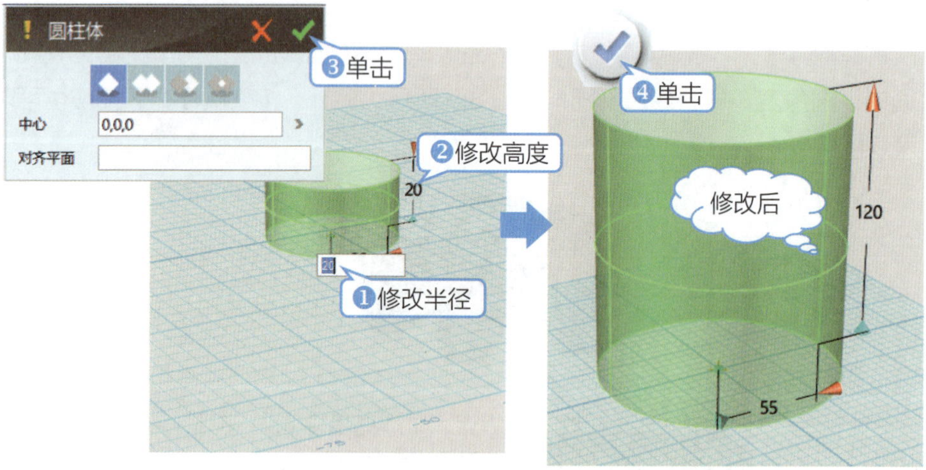

图3.10　改变尺寸

试一试：按住鼠标滚轮拖动，模型可以平移；按住右键拖动，模型改变视图角度；按住左键拖动，模型可以移动；滚动鼠标滚轮，模型可以改变显示比例。

03　掏空圆柱内部　按图 3.11 所示操作，使用"抽壳"工具，把圆柱体的中间掏空，形成笔筒。

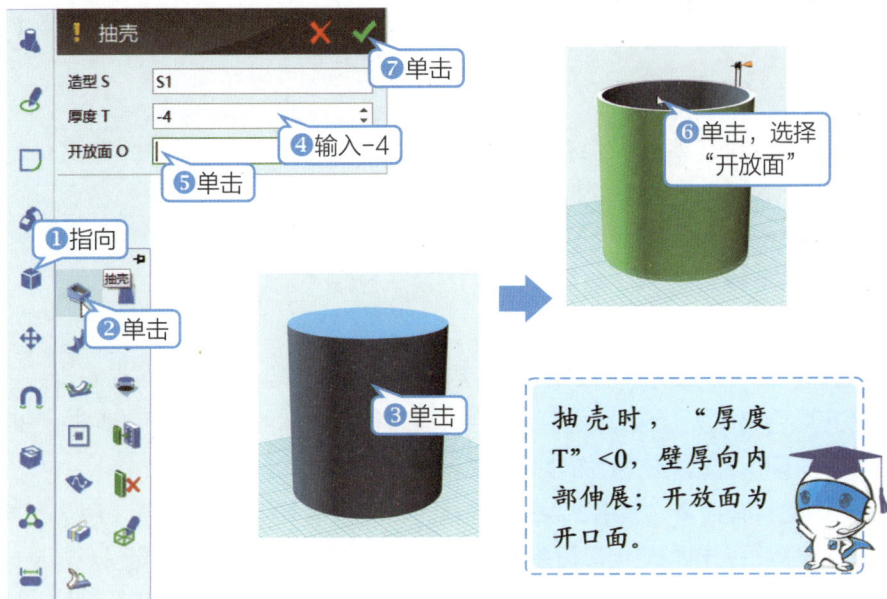

抽壳

造型 S　S1
厚度 T　-4
开放面 O

❶指向
❷单击
❸单击
❹输入-4
❺单击
❻单击，选择"开放面"
❼单击

抽壳时，"厚度 T"<0，壁厚向内部伸展；开放面为开口面。

图3.11　掏空圆柱内部

04　图片装饰圆柱　按图 3.12 所示操作，使用"浮雕"工具，为笔筒贴上家人合影相片，对笔筒进行个性化修饰。

浮雕

文件名　d:\Desktop\我的家.png
面
最大偏移　0
宽度　50
☑匹配面法向
原点
旋转　0
分辨率　1
☑贴图纹理显示
☐嵌入图像文件

浮雕

文件名　d:\Desktop\我的家.png
面　F3
最大偏移　0
宽度　80
☑匹配面法向
原点
旋转　0
分辨率　1
☑贴图纹理显示
☐嵌入图像文件

❶指向
❷单击
❸选择图片
❹单击，选择"面"
❺输入宽度
❻单击
❼单击
❽单击
效果图

图3.12　图片装饰笔筒

操作中需要撤销和恢复时，可以使用"撤销" ← 、"重做" → 按钮，也可以使用快捷键Ctrl+Z、Ctrl+Y。

3. 保存文件

利用"文件"菜单或"保存"按钮，选择想要保存的位置，保存文件为"笔筒.z1"。z1格式为可继续编辑的文件格式。

项目支持

1. 3D打印机和打印材料

3D打印机又称三维打印机，是以数字模型文件为基础，运用塑料、石膏、金属、橡胶类等可黏合材料，通过逐层打印黏合材料来构造物体的机器。通俗地说，3D打印机是可以"打印"出真实的3D物体的一种设备。

3D打印材料有很多，其中，ABS塑料、PLA塑料都是常用的材料。PLA塑料是一种新型的生物降解材料，使用可再生的植物资源（如玉米）所提取的淀粉原料制成。一般来说，ABS和PLA材料都为粗细非常均匀的丝状，盘在塑料卷轴里面。图3.13为常见的3D打印机和3D打印材料。

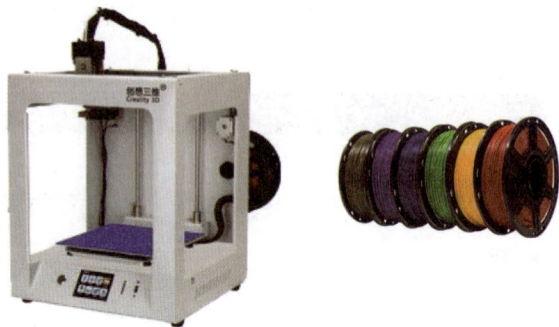

图3.13　3D打印机和打印材料

2. 3D打印流程

3D打印和打印文本材料类似，只需要经过建模、切片和打印就可以得到成品，还可以通过修整、上色等操作完善作品。3D打印流程一般如图3.14所示。

01　建模　使用三维制作软件，在计算机中构建出具有三维数据的模型，如在本项目中使用 3D Oone 制作的笔筒模型。

02　切片　利用切片软件将模型按层切成一片一片，设置每一片的打印方式。

03　打印　给 3D 打印机装入打印材料、设定打印参数后进行打印，材料一层一层地打印出来，就像盖房子一样，最终一个完整的物品就会呈现在我们面前。

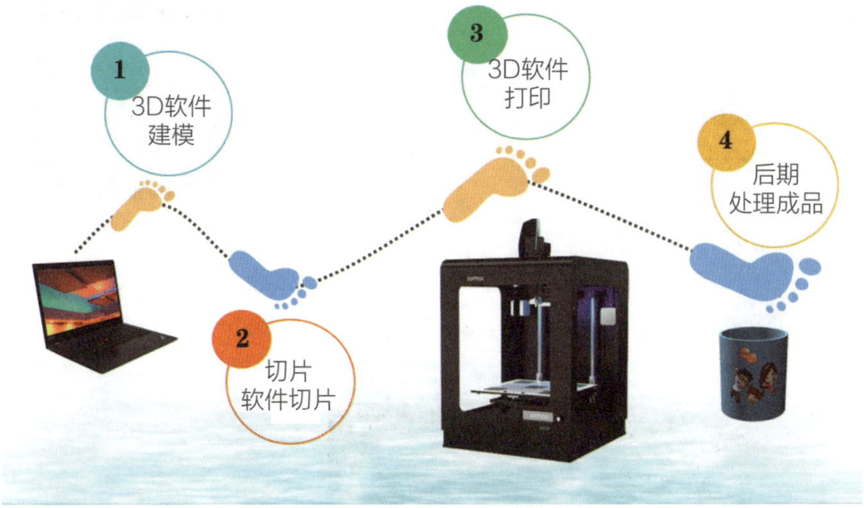

图3.14　3D打印流程

项目延伸

■ 1. 实践体验

根据不同的使用需求，笔筒可以有多种样式，如图3.15所示。你能设计出类似的笔筒吗？

图3.15　不同样式的笔筒

■ 2. 创意设计

利用简单图形构建复杂图形，是开动脑力的小游戏。请思考如何利用图3.16中的"基本实体"设计作品。

图3.16　基本实体

项目2 设计独特书签

"书是人类进步的阶梯"，读书是获取知识最常见的途径之一。生活中离不开书，我们不仅喜欢读书，还要学会有效读书。作为创客小高手，方轻舟准备设计一款3D立体书签，让读书变得更加方便。

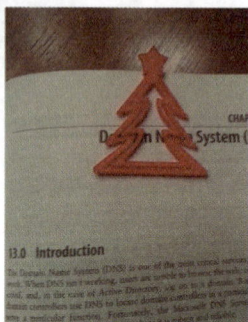

项目准备

1. 欣赏书签产品

书签是生活中常见的小物品，它可以帮助你快速找到上次阅读的位置。常见的书签多数为纸质或金属的薄片，使用时夹在书里，但缺点是不易查找且容易掉落和损坏。图3.17是一些网店售卖的书签。

图3.17 欣赏书签产品

▦ 2. 问题思考

问 题 A
结构上如何让书签便于查找且不易掉落？

问 题 B
外观上如何体现书签的个性化？

问 题 C
尺寸上如何使书签更合理？

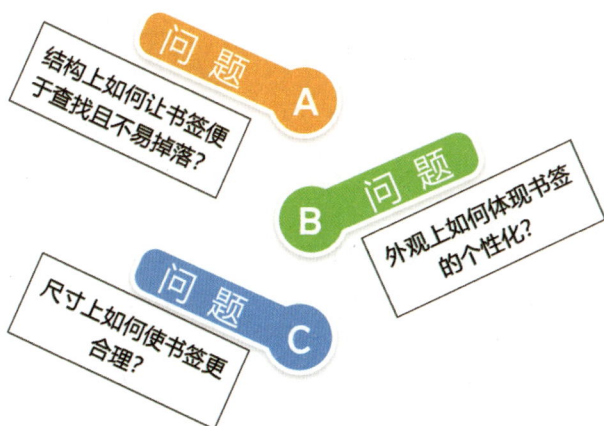

▦ 3. 设计改进方案

书签既有其实用价值，又可作观赏之物。要设计制作一个独特的书签，需对现有的书签进行改进。请根据你对书签的了解，从功能、外观和大小几个方面，设计书签的改进方案，并将你的改进方案填写到图3.18中。

改进方案

基本功能

形状外观

尺寸大小

图3.18　设计改进方案

项目规划 🖉

▦ 1. 外观结构设计

3D书签整体设计为米奇老鼠造型，效果如图3.19所示。主体分成2个部分：米奇老鼠头部为"装饰"的部分，可以做成立体造型，易于查找。其他部分设计成扁平状，为"主体"的部分，书页可夹在"书内底边"和"书内卡扣"之间，防止书签掉落。

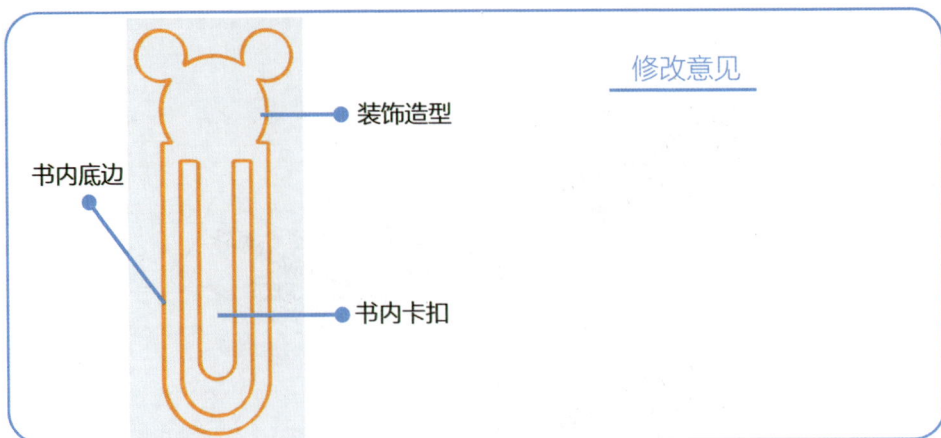

图3.19　书签外观设计

2. 作品尺寸设计

设计好作品外形后，要做的工作就是在刚才设计的草图上标注出作品的相应尺寸，这里的尺寸参考了一般书签的尺寸。图3.20是测量并记录的结果。

图3.20　尺寸设计

3. 制作流程规划

完成书签的设计工作之后，接着需要思考作品的制作流程。按图3.21所示流程，规划制作书签的主要步骤。

图3.21　制作流程规划

项目实施

1. 绘制主体

按照设计思路，使用"草图绘制"中的"矩形""直线"和"圆弧"工具，并依据预设尺寸绘制书签主体的平面图形。

01　绘制矩形　启动 3D One 软件，按图 3.22 所示操作，利用"草图绘制"中的"矩形"工具绘制矩形。

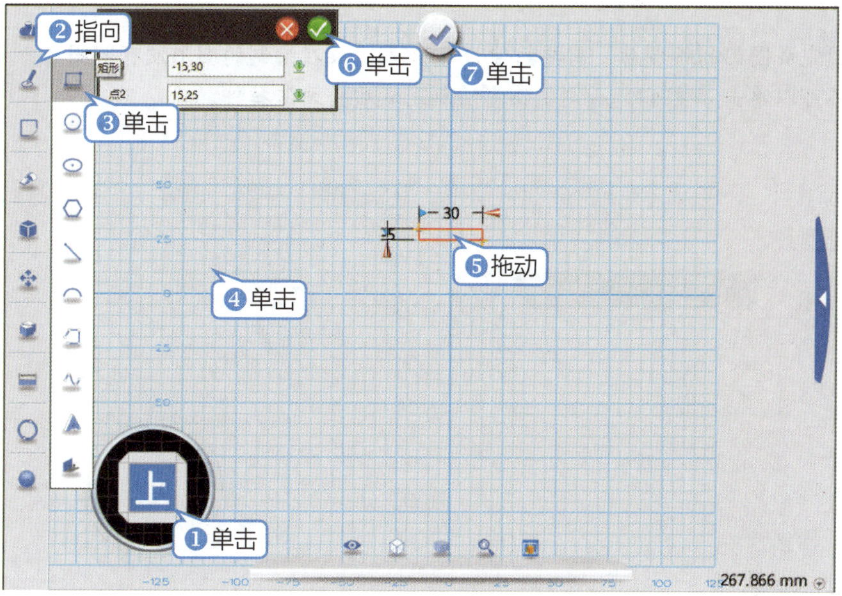

图3.22　绘制矩形

在绘制图形前，需先单击选择图形所在的面，如图3.22中的第4步单击操作，即选择矩形所在的面。

02　绘制直线　按图 3.23 所示操作，使用"草图绘制"中的"直线"工具绘制图形所需要的直线。

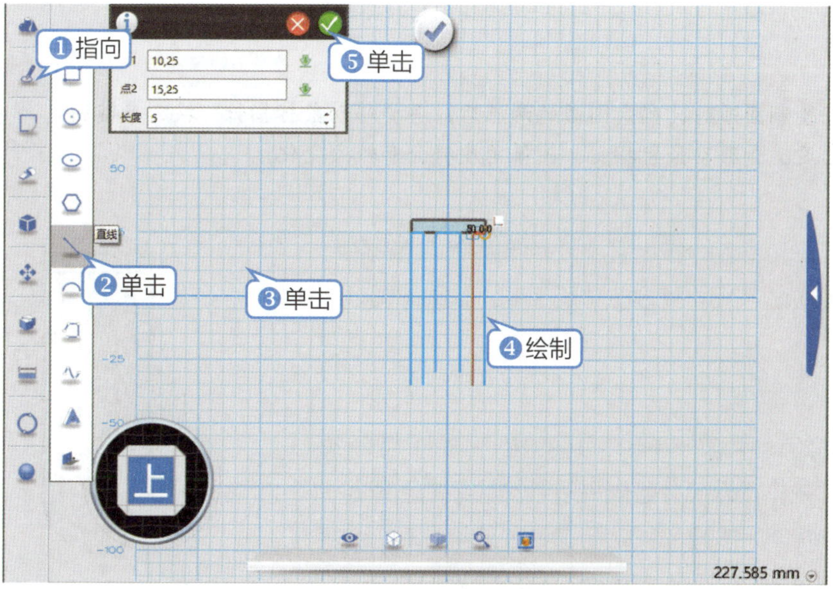

图3.23　绘制直线

因完成图形的绘制后，需要拉伸为3D效果，故在绘制的图形没有密闭之前，不可以单击 ☑ 按钮。否则，图形绘制完成后将无法拉伸。

03 绘制圆弧 按图 3.24 所示操作，使用"草图绘制"中的"圆弧"工具绘制图形所需要的弧线。

图3.24 绘制圆弧

在绘制圆弧时，确定圆弧的两点后，不要移动鼠标指针，按回车键固定圆弧角度。如移动鼠标指针，圆弧角度将会有较大变化。

04 完成主体绘制 按上述方法绘制另外 2 条圆弧，并单击 ☑ 按钮，完成主体的绘制，效果如图 3.25 所示。

2. 绘制装饰

按照设计思路，使用"草图绘制"中的"圆形"工具，并依据预设尺寸绘制书签装饰的平面图形。

01 绘制头部 按图 3.26 所示操作，使用"草图绘制"中的"圆形"工具绘制装饰图形的头部。

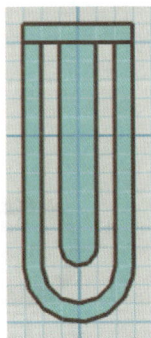

图3.25 完成主体绘制

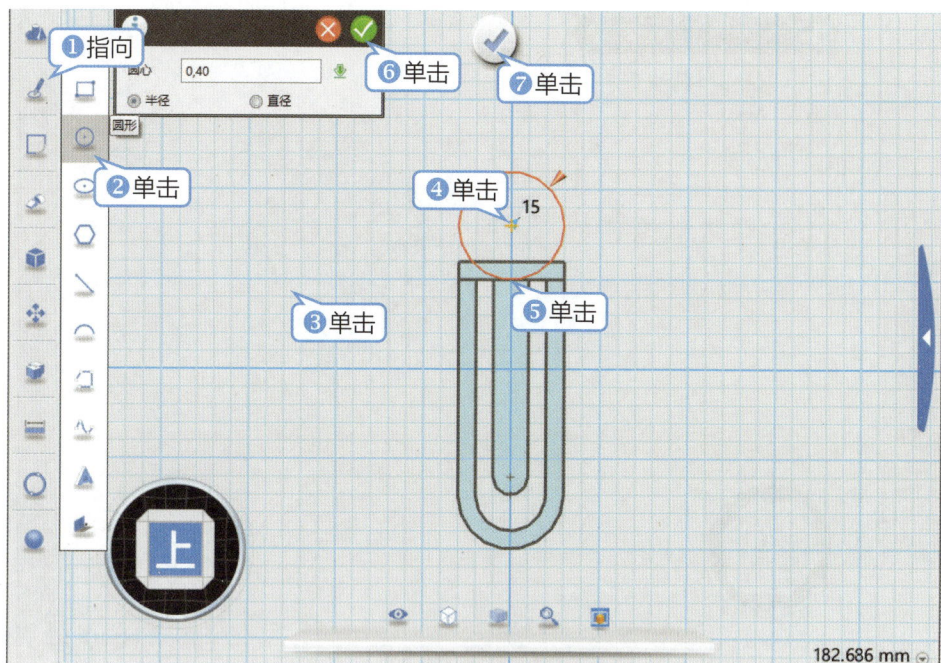

图3.26　绘制头部

02　**绘制耳朵**　使用同样的方法绘制装饰图形的耳朵，效果如图 3.27 所示。

图3.27　绘制耳朵

　　在绘制耳朵时，选取2个对称的中心点，确保2个耳朵是对称的，且耳朵一定要与头部相交，否则后期的立体图形无法组合为一个整体。

▦ 3. 拉伸组合

　　使用"拉伸"工具分别拉伸平面图形的各个组成部分，再使用"组合编辑"工具将图形的各个部分组合在一起。

01　**拉伸耳朵**　选中"耳朵"，按图 3.28 所示操作，将图形的各个组成部分拉伸为立体图形。

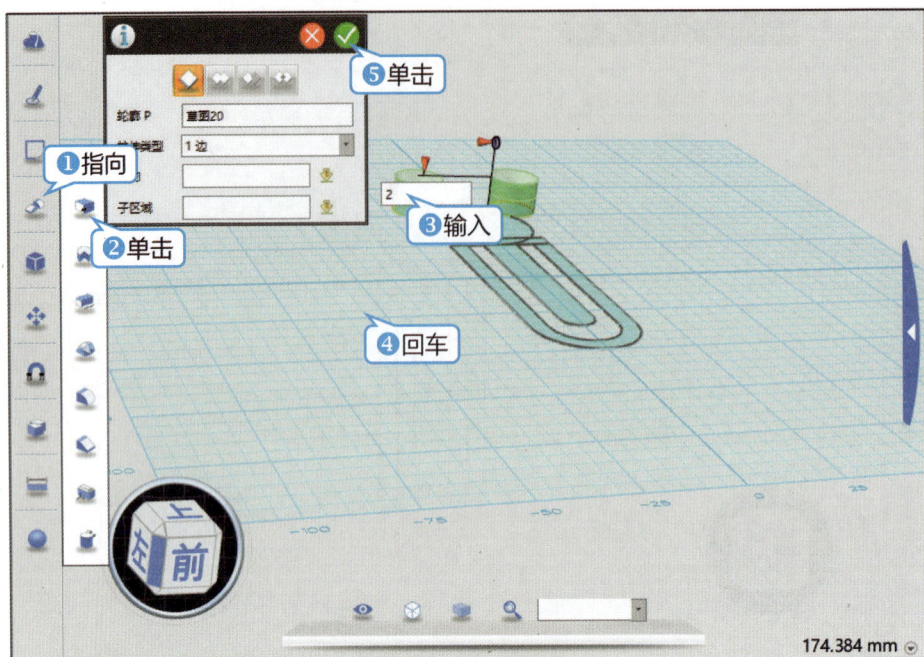

图3.28　拉伸图形

02　拉伸其他图形　按上述操作方法，将其他平面图形拉伸为立体图形。

03　组合图形　按图 3.29 所示操作，将所有立体图形组合成一个整体。

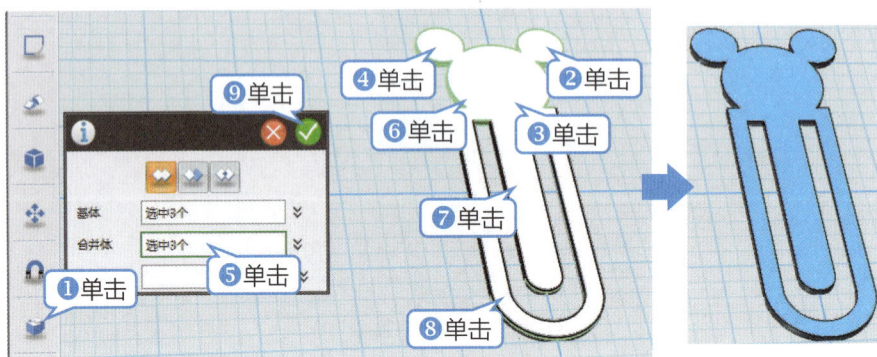

图3.29　组合图形

04　保存文件　使用"文件"菜单或"保存"按钮，选择要保存的位置，保存作品。

项目支持

1. 调整视角

　　使用3D One制作3D作品时，经常会因为视角角度问题，导致操作不方便。如在设置拉伸数值时，时常会选中不了数值，无法对数值进行修改。此时，我们可以在编辑区通过鼠标右键的拖动来调整视角；也可以单击导航视图的各个"面"来调整视角，导航视图如图3.30所示。

图3.30　调整视角

2. 保存方式

3D One软件分为家庭版和教育版等多个版本，其保存方式也是不完全一样的。如家庭版只能将作品保存到云盘中，教育版可以将作品保存到电脑的本地磁盘。家庭版和教育版的"文件"菜单如图3.31所示。

家庭版　　　教育版

图3.31　保存方式

项目延伸

1. 个性作品

书签制作完成后，是否可以对作品进行优化，让它成为你的专属书签呢？你有什么想法吗？试一试，能否将自己的想法变成现实！

2. 创意设计

根据喜好和功能的不同，可以设计制作出各种各样的书签，如图3.32所示。你能设计制作出类似的书签吗？

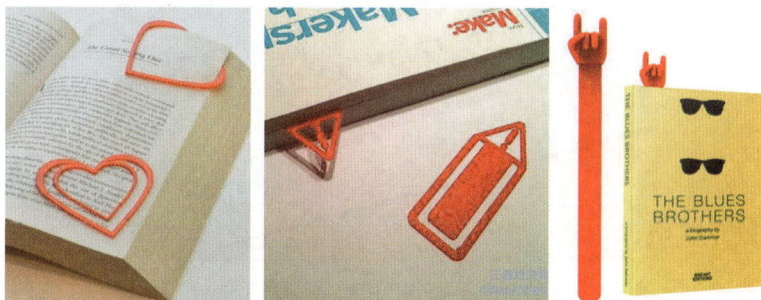

图3.32　各种各样的书签

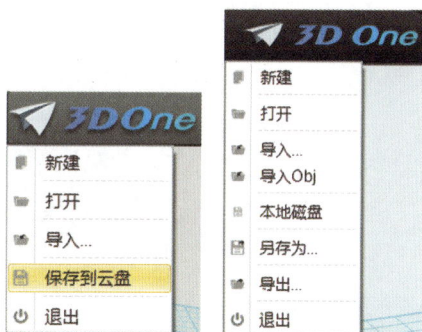

项目3 设计适用直尺

直尺、三角板、量角器是常用的学习工具，经常被人们用来作图和测量。同学们常用的笔袋比较小，但直尺一般都比较长，不方便携带，方轻舟准备设计制作一个可以装在笔袋中，大小合适的直尺。

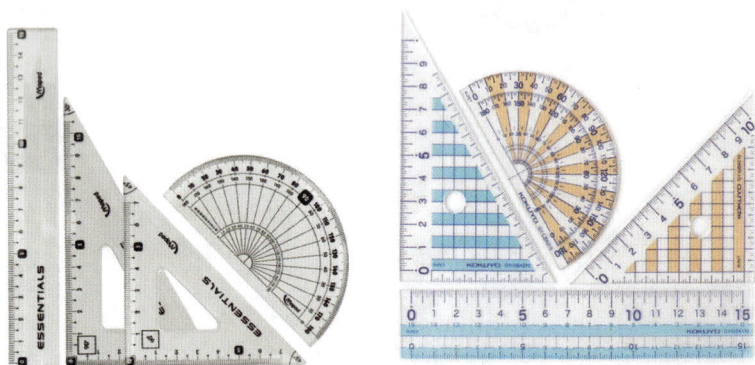

项目准备

■ 1. 了解直尺规格

常见的直尺有15cm、20cm和30cm三种规格，左右两边的预留长度1~2cm不等供标刻度，如图3.33所示。刻度分为毫米刻度、5毫米刻度和厘米刻度三种，只有厘米刻度有数字标识。

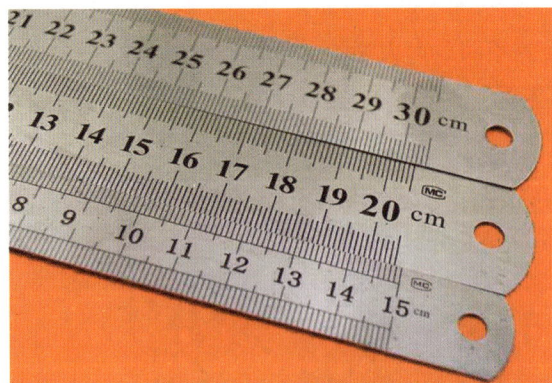

图3.33　了解直尺规格

2. 提出需求问题

1 你的笔袋内部长度是多少厘米?

2 你的直尺长度为多少厘米比较合适?

3 直尺刻度两端需要预留多少厘米?

项目规划 ♟

1. 直尺设计

根据需求,方轻舟先确定直尺的尺寸,然后设计三种刻度的尺寸,再设计文字的尺寸,最后计算刻度和文字的数量,效果如图3.34所示。

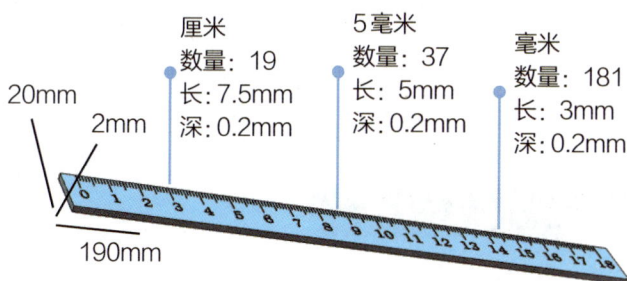

厘米
数量: 19
长: 7.5mm
深: 0.2mm

5毫米
数量: 37
长: 5mm
深: 0.2mm

毫米
数量: 181
长: 3mm
深: 0.2mm

20mm
2mm
190mm

图3.34　直尺设计

2. 制作流程安排

完成直尺的设计工作之后,接着需要思考如何分步设计作品的制作流程。根据图3.35所示流程,了解制作直尺的主要步骤。

01 绘制主体	02 绘制刻度	03 预制文字	04 完善作品

图3.35　制作流程

项目实施 🔧

▦ 1. 绘制主体

按照设计思路，使用"草图绘制"中的"矩形"和"特征造型"中的"拉伸"工具，并依据预设尺寸绘制直尺的主体。

01 绘制矩形 启动 3D One 软件，按图 3.36 所示操作，利用"草图绘制"中的"矩形"工具绘制宽 20mm、长 190mm 的矩形。

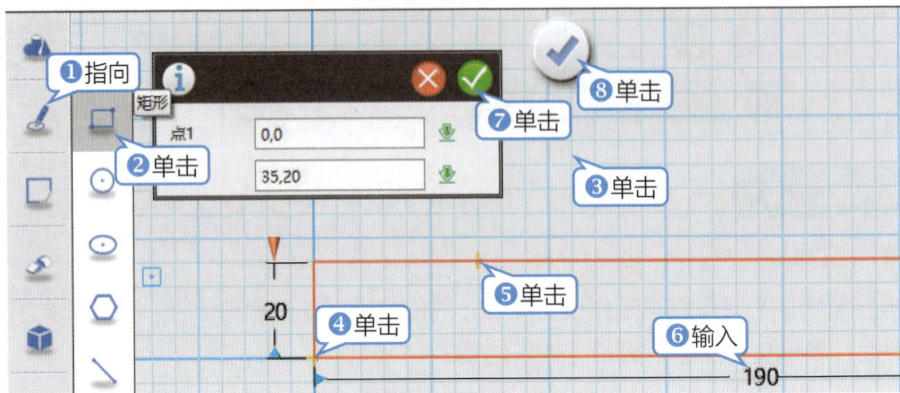

图3.36 绘制矩形

02 拉伸图形 单击选中长方形，按图 3.37 所示操作，使用"特征造型"中的"拉伸"工具，将绘制的矩形拉伸为高 2mm 的长方体。

图3.37 拉伸图形

▦ 2. 绘制刻度

按照设计思路，使用"草图绘制"中的"矩形"工具、"特征造型"中的"拉伸"工具和"基本编辑"中的"阵列"工具，并依据预设尺寸绘制直尺的刻度。

01 绘制矩形 按图 3.38 所示操作，使用"矩形"工具绘制厘米刻度。

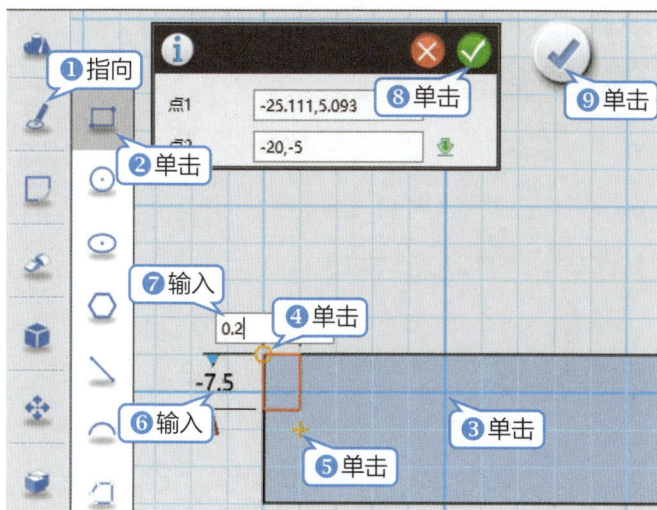

图3.38 绘制矩形

02 调整渲染模式 按图 3.39 所示操作，调整为线框模式，便于选中矩形。

03 拉伸矩形 放大视图，选中刚刚绘制的矩形，使用"特征造型"中的"拉伸"工具，创建拉伸值为 -0.2mm 的长方体，完成 1 个厘米刻度的绘制。

图3.39 调整渲染模式

04 移动厘米刻度 调整视角后，选中厘米刻度，按图 3.40 所示操作，使用"基本编辑"中的"移动"工具，移动厘米刻度。

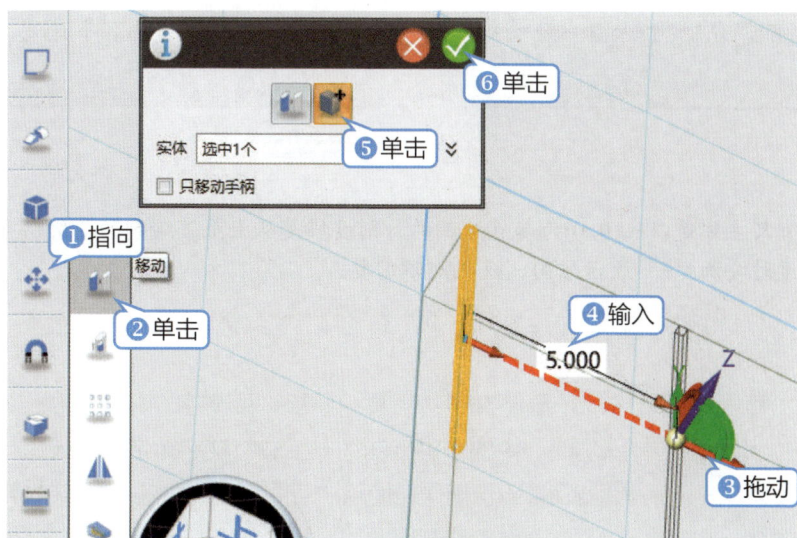

图3.40 移动厘米刻度

05 完善厘米刻度　选中厘米刻度，按图 3.41 所示操作，使用"基本编辑"中的"阵列"工具，绘制完成其他厘米刻度。

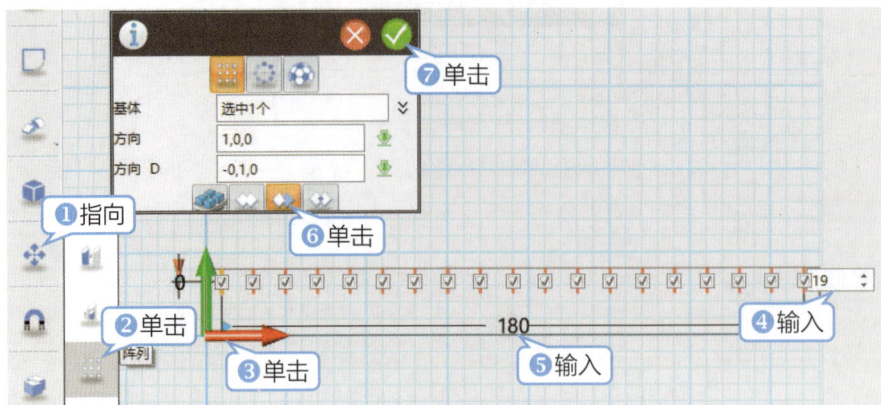

图3.41　完善厘米刻度

06 绘制 5 毫米刻度　用上述同样的方法，绘制完成 5 毫米刻度，效果如图 3.42 所示。第 1 个 5 毫米刻度与第 1 个厘米刻度位置完全重合，且尺寸为：长 -5mm，宽 0.2mm，拉伸 -0.2mm。

图3.42　5毫米刻度

07 绘制毫米刻度　用同样的方法，绘制完成毫米刻度，效果如图 3.43 所示。第 1 个毫米刻度与第 1 个厘米刻度位置完全重合，且尺寸为：长 3mm，宽 0.2mm，拉伸 -0.2mm。

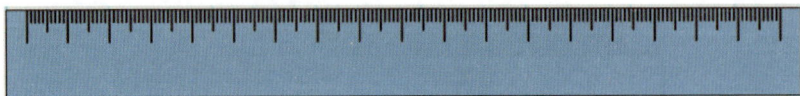

图3.43　毫米刻度

　　因直尺主体是以点(0,0)为起点绘制的，刻度线是从上至下绘制的，所以输入长度时要加"-"表示方向，反之则不需要。

3. 预制文字

　　使用"草图绘制"中的"预制文字"工具，添加刻度文字，先添加 0 ~ 9，然后添加 10 ~ 18，再使用"特殊功能"中的"镶嵌曲线"工具将文字镶嵌在直尺上。

01 添加数字 0 ~ 9　按图 3.44 所示操作，使用"草图绘制"中的"预制文字"工具添加数字 0 ~ 9。

图3.44　添加数字0~9

因个位数字与两位数字所占空间不同，故需分2次添加。在文字对话框中输入数字时，个位数字之间需2个空格，两位数字之间需1个空格。

02　添加数字 10 ~ 18　用同样的方法，完成所有数字的添加，效果如图 3.45 所示。

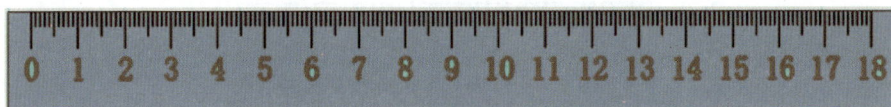

图3.45　添加数字10~18

03　镶嵌曲线　使用"特殊功能"中的"镶嵌曲线"工具，按图 3.46 所示操作，将数字镶嵌在直尺上。

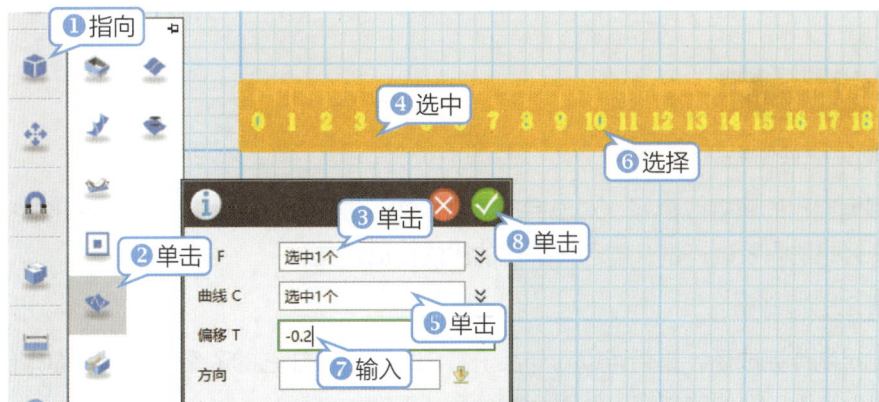

图3.46　镶嵌曲线

04 **保存文件** 单击 按钮，选择"保存到云盘"或"另存为"命令进行保存。

项目支持

▦ 1. "渲染模式"工具

在绘图建模的过程中，有些比较细小的几何体不容易被选中，如直尺的刻度线，为了便于操作时选中对象，可以使用"渲染模式"中的"线框模式"或"着色模式"工具，将几何体由着色模式转换为线框模式，就很容易被选中了，工具如图3.47所示。

图3.47 "显示/隐藏"工具

▦ 2. 刻度数字对齐

在预制刻度数字时，个位数字与两位数字的对齐操作，要注意垂直对齐和水平对齐。水平对齐，厘米刻度线位于1和0之间即可。垂直对齐，需要使用文字大小边界的参照线，来确定垂直位置，如图3.48所示。

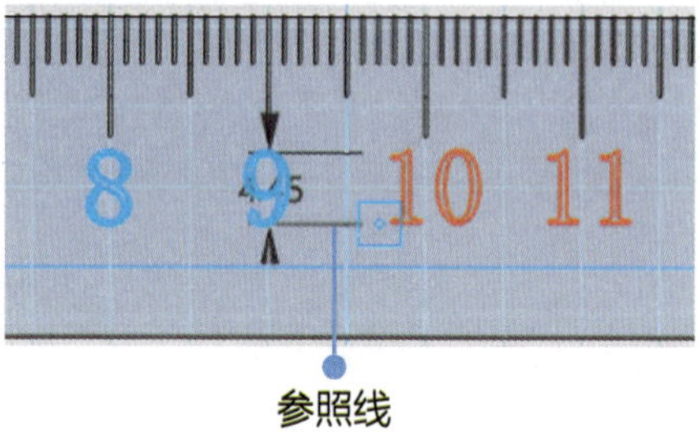

参照线
图3.48 刻度数字对齐

项目延伸

▦ 1. 个性作品

根据自己的属相或喜好，对已完成的直尺作品进行优化，让它具有个性化的属性，你有什么想法吗？试一试，能否把自己的想法变成现实！

▦ 2. 创意设计

直尺制作完成后，是否可以对作品进行创意改进，让它的测量更精准？你有什么好的创意设计吗？把你的创意设计跟大家分享一下吧！

项目4　制作精巧藏书章

印章在我国已有几千年历史了，在日常生活中，我们会看到各种造型的印章。藏书章属于私人印章，又称藏书印，是图书收藏者用于标明图书所有权、表达其个性爱好的一种印迹。方轻舟准备设计制作一个独一无二的藏书章，为自己的图书标上印记。

项目准备

1. 了解印章结构

设计制作印章之前，先通过网络了解一下关于印章的知识。印章一般由印纽、印面和印文三个部分组成。如图3.49所示，印纽即印章顶部的部分，其雕刻装饰叫作"纽"；印面即刻有印文的一面；印文即印面上或印迹出的图文。

印纽　　　　印面　　　　印文

图3.49　了解传统印章

135

2. 了解印文形态

因为印章上的文字或图像有凹凸两种形态，故凹下的称为阴文，也称白文；凸出的称为阳文，也称朱文，效果如图3.50所示。有的印章中既有阴文也有阳文的，就称为"阴阳间文印"或"朱白间文印"。

图3.50 了解印文形态

3. 提出设计方案

根据以上从网络上了解到的知识，该如何设计自己的作品呢？请把你的想法记录下来，设计出自己藏书章的创作方案。

(1) 印纽的造型：
 (□方形 □圆形 □其他_____)
(2) 印文的内容：
 (□文字 □图形_____)
(3) 印文的形态：
 (□阴文 □阳文 □其他_____)
(4) 藏书章的尺寸：
 (□印纽_____ □印面_____)
(5) 在下面小画板里简单画一画草图：

小画板

项目规划

1. 藏书章设计

根据设计方案，先确定印纽的造型和尺寸；再设计印面的大小尺寸；最后设计印文的个性化图案和文字，并根据印文内容选择印文形态，效果如图3.51所示。

图3.51 藏书章设计

2. 制作流程安排

完成藏书章的设计工作后，接着需要思考如何分步来完成作品的制作流程。图3.52为制作藏书章的主要步骤。

图3.52 制作流程

项目实施

1. 绘制印纽

按照设计思路，使用"草图绘制"中的"矩形"和"特征造型"中的"拉伸"工具，并依据预设尺寸绘制藏书章的印纽。

01 绘制正方形 启动 3D One 软件，按图 3.53 所示操作，利用"草图绘制"中的"矩形"工具绘制边长为 40 的正方形。

> 在绘制图形前，需先单击选择图形所在的面，如图3.53中的第4步单击操作，即选择正方形所在的面。

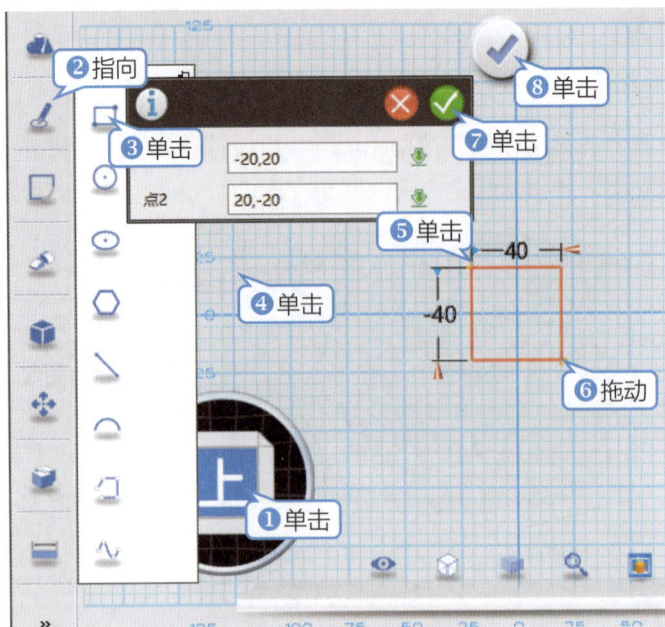

图3.53　绘制正方形

02　拉伸图形　按图3.54所示操作，使用"特征造型"中的"拉伸"工具，将绘制的正方形拉伸为高60mm的长方体。

图3.54　拉伸图形

▦ 2. 绘制印面

按照设计思路，使用"草图绘制"中的"矩形"工具和"特殊功能"中的"抽壳"工具，并依据预设尺寸绘制藏书章的印面。

01　调整视角　按图3.55所示操作，调整视角，准备绘制藏书章的印面。

02　绘制长方体　使用与绘制印纽同样的方法，在"下"位置绘制一个与印纽位置重合、大小相同的正方形，并拉伸 –3mm，效果如图3.56所示。

图3.55　调整视角

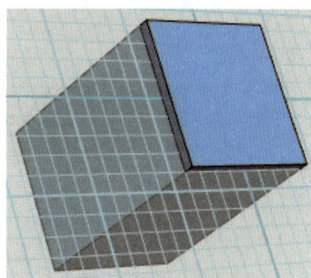

图3.56　绘制长方体

03 **掏空长方体**　按图3.57所示操作，使用"抽壳"工具，掏空长方体。

■ **3. 绘制印文**

使用"拉伸"工具分别拉伸平面图形的各个组成部分，再使用"组合编辑"工具将图形的各个部分组合在一起。

01 **导入图片**　单击 3D One 按钮，选择"导入"，按图3.58所示操作，将事先准备好的图片导入软件中，在弹出的对话框中设置默认选项即可，不必做任何修改。

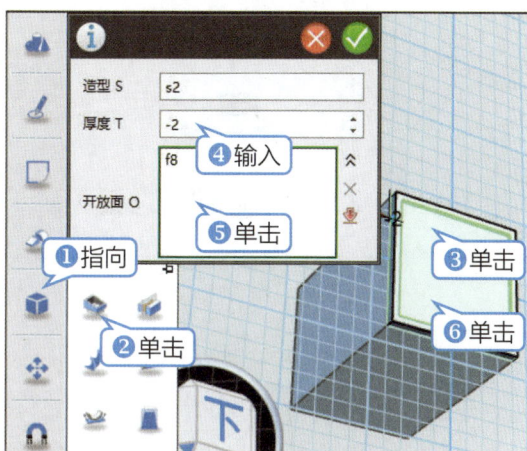

图3.57　掏空长方体

图3.58　导入图片

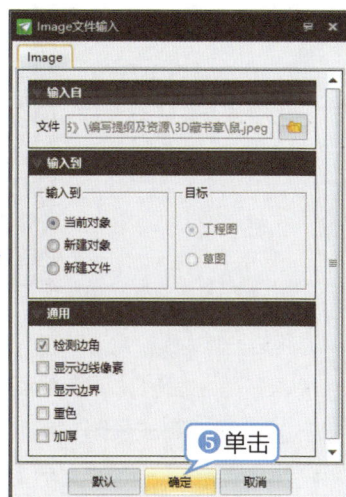

139

02 缩放图片 单击导航视图"下",调整视角,拖动选中的图片,按图 3.59 所示操作,缩放图片。

图3.59 缩放图片

03 拉伸移动图片 选中图片,使用"拉伸"工具,将图片拉伸,拉伸值为 -3。拖动选中图片所有部分,将图片拖到印面中合适的位置,效果如图 3.60 所示。

图3.60 拉伸移动图片

04 预制文字 使用"草图绘制"中的"预制文字"工具,按图 3.61 所示操作,然后单击 ✅ 按钮,完成预制文字"方舟藏书"。

05 拉伸移动文字 选中文字,使用"拉伸"工具,将图片拉伸,拉伸值为 -3。拖动选中所有文字,并将文字拖动到印面中合适的位置,效果如图 3.62 所示。

图3.61　预制文字

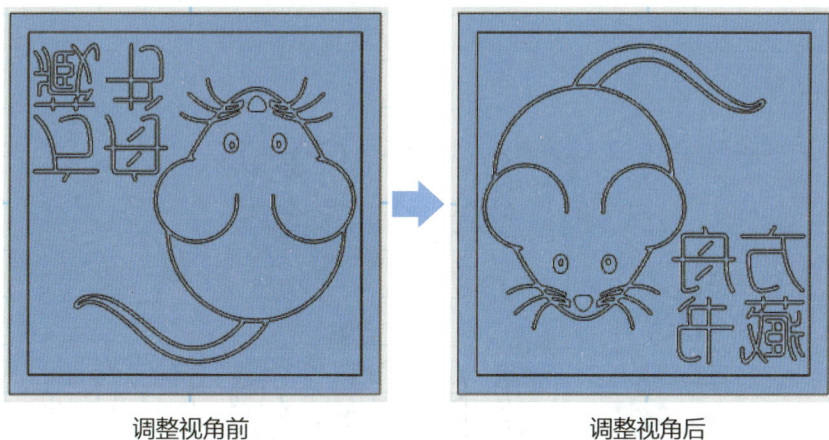

调整视角前　　　　　　　　　　　　调整视角后

图3.62　拉伸移动文字

06　**组合编辑**　调整视角，先选中印钮，然后使用"组合编辑"工具，再选中印面和印文，完成组合编辑，将藏书章所有部分组合为一个整体。

07　**保存文件**　单击 *3D One* 按钮，选择"保存到云盘"或"另存为"命令进行保存作品。

项目支持

▦1."显示/隐藏"工具

在绘图建模的过程中，为了便于操作，可以使用"显示/隐藏"中的"隐藏几何体"或"隐藏网格线"工具，将部分几何体和网格线隐藏起来，工具如图3.63所示。

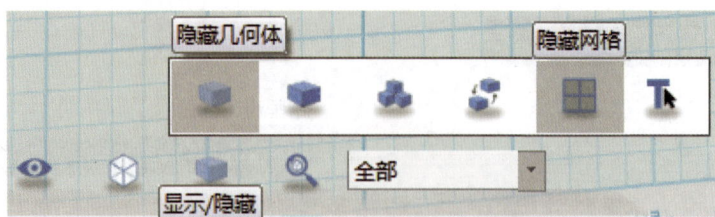

图3.63 "显示/隐藏"工具

2. 导入图片的处理

在3D One中，通过导入图片建立3D模型时，如图片线条过多，是无法拉伸为立体模型的。此时，需要在退出"草图编辑"之前，使用滚轴放大视图，然后选中并删除不连贯的线条和多余的线条即可。

项目延伸

1. 个性作品

根据自己的属相或喜好，在图3.64所示的生肖简笔画中任选1~2个，设计制作出你的专属印章！

图3.64 十二生肖简笔画

2. 创意设计

藏书章制作完成后，是否可以对作品进行优化，让它的专属标记更多更醒目呢？你有什么想法吗？试一试，能否把自己的想法变成现实！

项目5　制作生肖书立

在我们的教室里常见到这样的现象，抽屉里、课桌上全是书，既不美观又影响学习。书立可以使书本立起来，可以分类，能很好地解决这个问题。本项目就是设计制作个性化的生肖书立。

项目准备

📖 1. 欣赏书立作品

书立是用来支撑书籍平稳竖立的物品。它可以避免一排竖立的书倾斜歪倒，以防止书籍折角、弯曲或损坏，可用于归纳整理不同类别的书籍。从外观、样式等方面欣赏网上的书立，学习和了解相关的书立作品。图3.65是一些网店所售卖的书立。

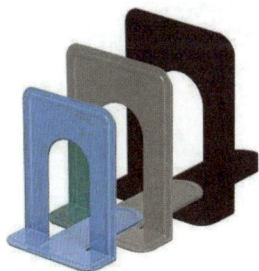

普通书立　　　　　　个性书立　　　　　　创意书立

图3.65　欣赏书立

📖 2. 提出设计方案

参考欣赏的书立案例，如何设计自己的作品呢？请把你的好想法记录下来，并思考下列问题，设计出自己作品的创作方案。

好的想法： _____

_____

思考的问题：
(1) 书立两边的挡板和底座的尺寸是多大？
(2) 怎样设计才能保证放书时书立的稳定？

我的方案： _____

_____

_____

_____

项目规划

1. 书立作品构思

作品构思是设计制作前的一个重要环节。需要根据3D作品的功能，考虑其外观、尺寸大小等，同时要思考使用哪些技术来实现，形成制作作品前的实施蓝图，一般流程如图3.66所示。

图3.66 作品构思的一般流程

2. 外观结构设计

个性化书立与普通书立一样，首先要确保书立的基本功能，也就是书立的基本结构是由挡板和底座构成；其次从外观、样式等其他方面进行创意设计。

本项目的创意设计是在挡板与底座之间加上动物造型，如马贯穿挡板，再从挡板处一分为二，形成一对个性化的生肖马书立。根据这个构思，在纸上绘制出作品的外观与结构，设计草图如图3.67所示。你也可以根据自己的方案对草图进行修改。

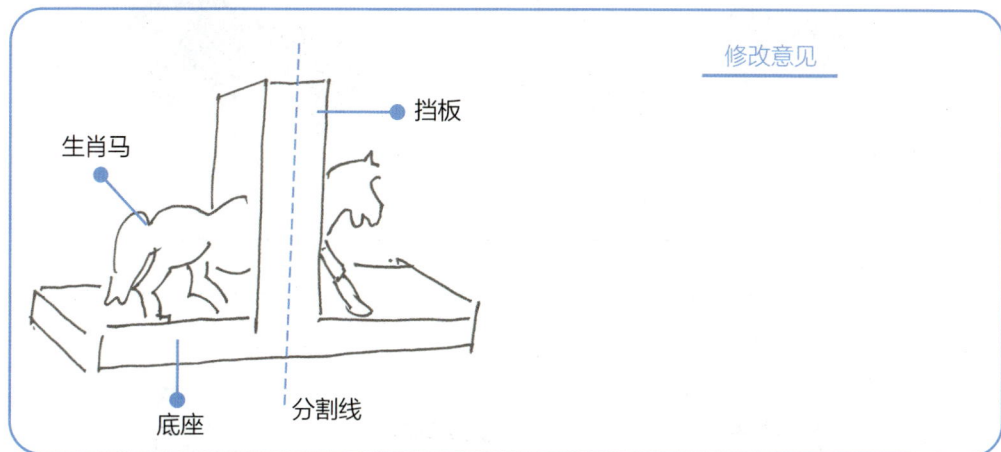

图3.67　外观设计草图

3. 作品大小设计

设计好作品外形后，要做的工作是在设计的草图上标注出作品的相应尺寸。参考普通书立的尺寸，展示案例的尺寸如图3.68所示。

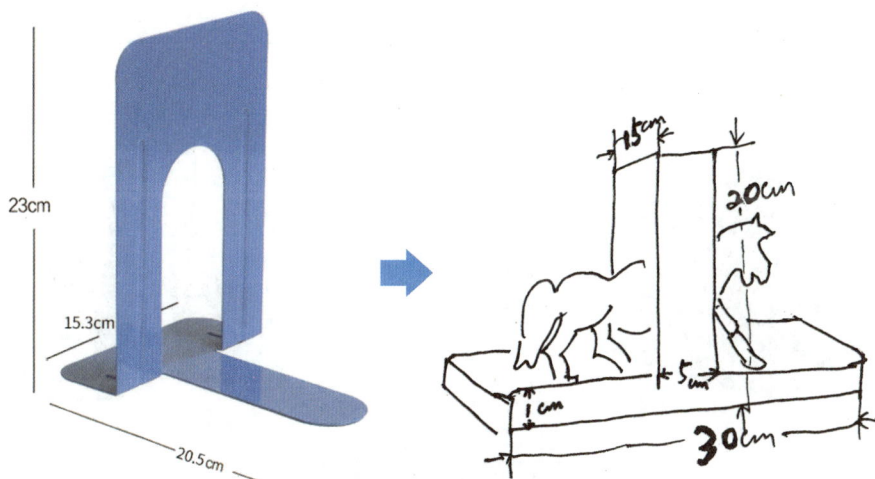

图3.68　书立大小设计

4. 制作流程安排

通过对作品的外形与数值细化之后，需要思考作品通过哪些技术来实现？如何制作？请根据图3.69所示进行填写。

步骤一　制作3D马

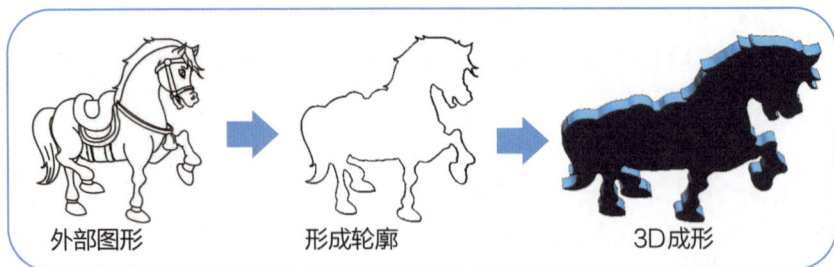

外部图形　　形成轮廓　　3D成形

制作思路：_____

_____

步骤二　制作书立框架

制作思路：_____

_____

步骤三　形成一对书立

利用"直线"工具进行分割

制作思路：_____

_____

图3.69　书立制作流程

项目实施 🔧

📖 1. 制作3D马

选择马的简笔画图，导入3D One软件中转变马的轮廓，再通过拉伸操作形成3D形状的马。

01　选择外部图形　运行 3D One 软件，按图 3.70 所示操作，选择外部图形。

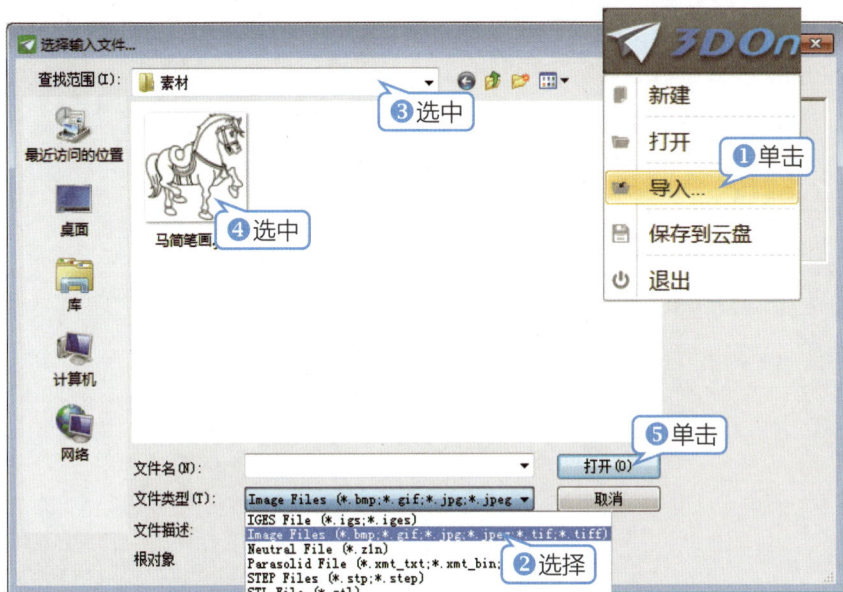

图3.70　选择外部图形

02　导入马的图片　在打开的对话框中，按图 3.71 所示操作，导入马的图片。

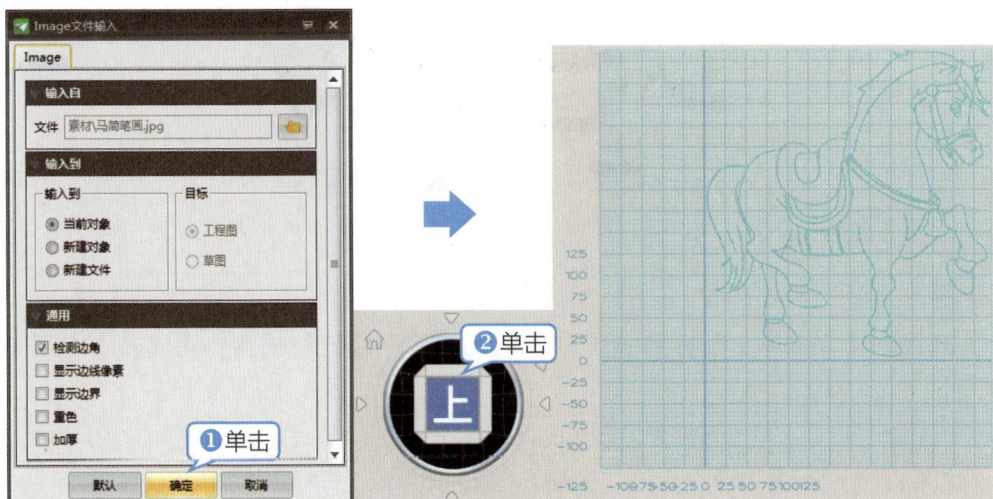

图3.71　导入马的图片

03 **形成马的轮廓** 按图 3.72 所示操作，去除马内的多余线段，形成马的轮廓。

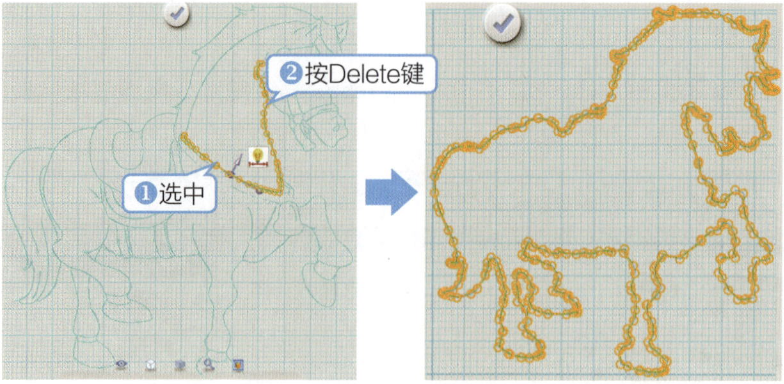

图3.72 形成马的轮廓

04 **生成 3D 马** 按图 3.73 所示操作，将马轮廓拉伸形成 3D 马图形。

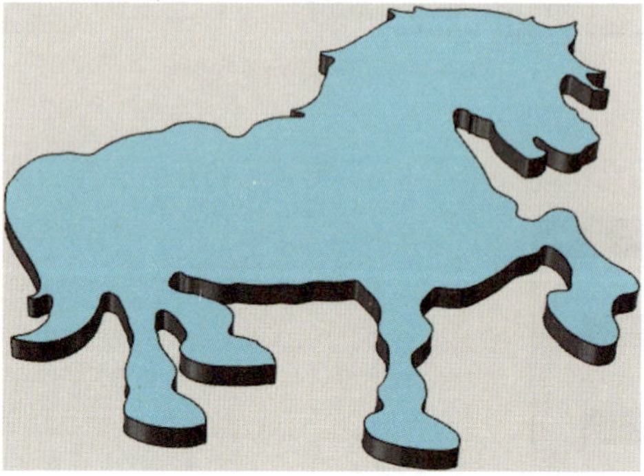

图3.73 形成3D马

▦ 2. 制作书立框架

先绘制书立主体，并将制作好的3D马与书立主体进行拼合，完成书立的基本框架。

01 **制作书立主体** 单击转换单位按钮 ⊙，转换单位为厘米，利用"六面体"工具 ▦，绘制图 3.74 所示的 2 个实体，并进行"加运算"形成书立主体。

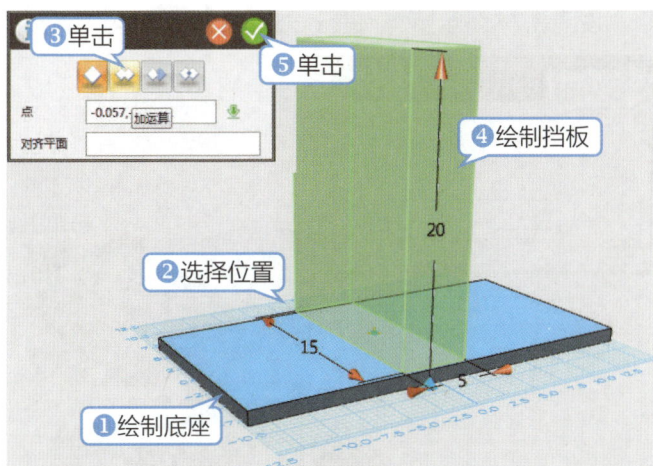

图3.74　绘制书立主体

02 **插入 3D 马**　按图 3.75 所示操作，将制作好的 3D 马插入工作区，并调整马的角度。

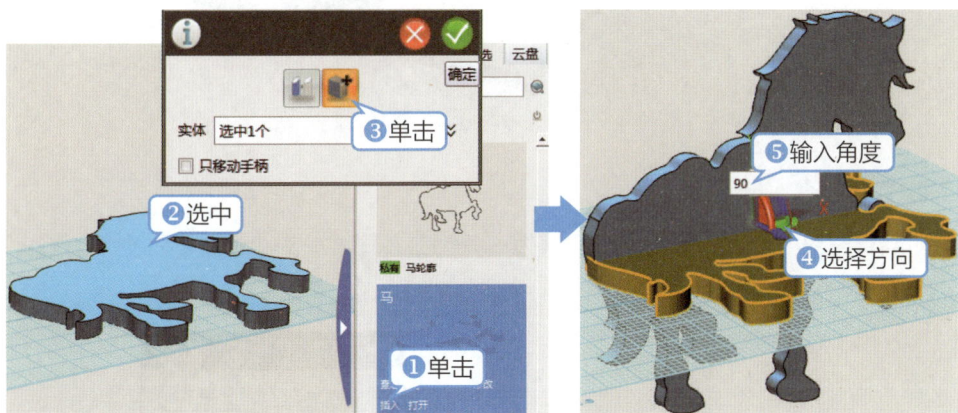

图3.75　插入3D马并调整角度

03 **马与主体组合**　按图 3.76 所示操作，通过"移动"操作将马与主体组合在一起。

图3.76　马与主体组合

149

04 马与主体整合 按图 3.77 所示操作，进行"加运算"，将马与主体整合形成一个整体。

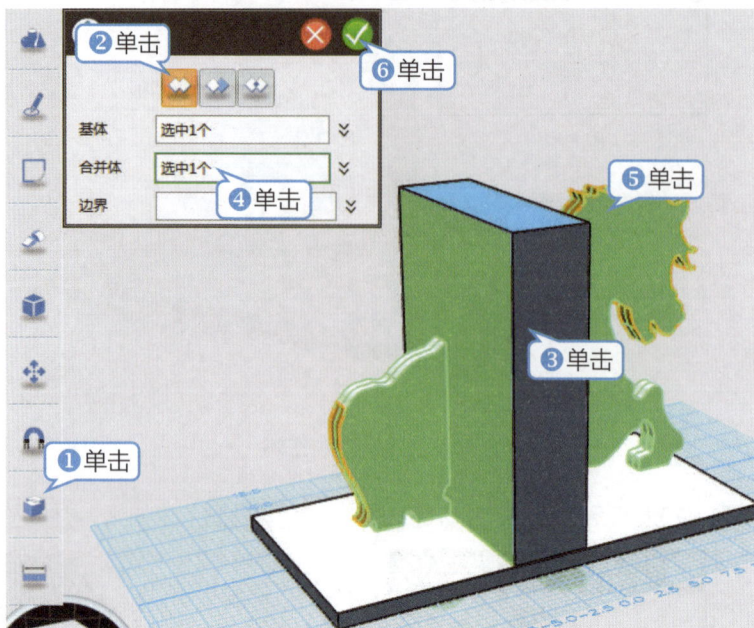

图3.77 形成统一整体

3. 完成个性化书立

利用"直线"工具，将制作好的整体一分为二，形成一对个性化的书立。

01 绘制分割线 按图 3.78 所示操作，绘制分割线。

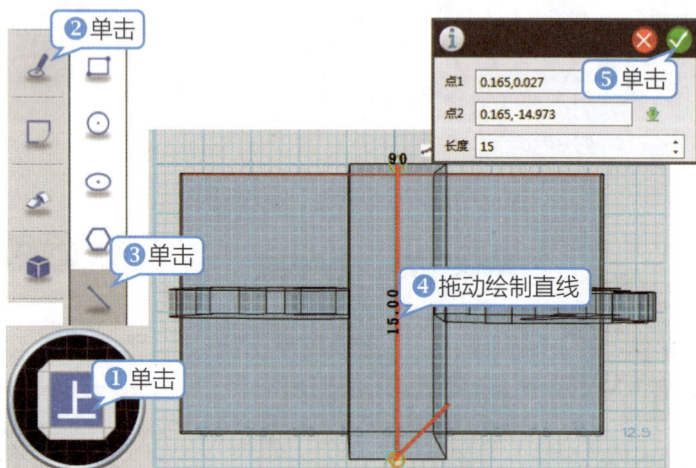

图3.78 绘制分割线

02 形成一对书立 按图 3.79 所示操作，利用分割面将整体一分为二，形成一对书立。

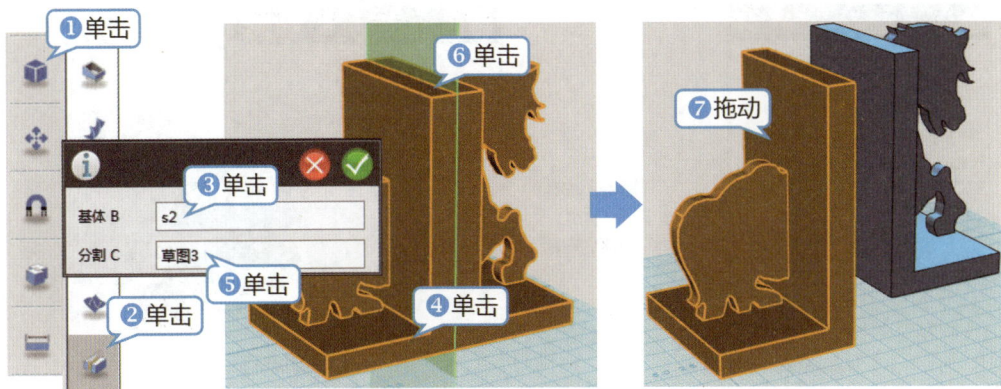

图3.79　形成一对书立

03　保存文件　单击"保存"按钮💾，保存作品。

项目支持

1. 3D实体建构中的布尔运算

布尔运算是通过对两个或两个以上的物体进行并、差、交集的运算，从而得到新的物体形态。图3.80是一个正方体模型和一个圆柱体模型进行布尔运算后的三种效果展示。

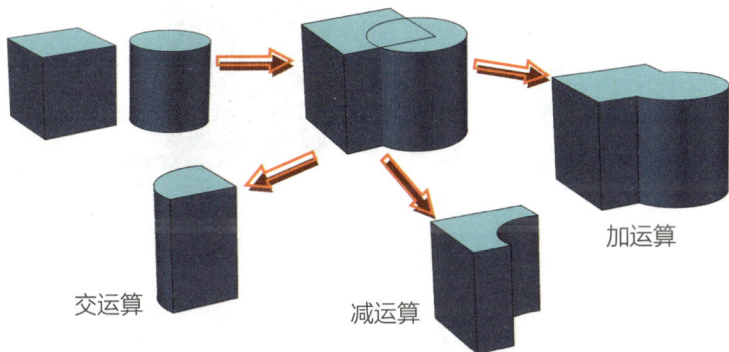

交运算　　减运算　　加运算

图3.80　布尔运算

2. 实体的移动

任何复杂的3D物体是由基本的实体组合变化而成。实体组合的过程中常常需要用到移动操作，图3.81是实体的两种移动方式：一是点到点的移动，选好起始点和目标点的位置，移动更加准确；二是动态移动，可沿坐标轴平移或旋转任意角度，移动比较灵活。

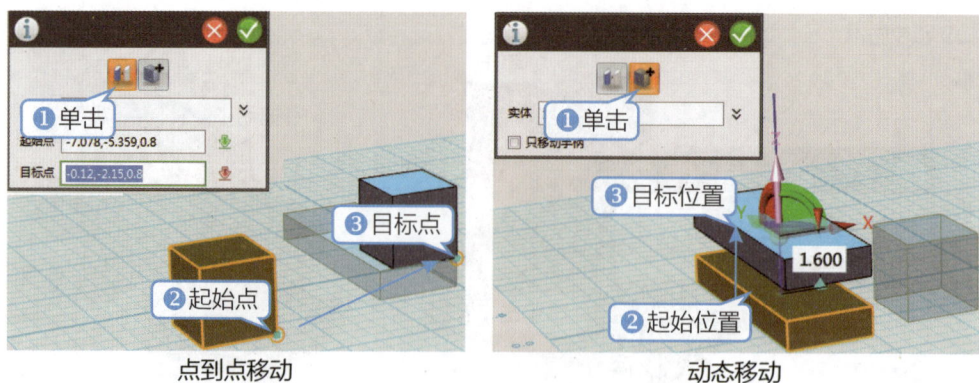

图3.81　实体的移动

项目延伸

1. 优化作品

个性化书立制作完成后，是否有什么新的想法对作品进行优化呢？如图3.82所示，改变书立两侧挡板的造型、挡板上镶嵌个漂亮的图案等。试一试能否把自己的想法变成现实。

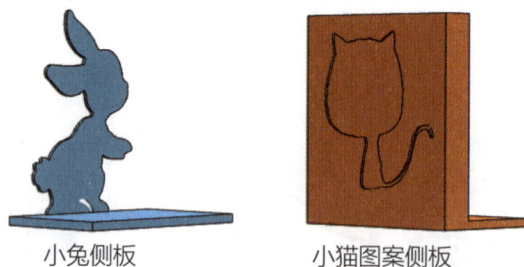

小兔侧板　　　　　小猫图案侧板

图3.82　优化作品

2. 创新设计

个性化书立的制作方法你学会了吗？能否用所学的方法制作图3.83所示的拉伸书立呢？请把自己的构思写在空白处，并上机试一试。

图3.83　构思拓展案例

项目6　制作卡通座位牌

　　座位牌是班级文化的一个缩影。个人座位牌虽然简单，但有了它，不仅有助于老师和同学们更快地认识自己，也可以帮助自己更好地融入集体。本项目让我们完成一个小创意，为自己设计一款座位牌，让它陪伴在课桌旁边吧！

项目准备

1. 了解座位牌

　　桌面展示牌是一种常见的信息表达方式，常用于办公桌、课桌、会议桌等桌面，可以呈现个人信息，也可用于信息指引或说明，如图3.84所示。座位牌是桌面展示牌的一种，通常用于展示姓名等个人信息。

图3.84　桌面展示牌

2. 问题思考

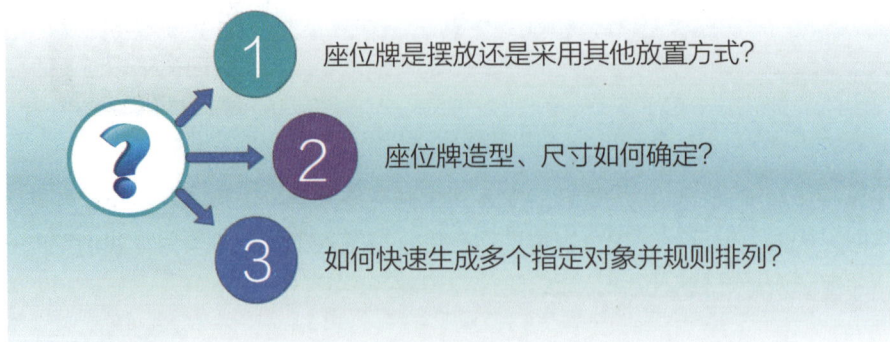

1 座位牌是摆放还是采用其他放置方式？

2 座位牌造型、尺寸如何确定？

3 如何快速生成多个指定对象并规则排列？

项目规划

1. 座位牌设计

作品设计是制作前的一个重要环节。制作座位牌，首先要结合环境考虑座位牌的使用功能，然后从外观、尺寸等方面进行创意设计。

01 外观设计 生活中的座位牌造型简单，多以摆放在桌上为主。考虑到课桌的使用情况，单独摆放空间不足，故本项目座位牌设计参照向日葵形状，将花瓣抽象为 8 个小圆，其茎可作为手柄，插于书本之间，如图 3.85 所示。

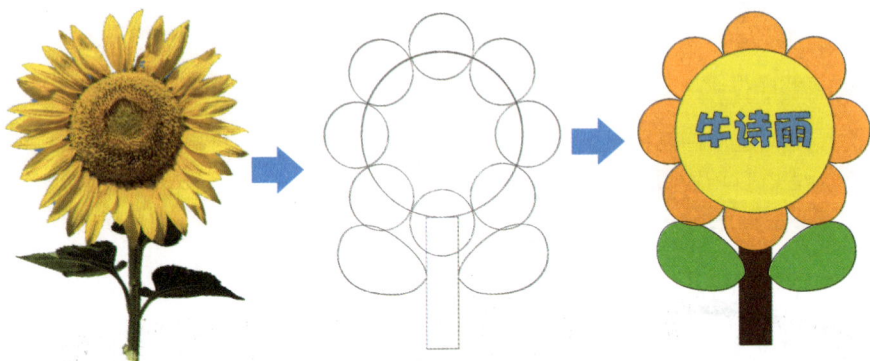

牛诗丽

图3.85 外观设计

> 你的座位牌用于何处？结合实际需求，你为座位牌设计何种造型呢？如果是摆放，如何保证稳定性？

02 尺寸设计 本项目座位牌需要放置于课桌上，插于书本之间。根据这个需求，参照书本的尺寸，预设座位牌尺寸，如图 3.86 所示。

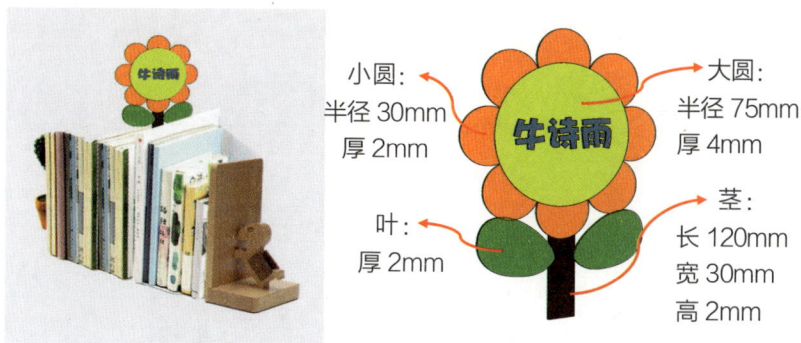

图3.86　尺寸设计

大圆：
半径 75mm
厚 4mm

小圆：
半径 30mm
厚 2mm

茎：
长 120mm
宽 30mm
高 2mm

叶：
厚 2mm

📖 2. 制作分析

完成了座位牌的设计工作，接着需要思考制作流程。参照图3.87所示流程，规划制作座位牌的主要步骤。

图3.87　"座位牌"制作流程

项目实施　🔧

📖 1. 绘制"茎"和"叶子"

按照设计思路，首先绘制"茎"和"叶子"。利用"镜像"工具，可以加快"叶子"的制作速度。

01　启动软件　启动 3D One 软件，单击"视图导航"图标"上"，将视图角度调整为"上"。

02　绘制"茎"　选择"基本实体"中的"六面体"工具，拖到舞台中心，参照图 3.88 所示效果，绘制六面体，作为向日葵的"茎"。

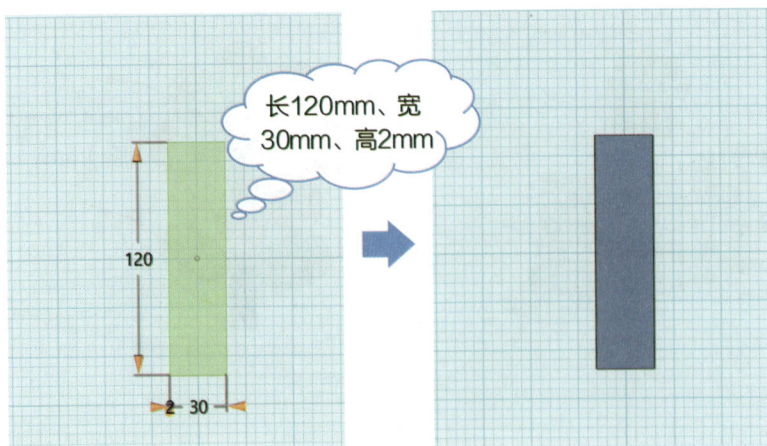

图3.88 绘制"茎"

03 绘制"叶子"形状 按图 3.89 所示操作，选择起点，拖动鼠标绘制一个封闭区域，作为叶片的形状。

图3.89 绘制"叶子"形状

> 如果线为黑色，则绘制不成功，因为"起点"和"终点"不重合，可以双击线条重新编辑。先放大视图查看，再拖动使其重合。

04 拉伸"叶子" 按图 3.90 所示操作，进行叶子的拉伸，使其厚度为 2mm。

05 镜像"叶子" 按图 3.91 所示操作，利用"镜像"工具，以茎为轴，对应生成另外一个叶子。

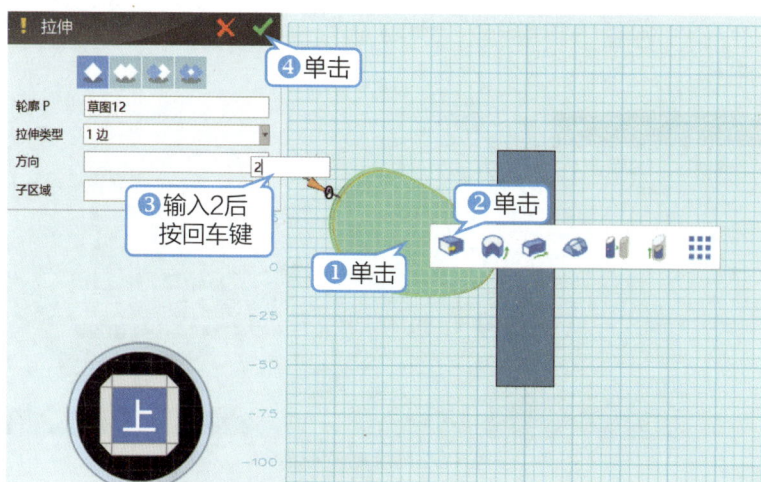

图3.90　拉伸"叶子"

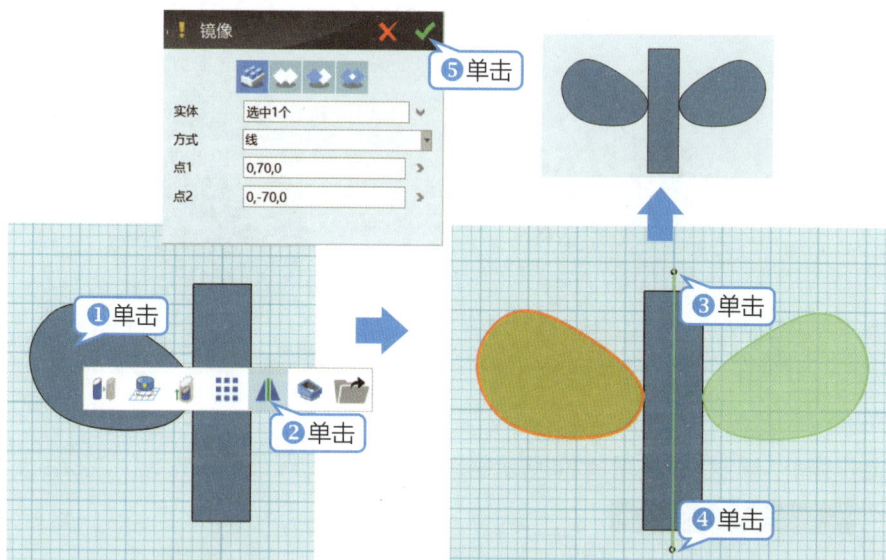

图3.91　镜像"叶子"

　　试一试：如果要使叶子更加生动，可以参照叶子外形的做法，利用"通过点绘制曲线"工具 ∿ 操作，为叶子绘制叶脉。

2. 绘制"葵花"

　　座位牌"葵花"包括一个大的圆形花盘和8个小的圆形花瓣。制作时，首先利用"圆形"工具绘制葵花"花盘"，然后利用"圆形"工具绘制1个"花瓣"，再利用"阵列"工具快速完成8个花瓣的制作。

01 绘制"花盘" 选择"草图绘制"中的"圆形"工具，按图3.92所示操作，完成"花盘"的制作。

图3.92 绘制"花盘"

02 绘制"花瓣" 在大圆上方一格的位置，按图3.93所示操作，绘制一个圆，作为"花瓣"。

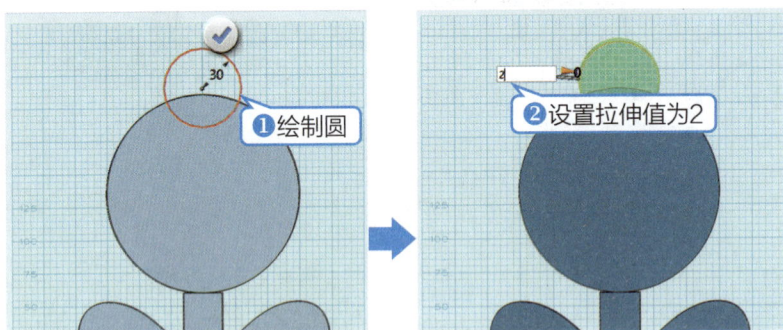

图3.93 绘制"花瓣"

03 制作多个"花瓣" 按图3.94所示操作，使用"阵列"工具完成8个"花瓣"的制作。

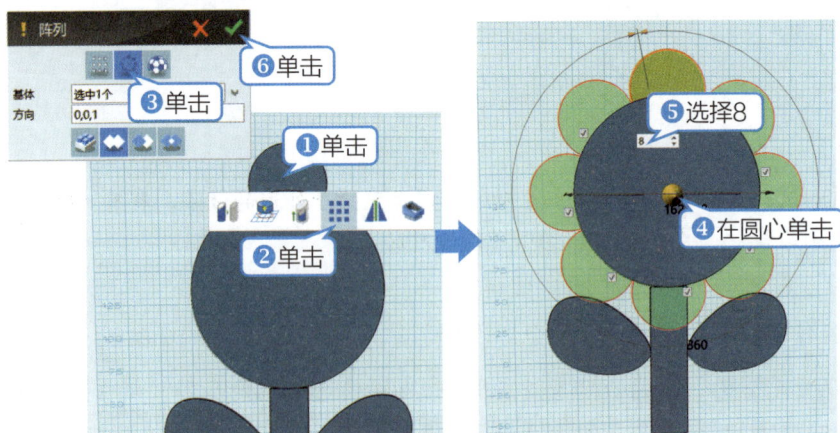

图3.94 制作多个"花瓣"

3. 美化"向日葵"

参照向日葵的自然色，利用"颜色"工具，分别设置向日葵各个部位的颜色，对座位牌进行美化。

01 设置"花瓣"颜色　选择"颜色"工具，按图 3.95 所示操作，设置"花瓣"颜色。

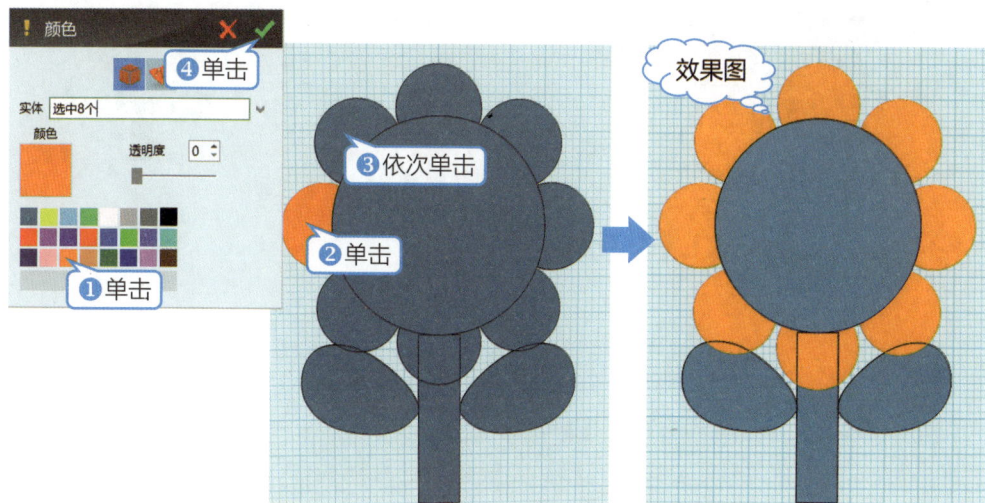

图3.95　设置"花瓣"颜色

02 设置其他部分颜色　参照图 3.96 所示效果，设置其他部分的颜色。

图3.96　设置其他部分颜色

03 调整"茎"的位置　拖动鼠标右键，调整视图的角度，按图 3.97 所示操作，利用"移动"工具，将"茎"后移，使"茎"与"花瓣"的位置关系更合适。

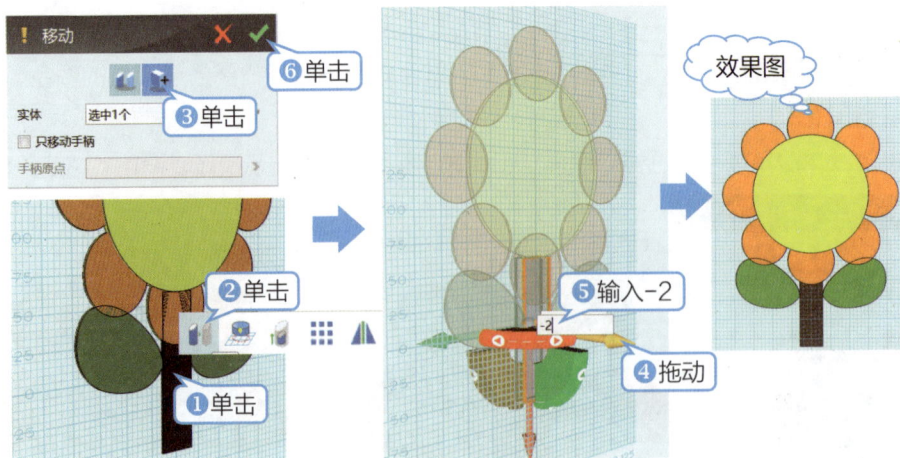

图3.97 调整"茎"的位置

4. 添加文字

利用"预制文字"工具，在座位牌上添加姓名。

01 绘制文字 选择"预制文字"工具 ▲，按图 3.98 所示操作，添加姓名。

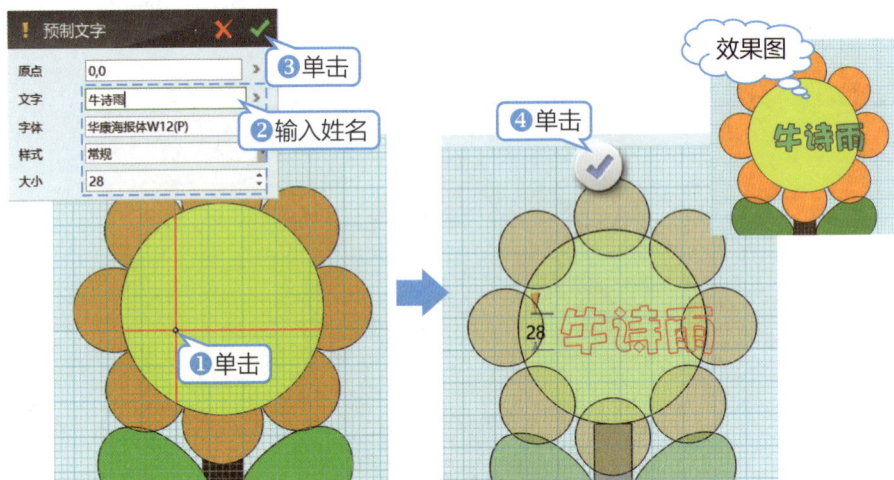

图3.98 绘制文字

02 调整文字 将文字拖动到合适的位置，按图 3.99 所示操作，进行文字拉伸。

03 查看效果 按图 3.100 所示操作，隐藏网格，查看座位牌效果，并保存文件为 "座位牌 .z1"。

04 打印文件输出 建立的 3D 模型还不能直接使用 3D 打印机进行打印，因为 3D 打印机只能识别特定类型数据。使用"导出"命令，将建好的 3D 模型导出为".st1"或".obj"格式文件，经切片软件切片后，进行打印。

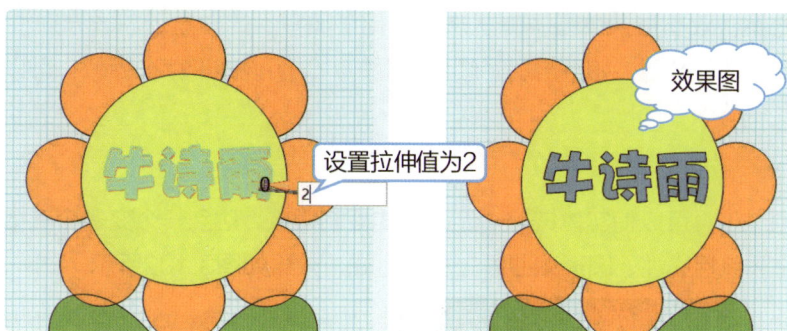

图3.99　调整文字

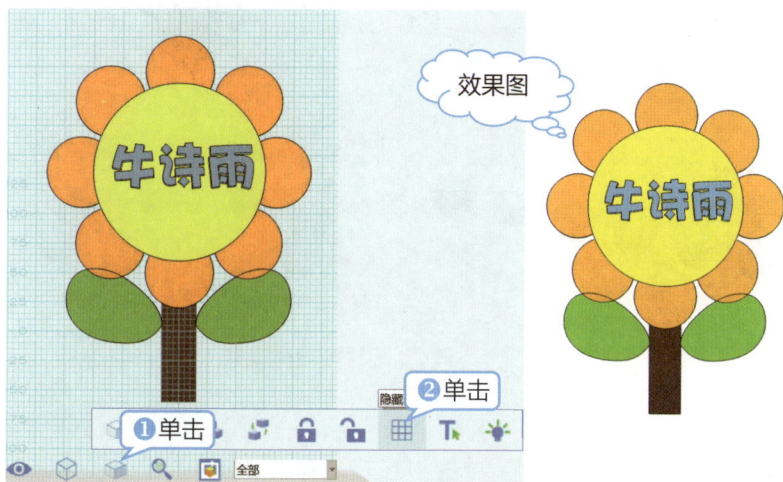

图3.100　查看效果

项目支持

1. 绘制叶子时的未封闭问题及处理

利用"通过点绘制曲线"工具绘制叶子时，所绘制的必须是一个完全封闭的图形，否则生成图形后，只是一个边框而不是一个二维图形。参照图3.101所示效果，如果图形线是黑色，表示图形没封闭。

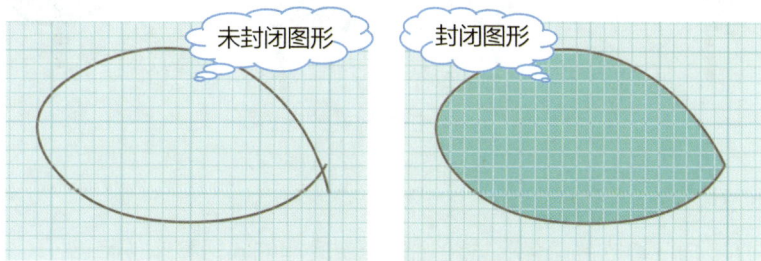

图3.101　未封闭图形与封闭图形

解决方案：双击进入草图编辑状态，使用工具栏上的"显示曲线连通性"工具 ⟳ 对绘制的图形进行检测，如果出现"红色方框"，说明该图形存在缝隙，可以根据需要进行修补。

🔲 2. 一个变多个

"阵列"工具可以使实体按照一定的方式复制摆放，达到一个变多个的结果。"阵列"工具主要包括线性、圆形和曲线上三种方式，效果如图3.102所示。

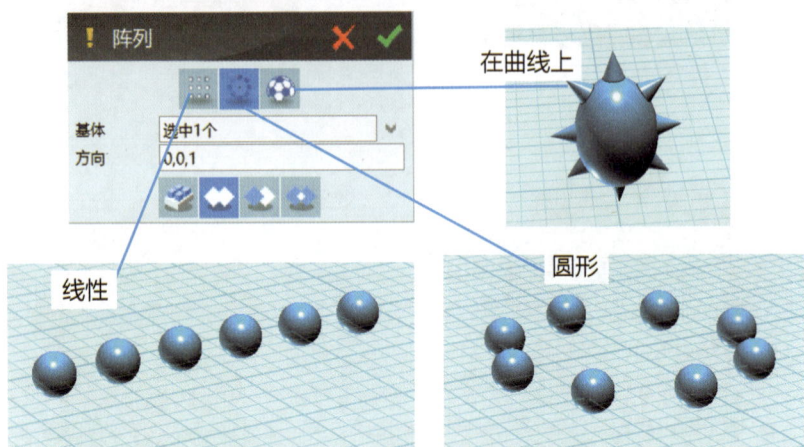

图3.102　"阵列"工具的3种效果

项目延伸 🖥

🔲 1. 实践体验

参照图3.103中的效果，设计不同样式的向日葵座位牌。

图3.103　不同样式的向日葵

🔲 2. 创意设计

为文字加上自己喜欢的颜色，或尝试设计有底座的向日葵座位牌。

学习用具打印室
3D One

❶ 设计个性笔筒
- 绘制圆柱体
- 掏空圆柱内部
- 改变圆柱尺寸
- 图片修饰圆柱

❷ 设计独特书签
- 绘制主体
- 绘制装饰
- 拉伸图片
- 组合编辑

❸ 设计适用直尺
- 绘制主体
- 绘制刻度
- 预制文字
- 完善作品

❹ 制作精巧藏书章
- 绘制印纽
- 绘制印面
- 绘制印文
- 完善作品

❺ 制作生肖书立
- 制作3D马
- 制作书立框架
- 形成一对书立

❻ 制作卡通座位牌
- 绘制茎叶
- 绘制葵花
- 美化葵花
- 添加文字

第4单元

手机编程助研学
App Inventor 2

随着科技的进步，智能手机不再局限于简单的通信，朝着多样化、智能化的方向发展，能够访问网络，处理文本、图片、音频和视频等多项功能。本单元我们将走进智能手机，运用App Inventor 2一起探讨手机应用软件的开发，感受人机交互的魅力。

研学旅行乐编程是以户外活动为主线，首先了解户外景点，户外有辨别方向和计步的需求，音乐和游戏可为户外活动提供娱乐，而遇到不认识的花花草草直接拍图识别，可以增长见识。

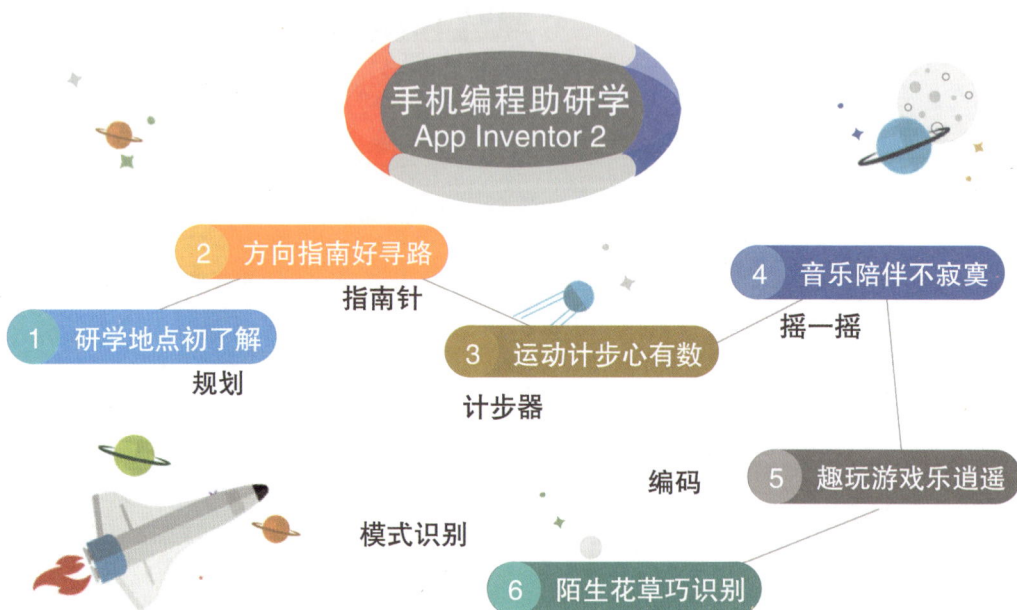

手机编程助研学
App Inventor 2

2 方向指南好寻路
指南针

1 研学地点初了解
规划

3 运动计步心有数
计步器

4 音乐陪伴不寂寞
摇一摇

5 趣玩游戏乐逍遥

编码

模式识别

6 陌生花草巧识别

📊 项目目标

　　本单元整体以APP实际应用制作为目标，在了解基本编程方法的同时，学会调用组件，设置组件属性、掌握常用组件的使用方法，掌握APP制作的基本流程。

　　主要目标有：了解方向传感器、加速度传感器、音频播放器等多媒体组件的应用，认识百度智能云平台的图像识别API服务，掌握逻辑设计中过程的定义与调用的方法，并进一步熟悉逻辑、变量、数学等模块指令的运用。

🏆 项目预期成果

项目1　研学地点初了解

一说到研学活动，小伙伴们一定蠢蠢欲动了吧！但是研学可不是一场说走就走的自由旅行，需要周密的计划、精心的策划，而了解、选择研学地点则是开启研学之行的第一步。下面我们制作一个APP，帮大家了解和选择研学地点。使用时，在手机上扫一扫、点一点就行了，听起来是不是很酷？让我们一起动手试一试吧！

项目准备

1. 开发环境

开发、制作APP的软件工具很多，App Inventor 2就是其中一款。它的开发环境基于浏览器，任何一台能上网的计算机，都可以使用。

♡　认一认　打开浏览器，输入网址https://app.wxbit.com/，使用QQ账号登录App Inventor 2服务器，新建项目并打开，看到图4.1所示窗口，认一认App Inventor 2软件界面的组成。

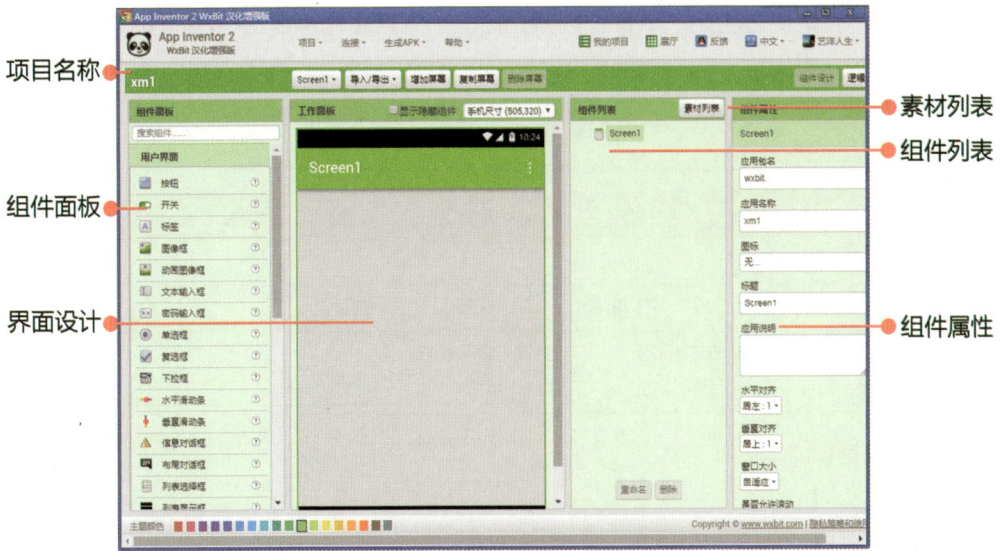

图4.1 认识App Inventor 2开发界面

♡ **玩一玩** 在App Inventor 2软件中，按图4.2所示操作，打开xm1.aia文件，并使用"AI伴侣"工具进行测试，玩一玩。

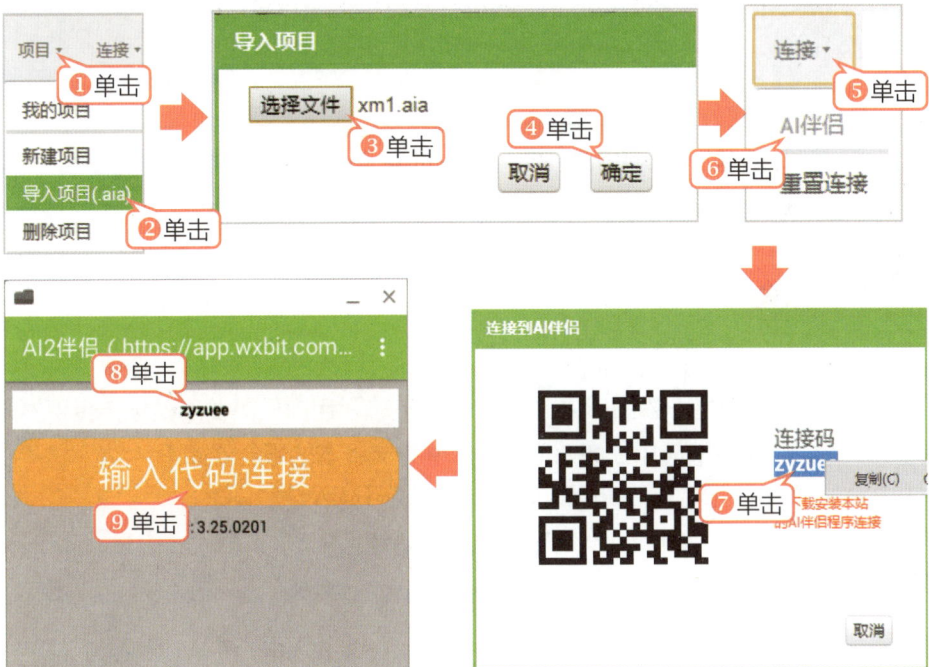

图4.2 测试"研学地点初了解"APP作品

♡　**填一填**　在玩的过程中，请仔细观察，你能用语言正确描述这个APP的功能吗？它都由哪些元素组成？与平时我们使用过的手机APP相比，它在功能、布局、色彩上还有哪些需要改进的地方，请将思考的结果填写在表4-1中。

表4-1　"研学地点初了解"作品分析

分类	填写内容
功能描述	
组成元素	□ 文字　　□ 图像　　□ 声音　　□ 其他＿＿＿＿＿＿＿
有待改进	□ 地点不相符　　□ 颜色搭配不好 □ 布局不美观　　□ 其他＿＿＿＿＿＿＿＿＿＿＿＿

2. 问题思考

问题1：App Inventor软件如何下载、安装？

问题2：使用App Inventor开发APP的流程是什么？

问题3：如何修改、完善打开的APP作品？

技术要点 ✏

1. App Inventor 2

App Inventor 2是一款图形化的APP开发环境。用户只需要用鼠标拖曳积木，就能开发出Android平台的应用程序。下载此软件中文版本的服务器如下。

♡　MIT App Inventor汉化版　http://ai2.17coding.net/
♡　App Inventor 2 WxBit汉化版　https://app.wxbit.com/
♡　MIT App Inventor 2测试版　http://app.gzjkw.net/

2. AI2伴侣

如果没有安卓手机或平板电脑，用户仍然可以调试程序。App Inventor 2提供了一个安卓模拟器——AI2伴侣，它就像安卓设备一样，但可以运行在电脑上。使用AI2伴侣测试APP时，必须在联网状态下进行。如图4.3所示，主要有两种方式，一是用电脑安装AI2伴侣，模拟测试应用；二是用智能手机+AI2伴侣测试。

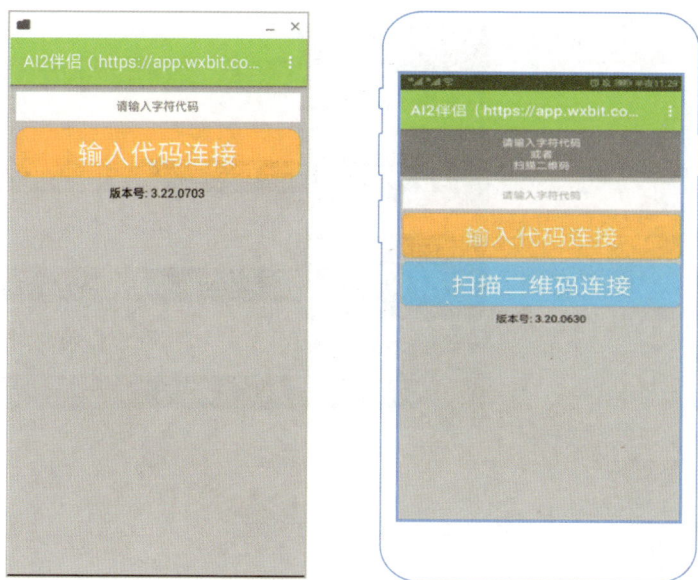

图4.3　电脑、手机版AI2伴侣界面

📖 3. APP开发流程

APP开发流程如图4.4所示，首先打开服务网站，登录服务器(可以使用QQ号码登录)，新建项目，再进行项目的规划(包括所需组件规划，算法设计)，然后根据规划设置组件属性及其对应的代码，最后保存项目，模拟调试项目，生成APK文件，将其安装在安卓系统的智能手机或平板电脑中即可运行。

图4.4　APP开发流程

📖 4. 组件和逻辑设计

App Inventor 2中有"组件设计"和"逻辑设计"两项重要功能。在"组件设计"视图中，选择合适的组件设计应用的界面；在"逻辑设计"视图中，设计组件对应的事件逻辑，相当于设计程序代码。如图4.5所示，左边为"研学地点初了解"APP的组件设计，主要包含屏幕、图像框、按钮等组件；右边是逻辑设计，包括控制、显示、文本等模块。

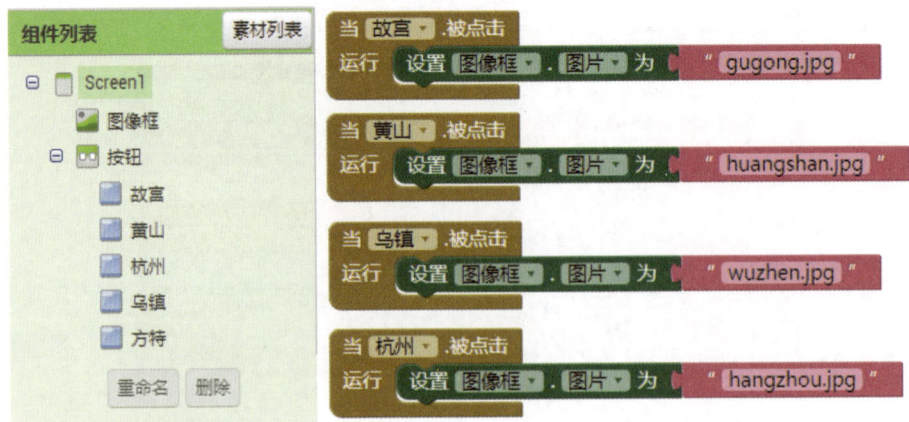

图4.5 组件和逻辑设计

项目规划

1. 组件规划

根据程序界面的需要，结合App Inventor 2软件的组件特点，需选择适当的组件，实现软件的功能，如图4.6所示。

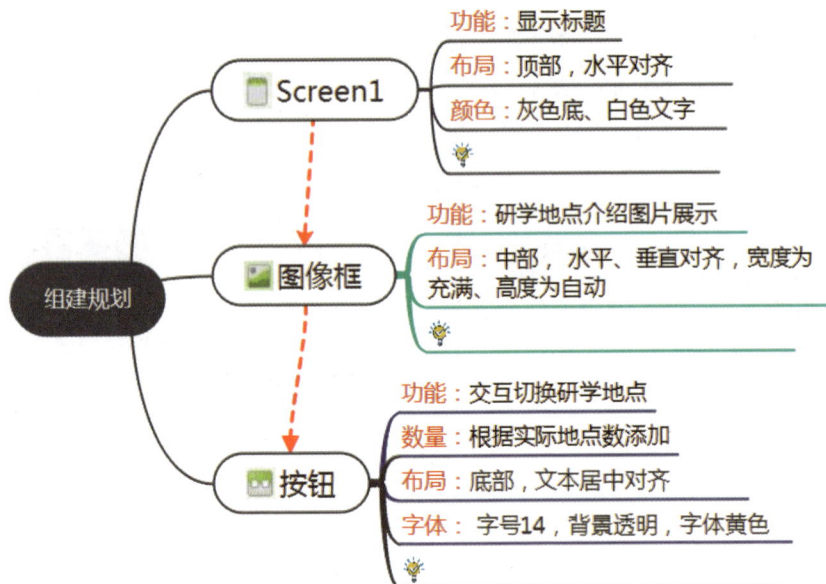

图4.6 组件规划

2. 编程规划

根据程序功能的需要，结合App Inventor 2软件的特点，如图4.7所示，添加加速度传感器，并且建立选取列表项，随机选取播放文件。

图4.7　编程规划

项目实施

▦ 1. 打开项目

"研学地点初了解"APP，是在原有的xm1.aia文件基础上进行修改完成的。首先要登录服务器，找到并打开xm1.aia项目。

01　登录服务器　打开浏览器，在地址栏里输入网址：https://app.wxbit.com/，按图 4.8 所示操作，登录服务器。

图4.8　登录服务器

02　打开项目　在"我的项目"列表中，按图 4.9 所示操作，打开之前体验的"研学地点初了解"项目，进入设计界面。

▦ 2. 界面设计

在前面的欣赏活动中，xm1项目的界面存在缺少作品标题、图像高度设置不合理等问题，可

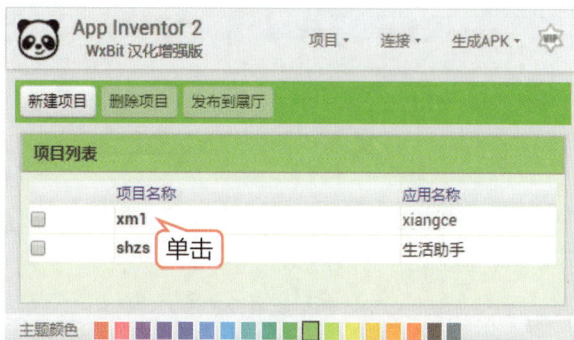

图4.9　打开项目

以通过"组件列表""组件属性"面板进行设置，使APP作品的界面设计更加合理、美观。

01 添加项目标题　按图 4.10 所示操作，在"组件属性"面板中，在"应用名称"和"标题"文本框中均输入"研学地点初了解"。

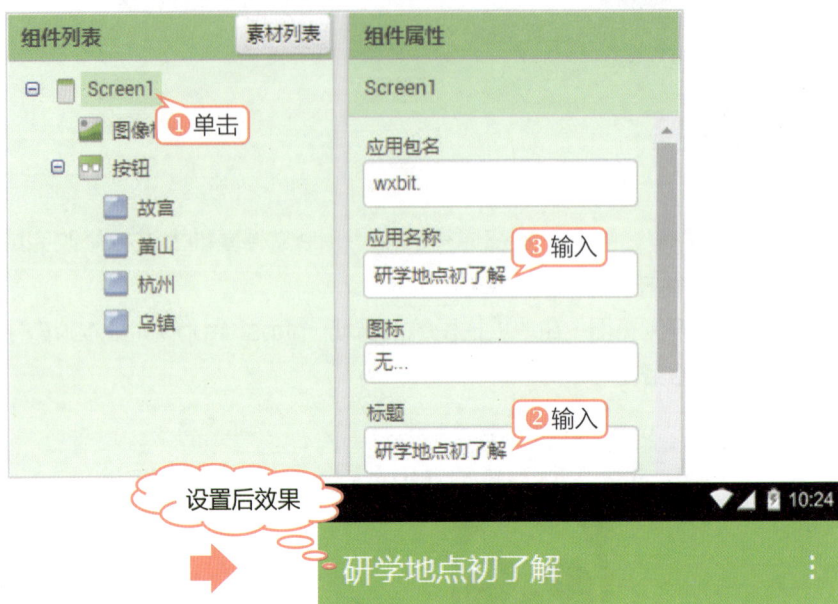

图4.10　添加项目标题

02 重命名组件　按图 4.11 所示操作，在"组件列表"面板中，将"图像框 1"重命名为"图像框"，将"水平布局 1"重命名为"按钮"。

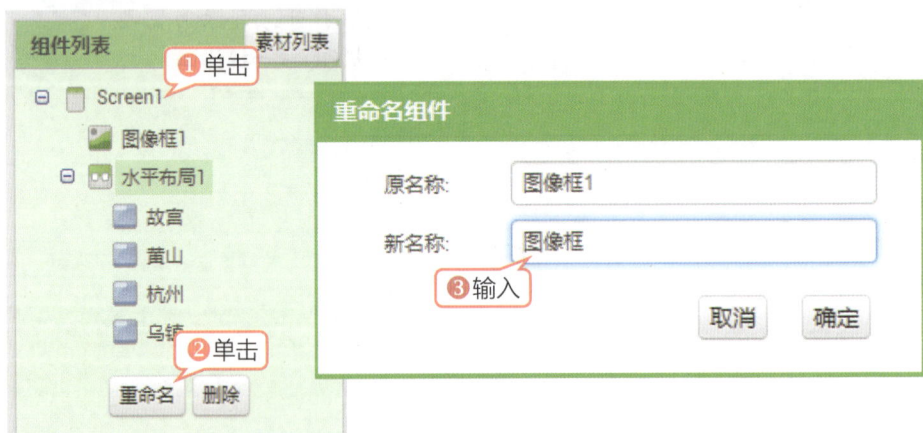

图4.11　重命名组件

03 设置图像框属性　按图 4.12 所示操作，设置"图像框"的宽度为"充满"，并能自动缩放图片。

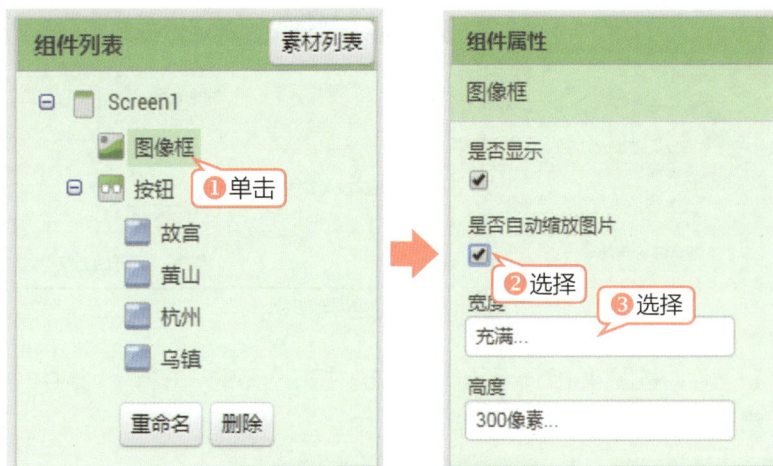

图4.12 设置图像框属性

3. 组件设计

"研学地点初了解"APP中包含故宫、黄山、杭州和乌镇4个地点，可以根据自己的实际需要，通过"组件设计"更换、添加新的研学地点。

01 添加按钮组件 按图 4.13 所示操作，在"组件面板"→"用户界面"中，添加"按钮"组件，并将颜色设置为橙色，文本改为"方特"。

图4.13 添加按钮组件

02 添加图片素材 按图 4.14 所示操作，选择、上传"fangte.jpg"图像文件，此时"素材列表"中有 5 张图片。

4. 逻辑设计

完成界面的设计后，要切换到"逻辑设计"为组件添加组件行为，实现当点击下方的文本按钮时，会切换到对应的地点图像。

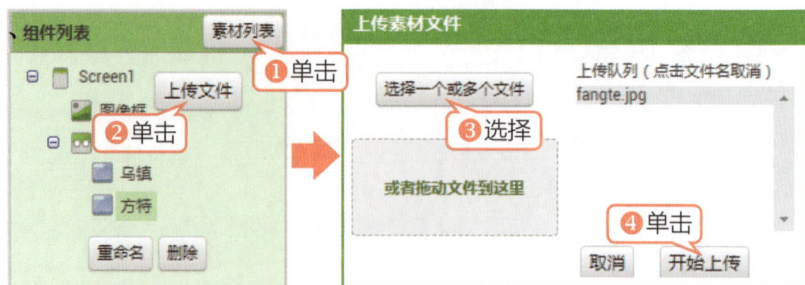

图4.14 添加图片素材

01 添加按钮事件 按图 4.15 所示操作，单击"按钮"下的"方特"，选中"当方特.被点击"事件模块，将其拖到"工作面板"中。

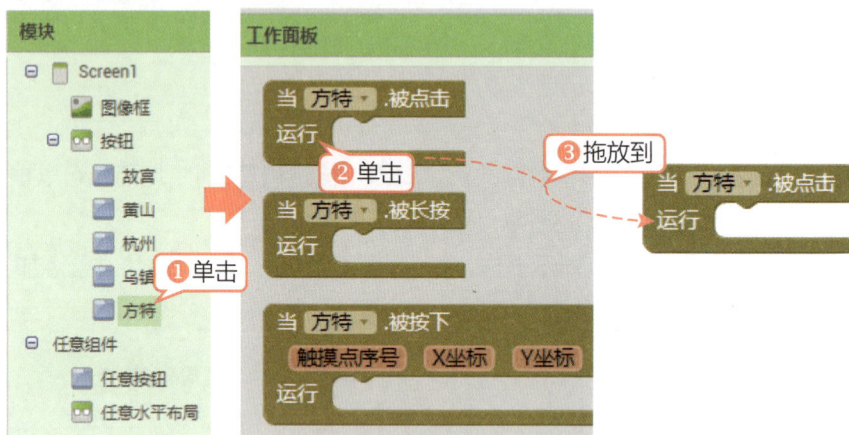

图4.15 添加按钮事件

02 添加图像框模块 按图 4.16 所示操作，选择"图像框"中的"设置图像框.图片为"模块，将其拖到"当方特.被点击"的事件里面。

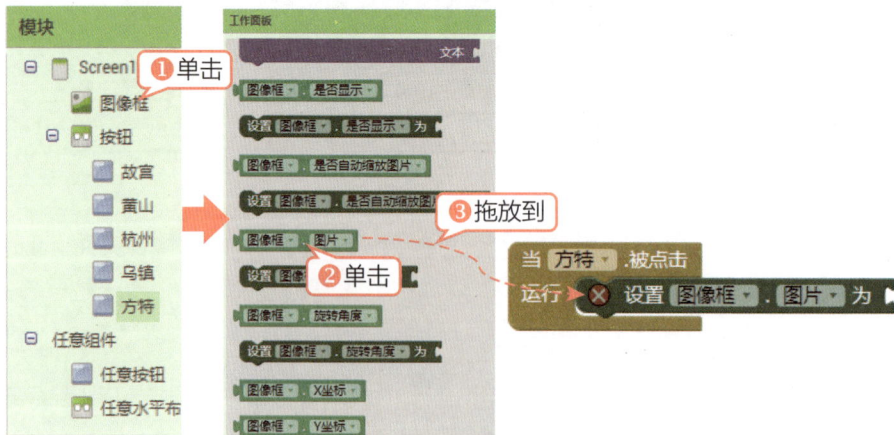

图4.16 添加图像框模块

03 添加输入文本模块　选择 ▢ 文本 分类→文本输入 ▢ " " ▢ 模块，将其添加到"按钮"模块后，输入文本"fangte.jpg"，效果如图 4.17 所示。

当 方特 ▾ .被点击
运行 设置 图像框 ▾ . 图片 ▾ 为 " fangte.jpg "

图4.17　添加输入文本模块

▦ 5. 测试项目

在开发中，每当添加了新的模块，就要进行测试，确保一切功能运行正常，这点非常重要。测试时，当点击下方的"方特"按钮时，显示方特的图片，说明你已经掌握了本作品的制作方法。

01 安装模拟器"AI 伴侣"　按图 4.18 所示操作，根据自己电脑的操作系统情况，选择对应的桌面版"AI 伴侣"下载后安装。

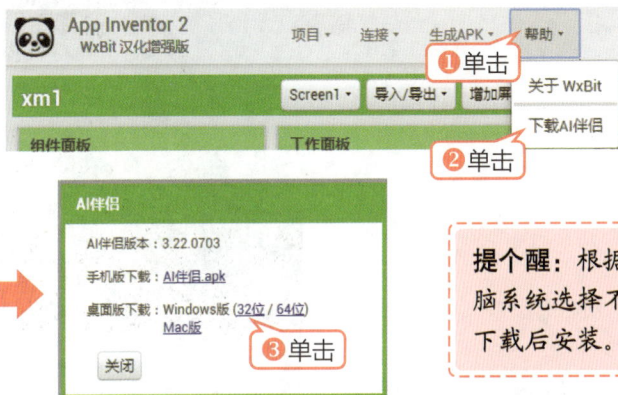

图4.18　下载AI伴侣

02 连接到"AI 伴侣"　按图 4.19 所示操作，打开"连接到 AI 伴侣"窗口。

图4.19　连接到AI伴侣

03 查看运行效果 双击电脑桌面上的"AI2 伴侣"图标，运行"AI2 伴侣"软件，按图 4.20 所示操作，输入连接码后，查看运行效果。

图4.20 "AI2伴侣"模拟查看运行效果

04 保存项目 项目测试完成后，选择"项目"→"保存项目"命令，保存项目。

项目延伸

1. 展示分享

在项目"研学地点初了解"中，标题文字的背景为浅灰色，文本颜色为白色；交互按钮背景为深灰色，文本颜色为黄色。请根据自己的喜好，在"组件属性"面板中尝试颜色、字号、对齐方式的设置，使作品更加美观，修改后运行"AI2伴侣"模拟查看效果，并分享给父母和同伴，让他们提提建议。

2. 创意设计

在项目"研学地点初了解"中，当应用启动后，可以实现故宫、黄山、杭州、乌镇和方特5个地点的切换和介绍。请将这5个地点替换成自己想去的5个地方，制作完成后，运行"AI2伴侣"模拟查看效果，将项目另存为xm2.aia。

项目2　方向指南好寻路

研学旅行户外探险时，可能没有明显的标志物指明方向，指南针成为必备的小工具。本项目所设计的"指南针"APP，不仅会根据手机方向同步改变指针方向，还会通过文字的形式显示手机朝向和具体度数。

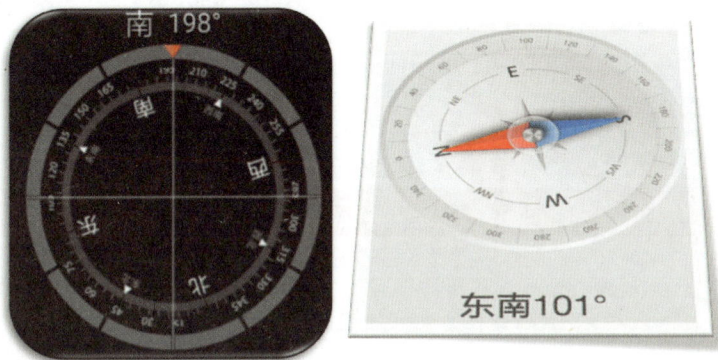

项目准备

1. 项目体验

指南针由罗盘和磁针组成。磁针可以在天然地磁场作用下自由转动，结合罗盘辨别方向。指南针手机软件可以很方便地帮助我们辨别方向。手机应用市场中有很多指南针软件，不仅界面简洁美观，而且功能设计实用，操作简单。

♡　**看一看**　在手机中下载、安装指南针软件并实际体验，观察指南针的组成结构和作用，在表4-2中列出来。

表4-2　体验指南针软件的组成结构和作用

软件名称	组成结构	作用
华为指南针	罗盘、水平仪	测出方向、角度

♡　**写一写**　请在图4.21中，归纳出指南针软件最主要的功能。

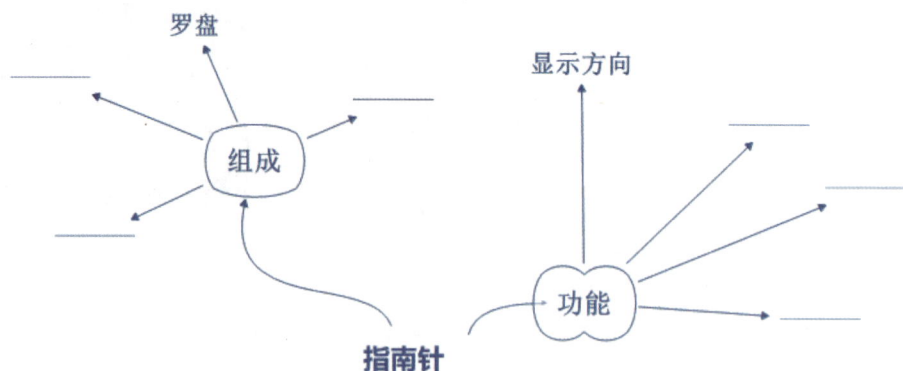

图4.21　归纳指南针软件的功能

♡　**填一填**　当手机方向改变时，是如何实时显示方向和角度的呢？请将自己体验的过程情况记录在表4-3中。

表 4-3　体验位置方向和角度

标签	记录情况
初始方向	
初始角度	
结束方向	
结束角度	

♡　**分一分**　根据"方向传感器"方位角的取值范围0°～360°，请在图4.22中，细分出指向针中方向的具体范围。

图4.22　分一分指南针方位角

2. 问题思考

问题 1：指南针软件是如何实现方向指示的？

问题 2：软件中添加什么组件可以控制方向？

问题 3：如何编程设置指针方向变化的代码？

项目规划

1. 功能规划

设计一款指南针软件，最重要的是功能规划。指南针软件也是根据现实中的罗盘实物的基本功能所设置的。请根据图4.23中的中国传统罗盘结构分解图，写出对应结构的功能。

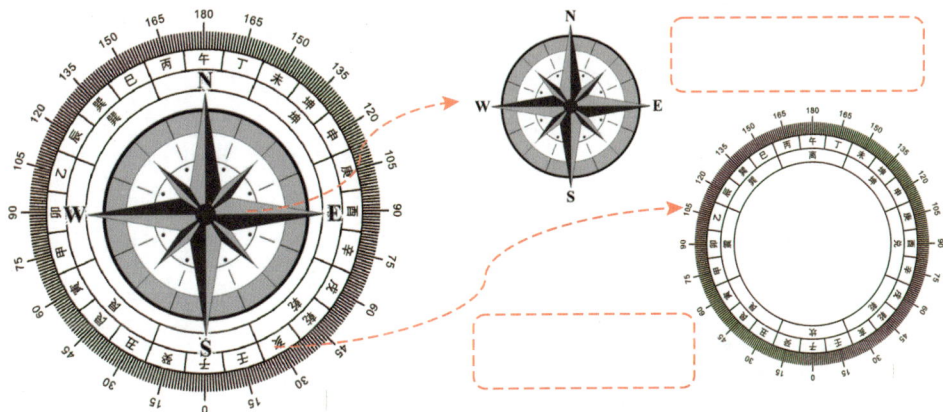

图4.23　分析罗盘结构的基本功能

2. 界面规划

根据功能规划，还需要确定软件名称、指针位置、软件界面设计图等。图4.24是某款指南针软件界面的参考规划效果，请参考设计一款指南针软件界面。

软件名称

罗盘

指针

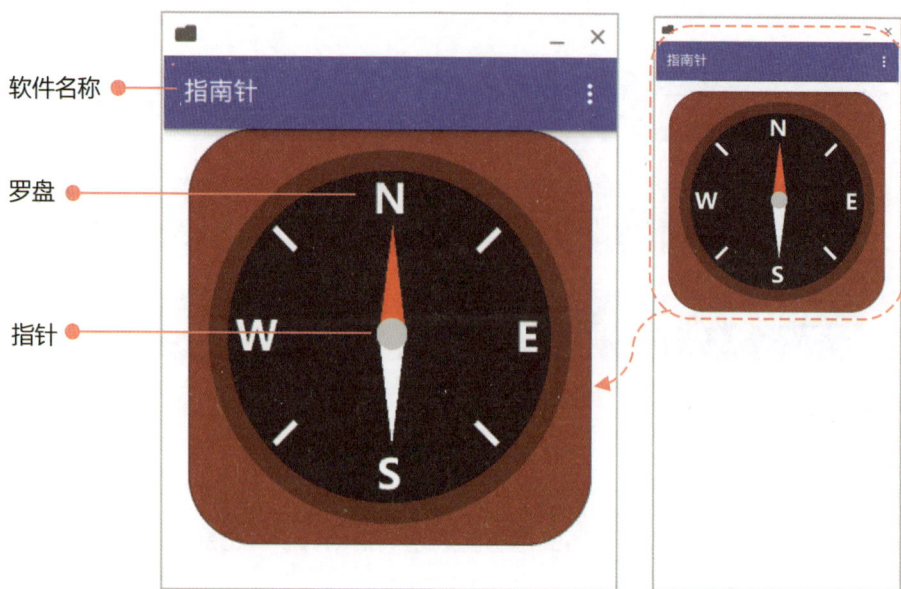

图4.24　指南针软件界面参考图

3. 组件规划

根据程序界面的需要，结合App Inventor 2软件的组件特点，需选择适当的组件，实现指南针软件的功能，如图4.25所示。

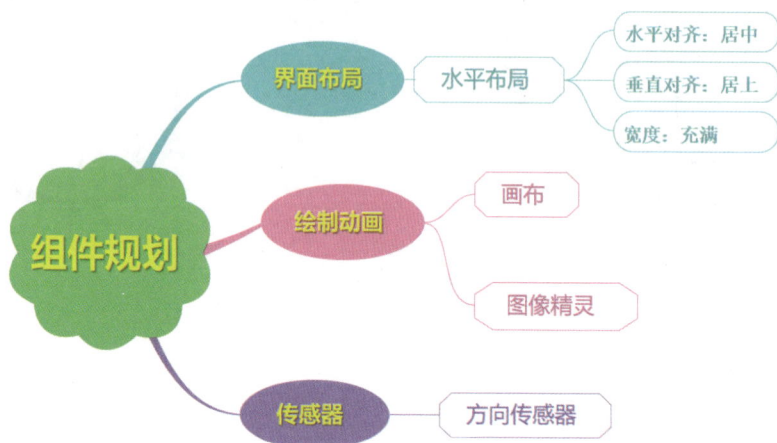

图4.25　组件规划

图像精灵组件只能放置在画布内，在图像精灵的方向发生变化时，其图像也会随之旋转。

4. 编程规划

根据程序功能的需要，结合App Inventor 2软件的特点，添加加速度传感器，并且建立选取列表项，随机选取播放文件，如图4.26所示。

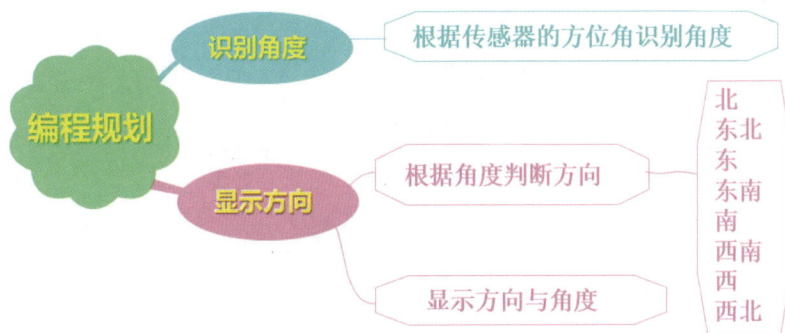

图4.26　编程规划

项目支持

1. 方向传感器

方向传感器用于确定手机的空间方位，该组件为不可见组件，以角度的方式提供三个方位值，如表4-4所示。

表4-4　方向传感器的方位值

方位值	功能
翻转角	当设备水平放置时，其值为0°；随着向左倾斜到竖直位置时，其值为90°；而当向右倾斜至竖直位置时，其值为-90°
倾斜角	当设备水平放置时，其值为0°；随着设备顶部向下倾斜至竖直时，其值为90°；当设备底部向下倾斜直到指向地面时，其值为-90°
方位角	当设备顶部指向正北方时，其值为0°，正东为90°，正南为180°，正西为270°

2. 画布

画布是一个二维的、具有触感的矩形面板，可以在其中绘画，或让精灵在其中移动。可以设置其背景色、画笔颜色、背景图、宽、高等属性。画布上的任何一点都可以表示为一对坐标(x,y)，其中x表示该点距离画布左边界的像素数，y表示该点距离画布上边界的像素数。

项目实施

1. 添加组件

规划好程序，要先添加组件，并设置组件属性。本例需要设置布局、标签的宽度、高度及背景图片等。

01 新建项目 运行 App Inventor 2 软件，新建一个项目，将名称改为 compass。

02 添加组件 从"组件面板"分别拖动"画布""图像精灵""方向传感器"组件至"工作面板"中，效果如图 4.27 所示。

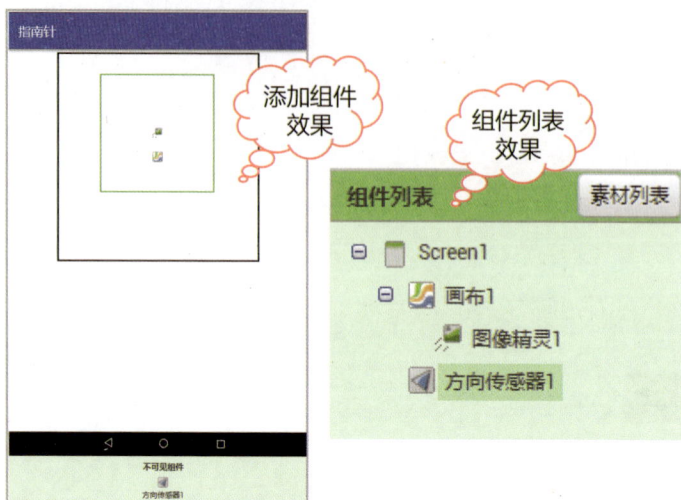

图4.27 添加组件

03 设置组件属性 可以根据表 4-5 中的参考内容，在"组件属性"面板中设置各组件属性。

表4-5 组件列表

组件类型	作用	属性
Screen	主程序	标题：指南针 水平对齐：居中
画布	放置罗盘图片 让图像精灵在其中移动	图片：罗盘 宽高：320×320px 背景图片：compass.png
图像精灵	放置指针图片 实现指针旋转	图片：compass2.png 宽高：180×180px XY坐标：(72,68)
方向传感器	获取手机方向	启动

2. 修改组件

为了使用文字来显示方向和角度，需要用到标签组件；插入空白的水平布局，可以起到空格的作用。

01 添加组件 从"组件面板"分别拖动"水平布局""标签"组件至"工作面板"中，如图 4.28 所示。

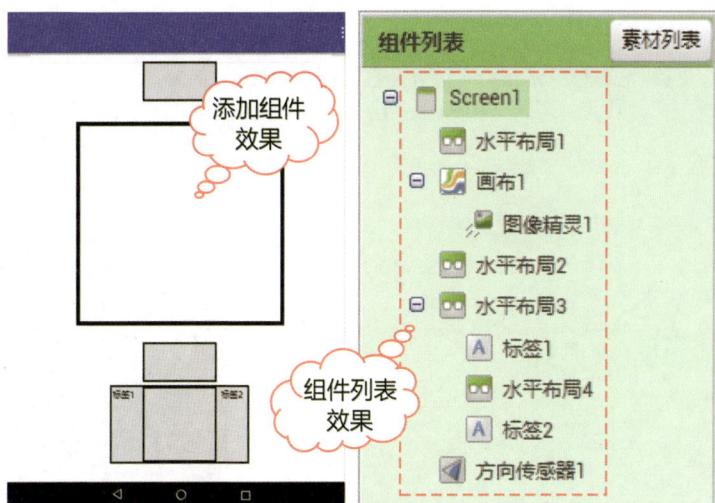

图4.28　添加组件

在App Inventor 2软件中，组件列表中的组件位置与软件界面中的位置一一对应，方便编辑。

02　修改组件属性　根据表 4-6 所示参考内容，在"组件属性"面板中设置各组件属性。

表 4-6　组件列表

组件类型	作用	属性
水平布局1	空白布局	高度：50px
水平布局2	空白布局	高度：50px
水平布局3	放置2个标签	默认
标签1	显示方向	重命名：方向 文本：方向 字号：30
水平布局4	空白布局	重命名：空格 宽度：50px
标签2	显示角度	重命名：角度 文本：角度 字号：30

03　上传素材　如表 4-7 所示，将指南针图片等素材放至对应位置中。

表 4-7　上传图片

素材列表	图片素材	示意图
	罗盘图片： compass. jpg 背景图片： setting.jpg	

04　完善组件　保存项目，连接手机，预览效果，再根据预览情况，修改各组件属性，完善布局。

3. 逻辑设计

添加并设置好组件属性后，根据软件的功能，需对组件进行逻辑设计，主要设计"获取方向""设置指针方向""停止""加速度传感器""随机音乐播放"等功能的代码。

01　获取方向　调用"方向传感器 1"的"方向被改变"代码模块，效果如图 4.29 所示。

> 可试一试改变方位角、倾斜角、翻转角。

图4.29　初始化代码模块

02　设置指针方向　在执行代码中，设置"图像精灵 1"，并设置指针的方向为方向传感器的方向，效果如图 4.30 所示。

> **想一想**：还能使用其他组件实现指针旋转功能吗？
> **试一试**：可以调用其他代码模块设置指针的方向吗？

图4.30　设置指针方向代码

03　**测试程序按钮功能**　运行"AI2 伴侣"软件，输入代码连接后，测试程序按钮功能的实现情况，并保存项目。

04　**判断方向**　当前手机指向的方向，主要是依据方向传感器的方位角来判定的。判断方向的算法流程如图 4.31 所示。

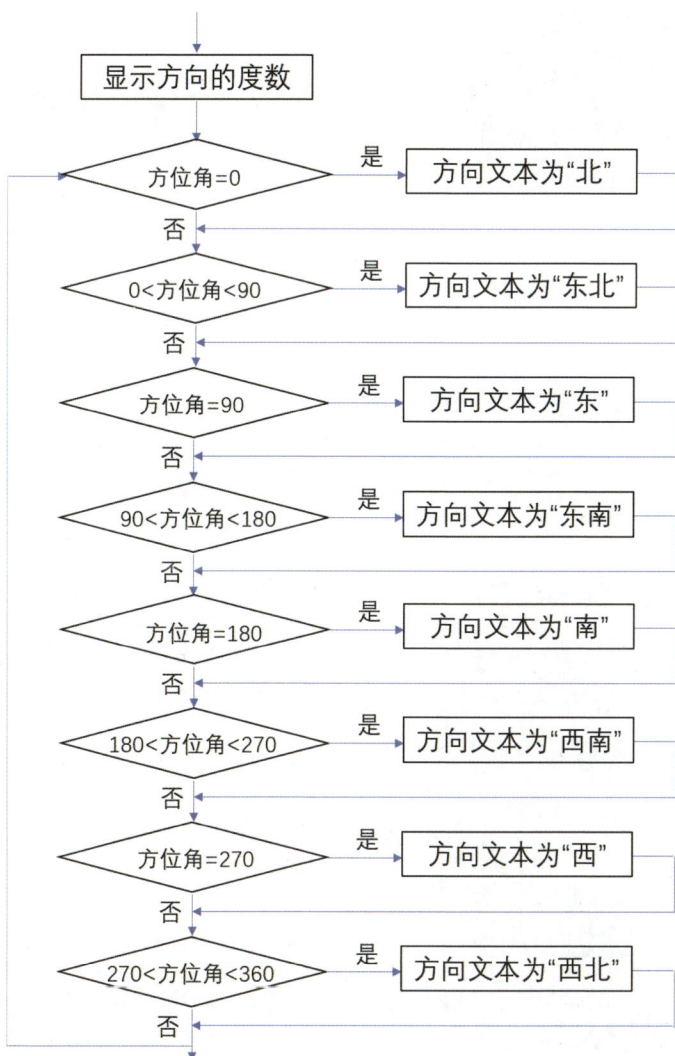

图4.31　流程设计

想一想：还能使用其他方位角区域进行分类吗？方向文本还可以改成什么内容呢？

05 创建变量 创建全局变量"角度"和"方向"，效果如图 4.32 所示。

06 显示角度 设置"角度"标签文本为"方向传感器"方位角，并加上单位文字"度"，效果如图 4.33 所示。

创建全局变量 角度 为 0

创建全局变量 方向 为 " "

图4.32 创建全局变量

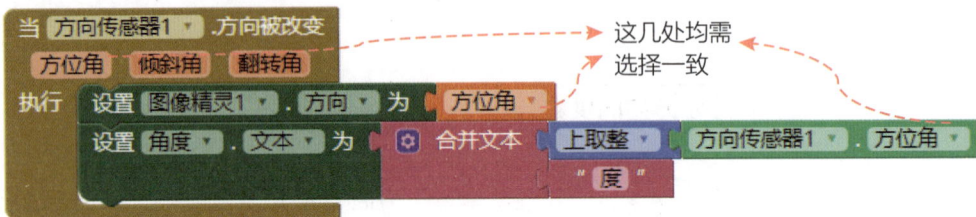

这几处均需选择一致

图4.33 显示角度

07 显示方向 根据方位角的大小与范围，分别设置"方向"标签的文本内容，如方位角为 0，方向为"北"，方位角在 0 与 90 之间，方向为"东北"。其他如图 4.34 所示。

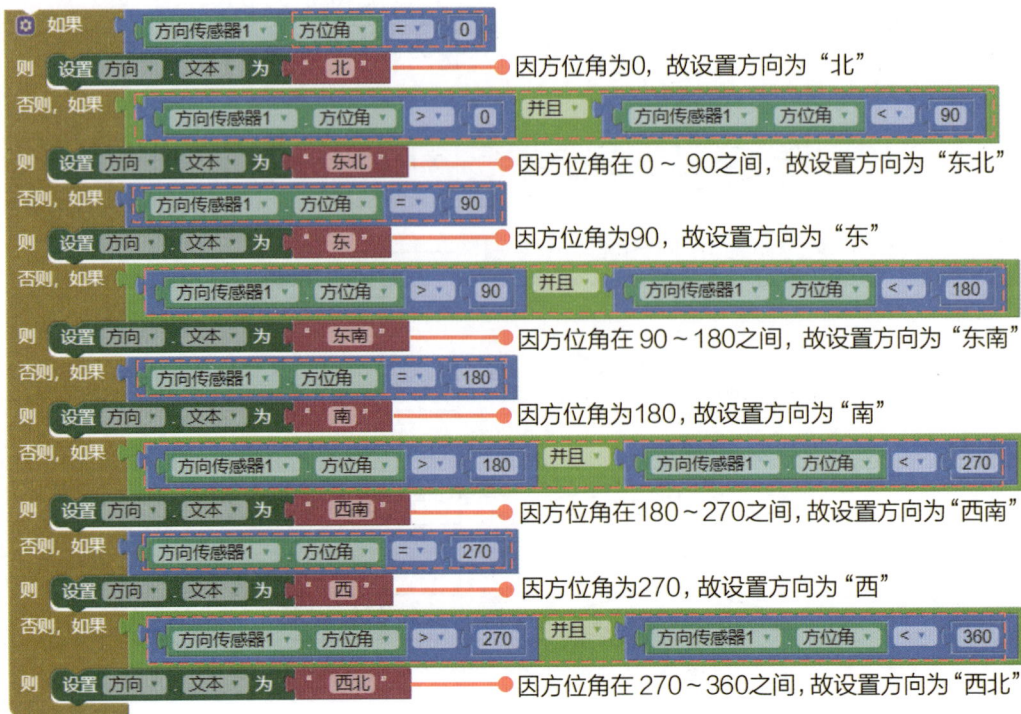

因方位角为0，故设置方向为"北"

因方位角在 0～90之间，故设置方向为"东北"

因方位角为90，故设置方向为"东"

因方位角在 90～180之间，故设置方向为"东南"

因方位角为180，故设置方向为"南"

因方位角在180～270之间，故设置方向为"西南"

因方位角为270，故设置方向为"西"

因方位角在270～360之间，故设置方向为"西北"

图4.34 显示方向

08　测试程序按钮功能　测试程序摇一摇功能的实现情况，并保存项目。

项目延伸

1. 展示分享

邀请朋友或家人一起分享"指南针"软件，讨论以下问题，并记录下来。

软件设计有什么优缺点？

_____

_____

还有哪些方面需要优化设计呢？

_____

_____

2. 创意设计

利用所学知识，设计一个与众不同的指南针，想一想，能不能加入经纬度显示呢？可以利用方向传感器的倾斜角和翻转角设计什么软件呢？开始你的探索之旅吧！

项目3　运动计步心有数

户外研学，徒步行走是必不可少的一项活动。如果在徒步的同时，同学们可以记录下自己行走的步数，与好友进行运动量比拼，真是乐趣无穷。本项目所设计的"计步器"APP，就可以实现记录自己在某个阶段运动步数的功能。

项目准备

1. 项目体验

能够实现计步功能的软件有很多，你用过哪些？这些计步软件共性功能有哪些？请下载任意几款手机计步软件，体验利用软件APP实现计步的功能。

♡　选一选　请结合你的操作体验，在表4-8中选一选这类软件的基本功能。

表4-8　常用计步软件的基本功能

软件名称	软件的基本功能
QQ运动	□记录行步数　□定制目标步数　□好友排名　□跑步记录
华为运动健康	□记录步数　□行走距离　□热量计算　□爬高高度显示

♡　填一填　如果请你设计一款计步软件，你想让它实现的功能是：＿＿＿＿＿＿＿＿＿

＿＿＿＿＿＿＿＿＿＿＿＿＿＿＿＿＿＿＿＿＿＿＿＿＿＿＿＿＿＿＿＿＿＿＿＿＿＿＿，

理由是：＿＿＿＿＿＿＿＿＿＿＿＿＿＿＿＿＿＿＿＿＿＿＿＿＿＿＿＿＿＿＿＿＿＿。

2. 问题思考

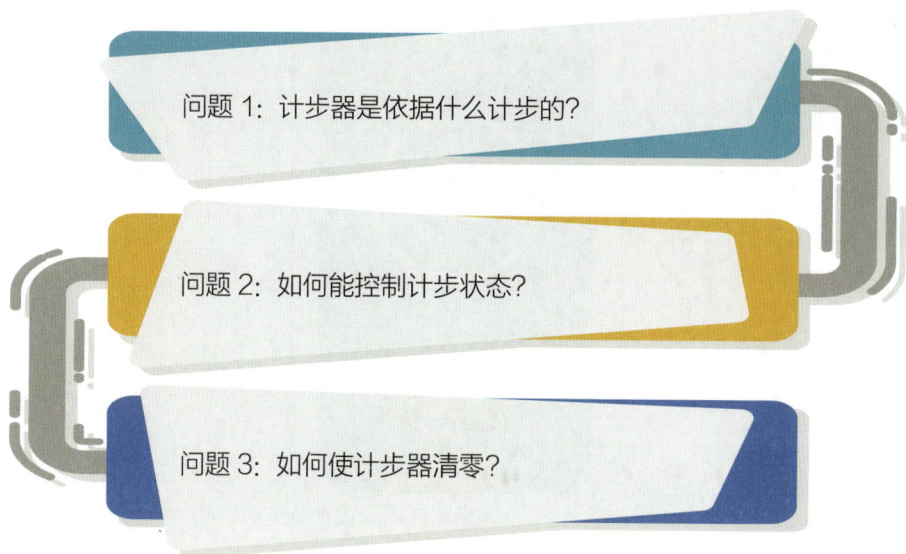

问题 1: 计步器是依据什么计步的?

问题 2: 如何能控制计步状态?

问题 3: 如何使计步器清零?

项目规划

1. 功能规划

计步器主要用于记录走路步数。该程序可以通过按钮控制计步状态，也可以实现将当前步数清零功能。请在图4.35中填一填，进一步完成计步器软件的功能规划。

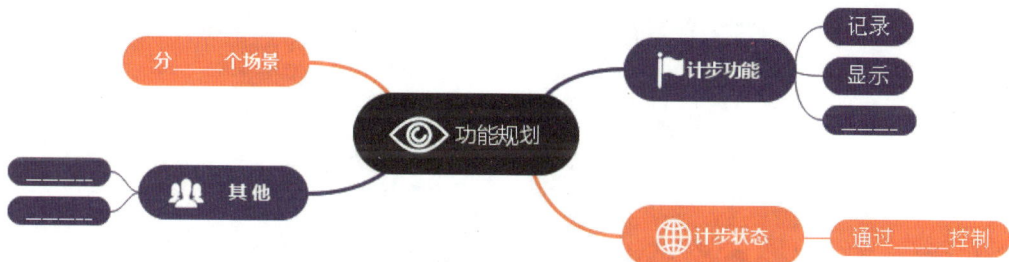

图4.35　计步器软件功能规划

2. 界面规划

根据软件的功能规划，还需要对软件界面进行设计，如界面布局设计，图片、文字、按钮的大小与位置等。

♡　画一画　图4.36中给出两种形式的计步器界面参考，请在右侧的空白图中画出你所设计的计步软件界面。

图4.36　计步软件界面设计

♡　**比一比**　在手机上使用"AI2伴侣"软件运行"健康计步器"程序，体验该程序，程序运行后效果如图4.37所示，将自己设计的界面再次与此程序界面进行对比，看看还有哪些需要改进、完善的地方。

图4.37　"健康计步器"程序界面

3. 组件规划

要实现计步功能，加速度传感器组件必不可少。根据需要，还可以利用按钮组件控制计步的开始与结束。通过图像组件，进一步修改程序界面等。你需要哪些组件与素材才能完成界面设计呢？请在图4.38中完成。

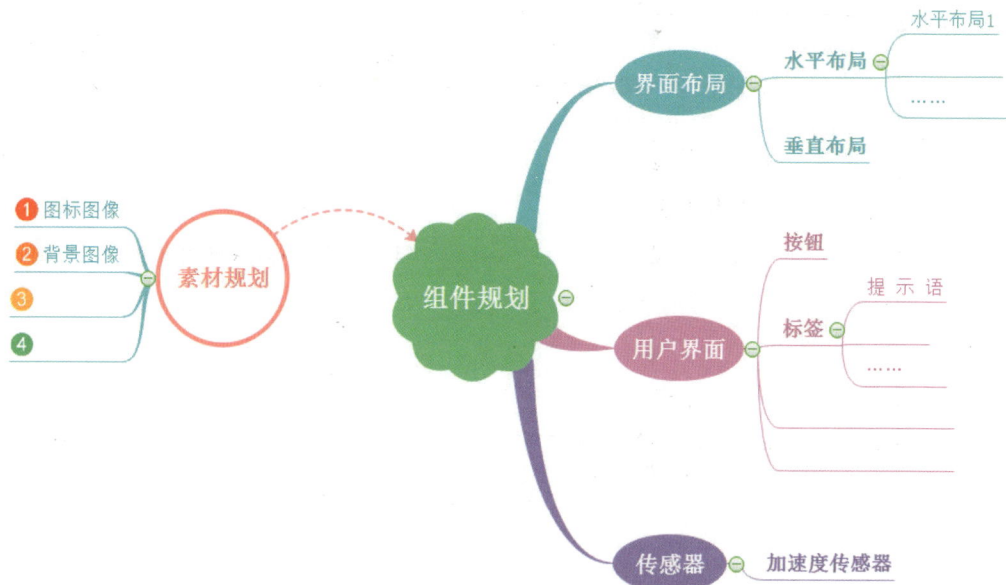

图4.38　计步器软件组件规划

4. 算法设计

根据程序功能的需要，通过前面的分析可知程序的整体流程和执行顺序，程序执行步骤如图4.39所示。

图4.39　执行步骤

主程序算法流程图如图4.40所示。

点击"开始计步"按钮后，计步状态为真，加速度传感器开始工作，依据设备晃动的次数确定所走的步数，其算法流程如图4.41所示。

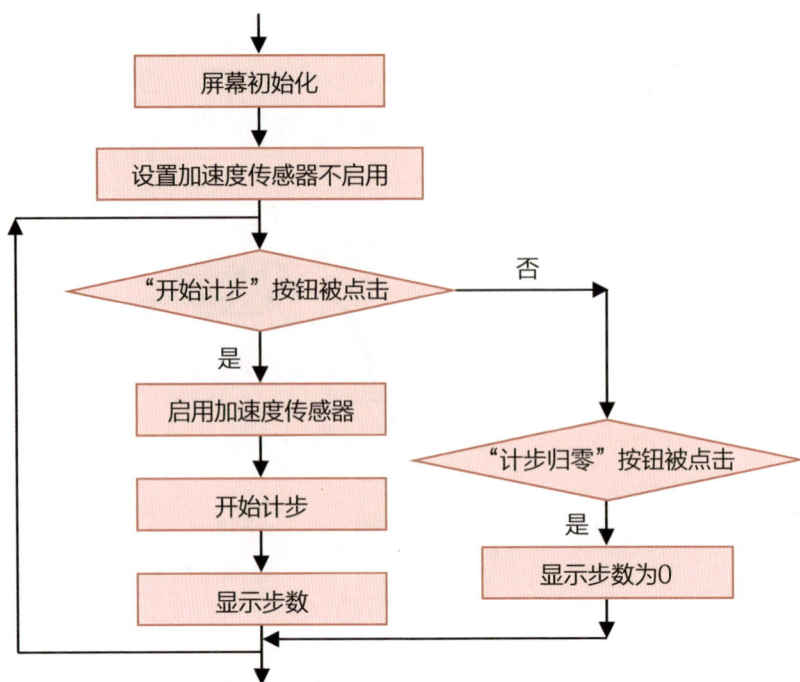

图4.40 "计步器"软件主程序流程图

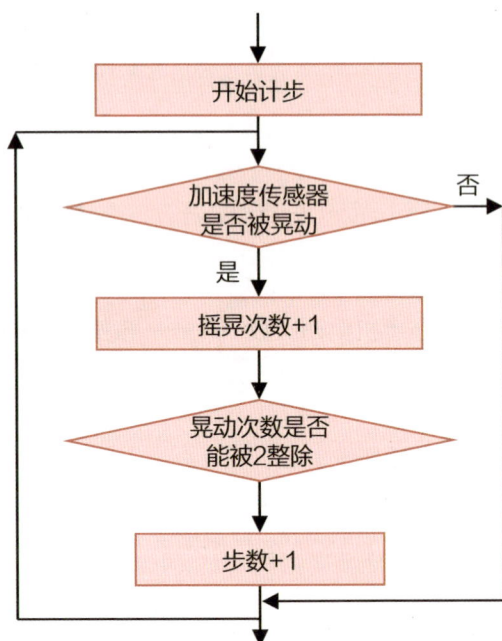

图4.41 "开始计步"算法流程图

项目支持 ✖️

▦ 1. 加速度传感器

如果你踩下油门，车会加速——车速会以一定的比率提高。加速度就是指速度随时间的变化。在App Inventor 2中，加速度传感度为非可视组件，可以侦测设备的摇晃，测量3个维度上加速度的近似值，测量值的单位为米/秒²。这3个加速度分量分别如下。

♡　**x分量**　当手机静置于平面上时，值为0；当手机向右倾斜(即左侧抬起)时，其值为正；当手机向左倾斜(即右侧抬起)时，其值为负。

♡　**y分量**　当手机静置于平面上时，值为0；当手机底部抬起时，其值为正；当手机顶部抬起时，其值为负。

♡　**z分量**　当手机屏幕向上平行于地面静止时，其值为 -9.8 (重力加速度值，单位为米/秒²)；当手机屏幕垂直于地面时，其值为 0；当手机屏幕向下时，其值为 $+9.8$。设备加速会影响该值，使其与重力加速度相叠加。

▦ 2. 加速度传感器的事件

计步器的工作原理是累计手机"感受"到的摇晃，如何检测手机的摇晃呢？这就需要了解加速度传感器的事件。加速度传感器只有两种事件，一是检测加速是否改变，另一个就是检测是否被晃动，如图4.42所示。

图4.42　传感器事件

项目实施 🔩

▦ 1. 设置组件

规划好程序，要先添加组件，并设置组件属性。本例需要设置布局、标签、按钮及背景图片等。

01　新建项目　运行 App Inventor 2 软件，新建一个项目，将名称改为 JiBuQi。

02　上传素材　上传标题、按钮的背景图片等相关素材至项目中，上传后的效果如图 4.43 所示。

03　添加组件　依次在"工作面板"中添加界面布局、标签、按钮、图像框、传感器等组件，并为其重命名，效果如图 4.44 所示。

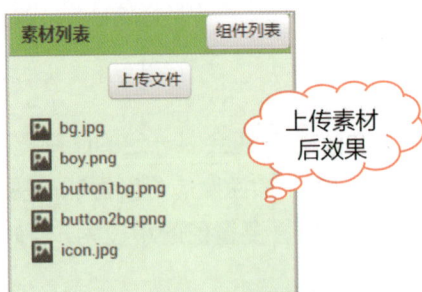

图4.43　上传素材

图4.44　添加组件

04　设计组件属性　添加组件后，还需进一步设置各组件属性，具体属性值如表4-9所示，设置后的效果如图 4.36 所示。

表4-9　计步器软件用户界面组件属性

类型及名称	组件属性
Screen1	应用名称：计步器；标题：健康计步器；图标：icon.jpg； 水平对齐：居中；垂直对齐：居中；背景图片:bg.jpg
水平布局1	水平对齐：居中；垂直对齐：居下； 宽度：充满；高度：120像素
水平布局2	水平对齐：居左；垂直对齐：居中； 宽度：充满；高度：180像素
水平布局3	高度：300像素
垂直布局1	水平对齐：居左；垂直对齐：居下； 高度：120像素
空格标签	宽度：50像素

(续表)

类型及名称	组件属性
Ⓐ 提示语	文本颜色：蓝色；文本：你当前的步数：；字号：20
▦ 计步_按钮	文本对齐：居中1；文本：开始计步；字号：16 图像：button1bg.png；宽度：100像素；高度：60像素 是否粗体：是
▦ 归零_按钮	文本对齐：居中1；文本：计步归零；字号：16 图像：button1bg.png；宽度：100像素；高度：60像素； 是否粗体：是
Ⅱ 步数	文本对齐：居中1；文本：空；字号：20；宽度：200像素
▨ 小男孩	图片：boy.png；宽度：80像素；高度：60像素
◉ 加速度传感器	敏感度：较强

05　完善组件　保存项目，连接手机，预览效果，再根据预览情况修改各组件属性，完善布局。

▦ 2. 逻辑设计

添加并设置好组件属性后，根据算法对组件进行逻辑设计，即对组件设置程序，完成规划功能。

01　创建全局变量　切换到"逻辑设计"工作面板，创建全局变量"计步状态"为逻辑值"假"，全局变量"摇晃次数""步数"初始值为0，如图 4.45 所示。

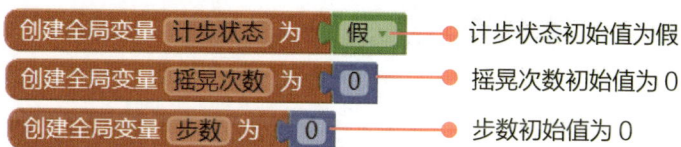

图4.45　设置旋转角度

02　完成屏幕初始化代码设计　对屏幕初始化代码进行设计，如图 4.46 所示。

屏幕初始状态，加速度传感器 1 不可用

图4.46　完成屏幕初始化代码设计

03　设计计步按钮代码　当"计步_按钮"按钮被点击时，首先改变计步状态，根据不同的计步状态决定加速度传感器是否启用，按钮代码设计如图 4.47 所示。

04　拖动传感器事件模块　按图 4.48 所示操作，拖动加速度感应器"被晃动"事件模块至"工作面板"中。

点击按钮，计步状态改变

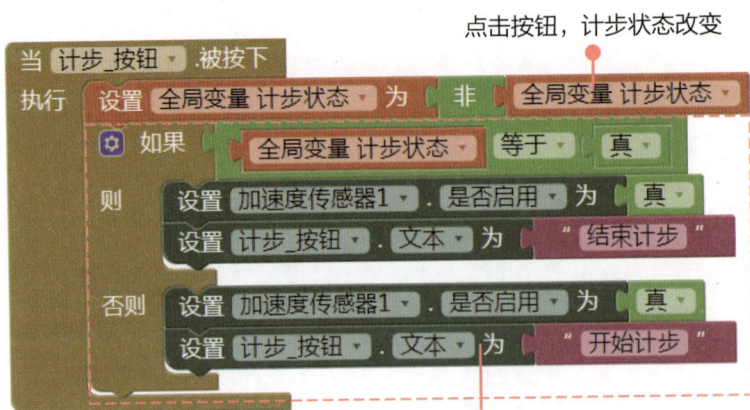

根据计步状态，启用加速度传感器，改变按钮文本

图4.47　设计计步按钮代码

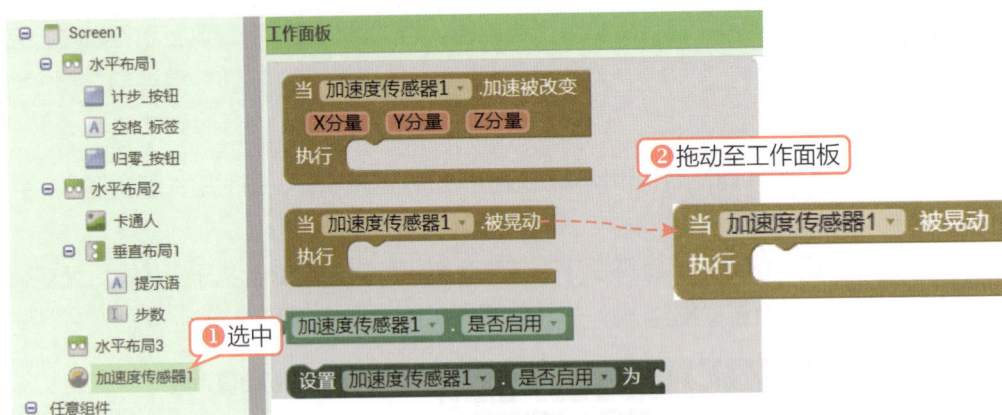

图4.48　拖动传感器事件模块

05　完成传感器事件代码　加速度传感器感应到手机晃动，即开始计步，由此可知，感应器事件代码设计如图 4.49 所示。

感应器检测到一次晃动，摇晃次数+1

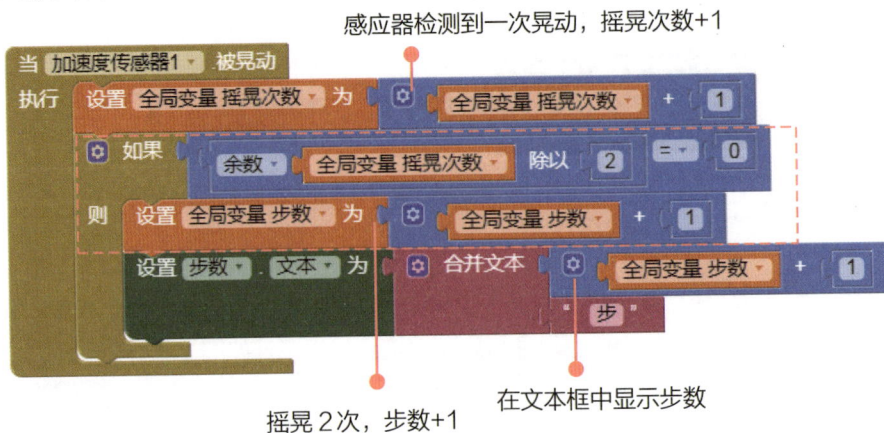

摇晃 2 次，步数+1

在文本框中显示步数

图4.49　完成传感器事件代码

手机每晃动一次，变量"摇晃次数"加1次，摇晃2次(即前后摆臂一次)才相当于走了1步。

06　完成归零按钮代码　对"归零 _ 按钮"组件代码进行设计，效果如图 4.50 所示。

文本输入框中的文本直接显示为0

图4.50　完成归零按钮代码

07　测试程序　运行"AI2 伴侣"软件，输入代码连接后，测试程序并保存项目。

项目延伸

1. 实践体验

根据项目提供的JiBuQi.aia文件，自己动手实践一遍，先学会模仿，从设计开发、模拟运行到程序安装包下载安装到手机，感受整个过程。

2. 展示分享

邀请朋友或家人一起体验"计步器"APP应用，然后与他们一起讨论以下几个问题，并记录下来。

① 你最得意之处是什么？

② 在制作过程中，你遇到了什么问题？为什么会造成这种情况？你是如何解决的？

3. 创意设计

在完成模仿开发后，适当做些改变和探索。例如，增加APP软件功能，让计步器不仅可以显示步数，还可以计算出行走的公里数。提示：行走的公里数＝步幅×步数。你希望你的计步软件具有什么样的新功能呢？请开始你的设计之旅吧！

项目4　音乐陪伴不寂寞

音乐能让人放松心情，陶冶情操。设计一款有特色的音乐播放软件，在研学户外运动时，听着美妙的音乐不会寂寞。还可以摇晃手机切换歌曲，这是一件多么酷的事情啊！

项目准备

1. 项目体验

市场上有多款手机音乐播放软件，一款优秀的手机音乐播放软件不仅界面美观，而且操作简单。请下载任意一款手机音乐播放软件，体验软件播放音乐歌曲的功能。

♡　选一选　请结合你所用过的手机音乐播放软件的操作体验，在表4-10中选一选常用音乐播放软件的基本功能。

表4-10　选择常用音乐播放软件的基本功能

软件名称	音乐播放软件的基本功能
酷狗音乐	□播放　□暂停　□停止　□搜索　□下载
QQ音乐	□播放　□暂停　□停止　□歌曲榜单　□猜你喜欢

♡　**填一填**　如果你要设计一款手机音乐播放软件，准备采用的音乐播放基本功能是：

_____，

理由是：_____。

♡　**连一连**　在晃动手机，使用"摇一摇"功能切换歌曲时，请在图4.51中连线文字框与操作过程步骤先后序号，确定晃动手机切换音乐的顺序。

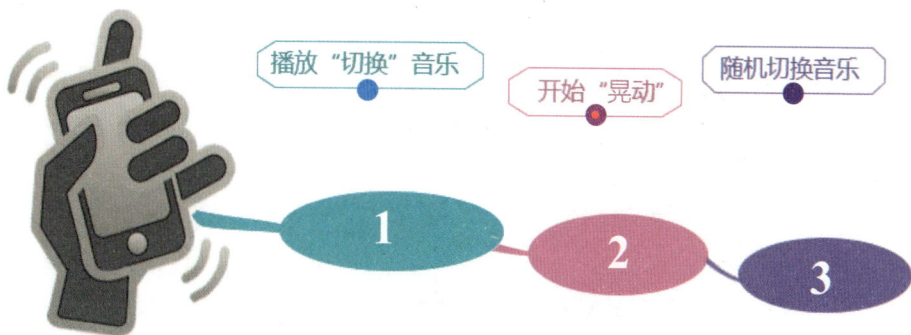

播放"切换"音乐　　开始"晃动"　　随机切换音乐

图4.51　晃动手机切换音乐的流程

2. 问题思考

01　手机是如何实现音乐播放控制的？

02　手机摇一摇切换音乐时的编程步骤是怎样的？

03　如何实现随机选择音乐控制的？

项目规划

1. 功能规划

若要设计一款音乐播放软件，需要确定该软件的一些基本功能。当手机摇晃切换歌曲时，需要考虑操作过程中的一些基本功能。

♡　**连一连**　在图4.52中给出某种简洁形式的音乐播放器界面，使用连线确定参考案例中的基本按钮功能。

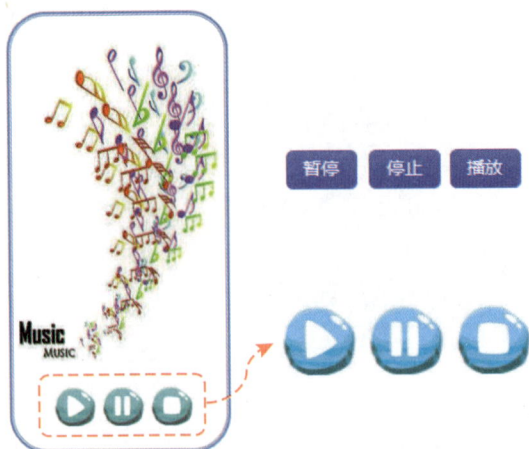

图4.52　音乐播放软件基本功能规划

♡　**填一填**　根据前面体验音乐播放软件的"摇一摇"切换音乐的功能，填写表4-11，规划手机音乐播放软件摇晃时的具体功能。

表4-11　规划手机"摇一摇"切换音乐的功能

手机摇晃情况	应用程序动作
不摇晃	维持上一状态(或初始状态)
摇晃时	
摇晃后	

2. 界面规划

根据功能规划，还需要确定软件名称、功能按钮位置、软件界面设计配图等。图4.53为某款音乐播放软件界面的参考规划效果。

图4.53　音乐播放软件界面参考图

3. 组件规划

根据程序界面的需要，结合App Inventor 2软件的组件特点，需选择适当的组件，实现音乐播放软件的功能，如图4.54所示。

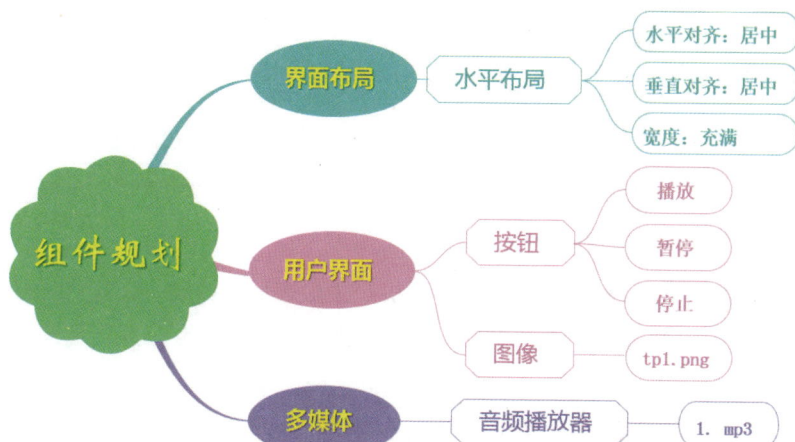

图4.54 音乐播放软件组件规划

4. 编程规划

根据程序功能的需要，结合App Inventor 2软件的特点，添加加速度传感器，并且建立选取列表项，随机选取播放文件，如图4.55所示。

图4.55 音乐播放软件编程规划

项目支持

1. 音频播放器组件属性

该组件主要功能是控制音频文件，常用于控制播放时间长的音频文件。设置组件属性时，通过在组件设计视图或逻辑设计视图界面中调用该组件的可设置属性，可设置音频文件的来源。该组件的属性如表4-12所示。

表 4-12　音频播放器组件属性

属性	说明
循环播放	如果选中，将循环播放
只能在前台播放	如果选中，当离开当前屏幕时，播放将暂停
源文件	声音源
音量	设置播放音量，范围0～100

2. 音频播放器组件方法应用

多媒体组件可以播放声音文件，并使手机产生数毫秒的振动。在组件设计及逻辑设计视图中，均可设定要播放的音频文件，该组件方法应用如表4-13所示。

表 4-13　音频播放器组件方法应用

方法应用	说明
暂停	暂停正在进行的播放
开始	开始播放，如果此前处于暂停状态，则继续播放；如果此前处于停止状态，则从头开始播放
停止	如果选中，离开当前屏幕时，播放将暂停；如果不选中，则无论当前屏幕是否显示，声音都将继续播放
毫秒数	手机振动指定的毫秒数

项目实施

1. 添加组件

规划好程序，要先添加组件，并设置组件属性。本例需要设置布局、标签的宽度和高度，以及背景图片等。

01　新建项目　运行 App Inventor 2 软件，新建一个项目，将名称改为 Music。

02　添加 Screen1 屏幕组件　添加界面布局、用户界面、多媒体等组件，具体操作过程参见微课视频。

03　修改 Screen1 组件属性　如表 4-14 所示，修改标题，设置按钮、图片、音乐等属性。

表 4-14　组件列表

组件类型	作用	属性
Screen	Screen1	标题：音乐播放软件
界面布局：水平布局	水平布局1	水平对齐：居中；宽度：充满

（续表）

组件类型	作用	属性
用户界面：按钮	"播放"按钮	文本：播放
用户界面：按钮	"暂停"按钮	文本：暂停
用户界面：按钮	"停止"按钮	文本：停止
用户界面：图像	界面图片	需上传图片文件：tp1.png
多媒体：音频播放器	音频播放器	需上传音乐文件

04 上传素材 将背景图片、音乐文件等相关素材上传至项目中。如表 4-15 所示，上传音乐文件，待使用时调用。

表 4-15　上传音乐文件

素材列表	音频素材	示意图
	1.mp3	
	2.mp3	
	3.mp3	
	4.mp3	
	zd.mp3	

05 添加与设置加速度传感器组件属性 本例需要添加加速度传感器，具体操作过程可参见微课视频。

06 完善组件 保存项目，连接手机，预览效果，再根据预览情况，修改各组件属性，完善布局。

2. 逻辑设计

添加并设置好组件属性后，根据软件的功能，需对组件进行逻辑设计，主要设计"播放""暂停""停止""加速度传感器""随机音乐播放"等功能的代码。

01 设置"播放"按钮代码 完成"播放"按钮代码的设计，效果如图 4.56 所示。

图4.56　"播放"按钮代码

02 设置"暂停"按钮代码 完成"暂停"按钮代码的设计，效果如图4.57所示。

当 "暂停" 按钮 .被按下
执行 调用 音频播放器1 .暂停　　●播放器暂停播放音乐

图4.57 "暂停"按钮代码

03 设置"停止"按钮代码 完成"停止"按钮代码的设计，效果如图4.58所示。

当 "停止" 按钮 .被按下
执行 调用 音频播放器1 .停止　　●播放器停止播放音乐

图4.58 "停止"按钮代码

想一想："播放""暂停""停止"模块的顺序可以调换吗？
试一试：音频播放器的其他代码作用。

04 测试程序按钮功能 运行"AI2伴侣"软件，输入代码连接后，测试程序按钮功能的实现情况，并保存项目。

05 设置"加速度传感器"代码 在感受手机晃动后，播放"zd.mp3"音乐文件，具体编程模块代码及其参数设置如图4.59所示。

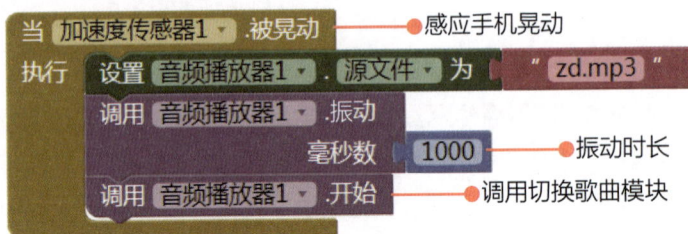

当 加速度传感器1 .被晃动　　●感应手机晃动
执行 设置 音频播放器1 .源文件 为 "zd.mp3"
调用 音频播放器1 .振动
毫秒数 1000　　●振动时长
调用 音频播放器1 .开始　　●调用切换歌曲模块

图4.59 "加速度传感器"代码

06 设置"随机音乐播放"代码 设置"随机选取列表项"模块，分别将音频播放器需要播放的源文件"1.mp3""2.mp3""3.mp3""4.mp3"添加到歌曲列表之中，如图4.60所示。

想一想：如果是按顺序切换播放歌曲，应如何设计？
试一试：添加更多的歌曲文件。

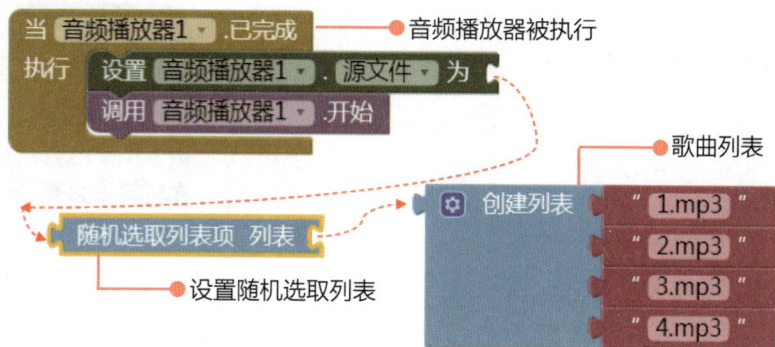

图4.60 "随机音乐播放"代码

07 测试程序按钮功能 测试程序摇一摇功能的实现情况，并保存项目。

项目延伸 🖥

📖 1. 实践体验

根据项目提供的数字化资源中的Music.aia文件，自己动手实践一遍，先学会模仿，从设计开发、模拟运行到程序安装包下载安装到手机，感受整个过程。

📖 2. 展示分享

邀请朋友或家人一起玩"音乐播放软件"应用，然后与他们一起讨论以下几个问题，并记录下来。

你最得意之处是什么？

在制作过程中，你遇到了什么问题？你是如何解决的？

📖 3. 创意设计

在完成模仿开发后，适当做些改变和探索。例如，将文字按钮更换为图标按钮，或者给APP换一个自己喜欢的图标等。再比如你希望你的播放软件具有什么样的新功能呢？请开始你的设计之旅吧！

项目5　趣玩游戏乐逍遥

在研学路上，总希望有好心情，好心情自然也少不了有趣的游戏。你玩过贪吃蛇游戏吗？想不想通过游戏锻炼自己的平衡能力？下面我们将通过制作一个"贪吃蛇大作战"游戏，进一步理解方向传感器的作用和原理。

项目准备

▦ 1. 项目体验

请上网下载任意一款贪吃蛇游戏，或用"AI2伴侣"软件运行"贪吃蛇大作战"程序，体验游戏功能。

♡　**填一填**　如果请你来设计"贪吃蛇"游戏，必不可少的游戏角色有＿＿＿＿＿＿＿

＿＿＿＿＿＿＿＿＿＿＿＿＿＿＿＿＿＿＿＿＿＿＿＿＿＿＿＿＿＿＿＿＿＿＿＿＿；

♡　**选一选**　请结合你的体验，在下面选一选"贪吃蛇"游戏中必备的基本功能有哪些？

□ 包含几个游戏场景　　　　□ 可以控制游戏开始或结束

□ 赋予游戏角色生命值　　　□ 适时显示游戏得分

□ 游戏角色会不断变化(大小、位置等)

其他：＿＿＿＿＿＿＿＿＿＿＿＿＿＿＿＿＿＿＿＿＿＿＿＿＿＿＿＿

2. 问题思考

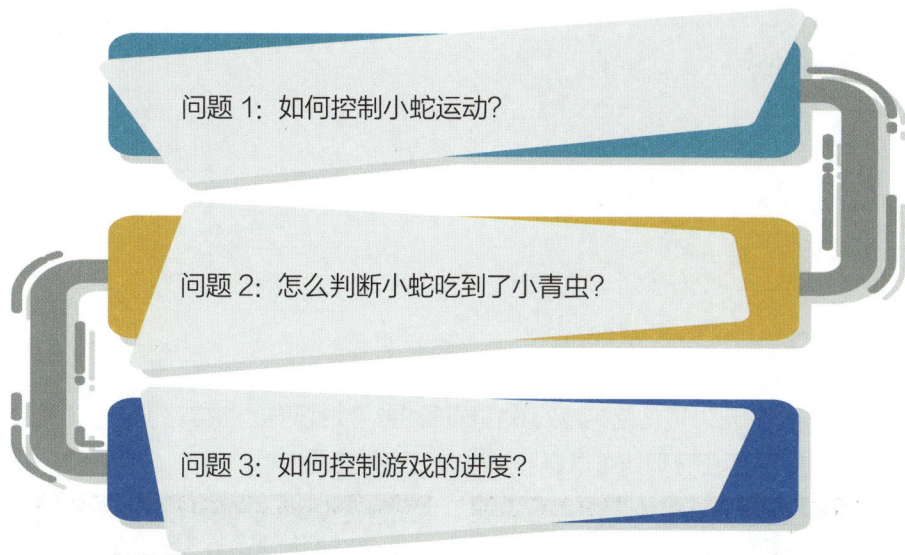

问题 1：如何控制小蛇运动？

问题 2：怎么判断小蛇吃到了小青虫？

问题 3：如何控制游戏的进度？

项目规划

1. 功能规划

若要完成一个游戏的设计，首先需要确定该游戏的基本功能。如程序运行时，游戏即开始，通过控制手机，控制小蛇在画布区移动，去寻找小青虫，一旦超出画布边界，游戏结束。请在图4.61中进一步完成游戏功能的规划。

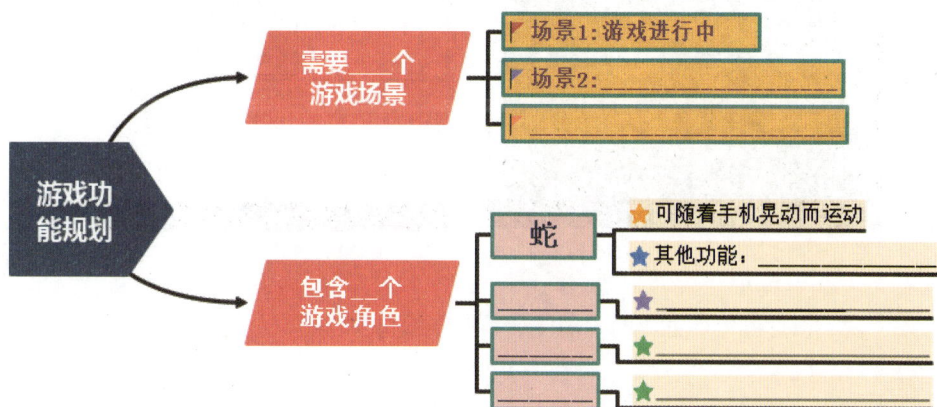

图4.61　"贪吃蛇大作战"游戏功能规划

2. 界面规划

要设计此程序，可视化组件可能需要用到标签、按钮、图像精灵等。非可视化组件可能需要用到方向传感器、计时器、对话框等。

♡ **画一画** 如果请你设计此程序，你会如何设计界面呢？请画出来。

♡ **比一比** 图4.62为某贪吃蛇游戏软件界面的参考规划图。将自己设计的游戏界面与其比一比，看看还有哪些可以进一步改进、完善的地方？

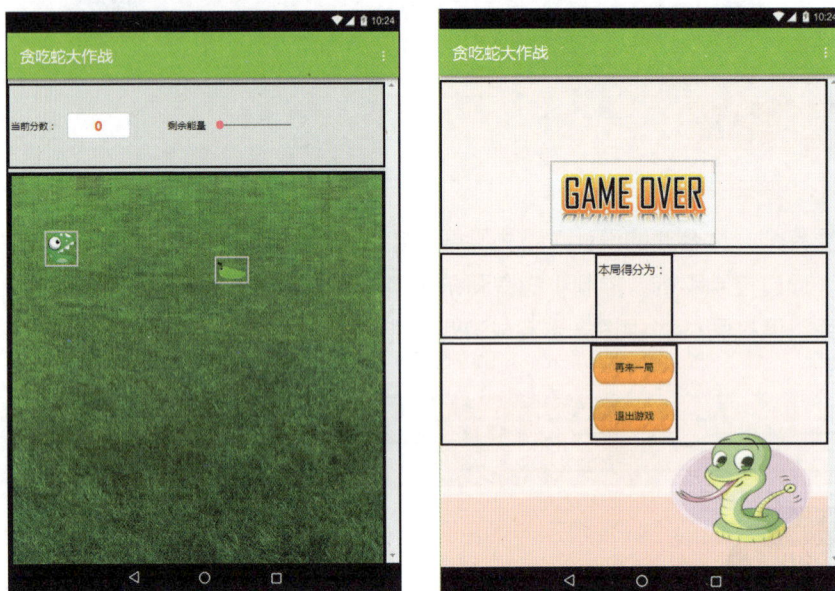

图4.62 界面规划参考图

♡ **说一说** 设计制作此程序时，需要准备哪些素材？

▦ 3. 组件规划

根据程序功能的需要，在用户界面需要标签来实现显示相关提示语，需要水平滑动条组件显示能量提示。

♡ **填一填** 表4-16中已经列出用户设计界面可能用到的组件，请在表格空白处填一填你将为组件命名的名称，并注明其作用。

表 4-16　"贪吃蛇"游戏用户界面组件列表

屏幕	组件类型	名称	作用
Screen1	水平布局	水平布局1	用于游戏提示区的布局
	水平布局	水平布局2	
	标签	分数	用于显示当前分数
	标签	空格	
	标签	能量	
	文本输入框	分数值	显示分数变化
	水平滑动条		用于显示能量的变化
	画布	画布1	
	图像精灵	蛇	具有触感的，可移动的图像组件
	图像精灵	虫	
	方向传感器		进行数据和方向的获取与判断
	信息对话框	对话框1	
	计时器	能量计时	用于倒计时，限定游戏时间
Screen2	水平布局	布局1	用于显示标题
	水平布局	布局2	
	水平布局	布局3	
	水平布局	布局4	
	垂直布局	垂直布局1	用于得分显示布局
	垂直布局	垂直布局2	
	标签	本局得分	
	标签	得分	具体分数
	图像		
	按钮	再来一局	
	按钮	退出游戏	
	标签	空行	

♡ 想一想　在屏幕上添加组件后，必须进行一定的属性设置，才能达到预期的设计效果。想一想，需要设置哪些属性，才可以对程序界面进一步修饰与美化呢？

4. 算法设计

进入屏幕Screen1，游戏开始后，有4种情况需要判定：(1)方向传感器的方向是否被改变?(2) 小蛇是否碰到边缘?(3)小蛇是否碰到了青虫? (4)能量计时器是否已达到终端?通过分析，可知其算法流程图如图4.63所示。

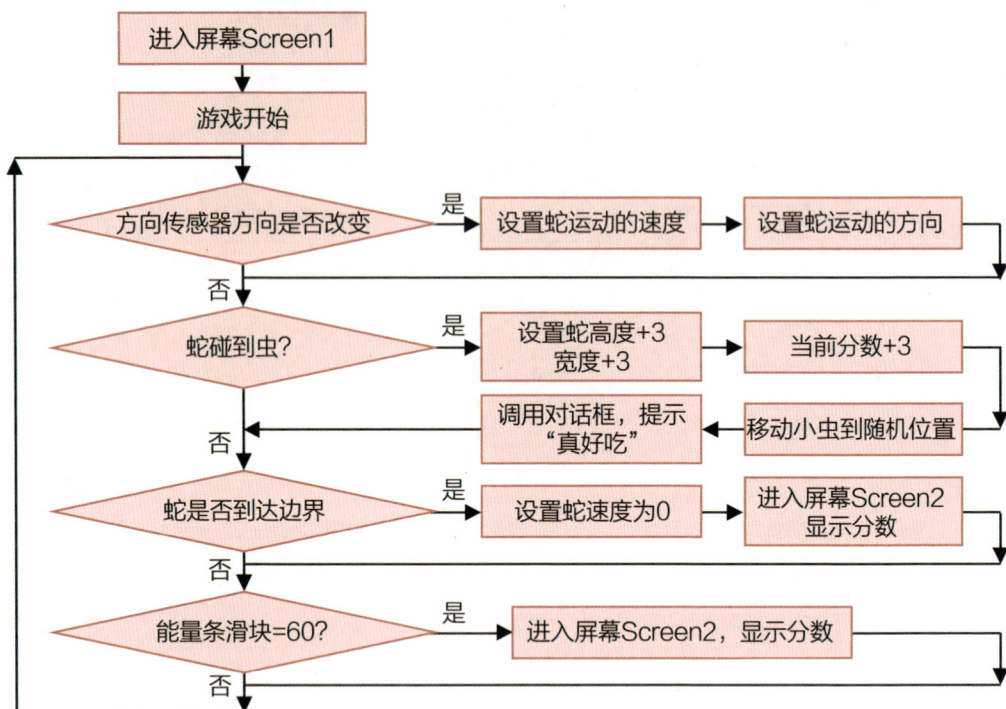

图4.63 屏幕1算法流程图

进入屏幕Screen2，首先会显示游戏得分，然后可以通过两个按钮判定下一步的操作，其算法流程图如图4.64所示。

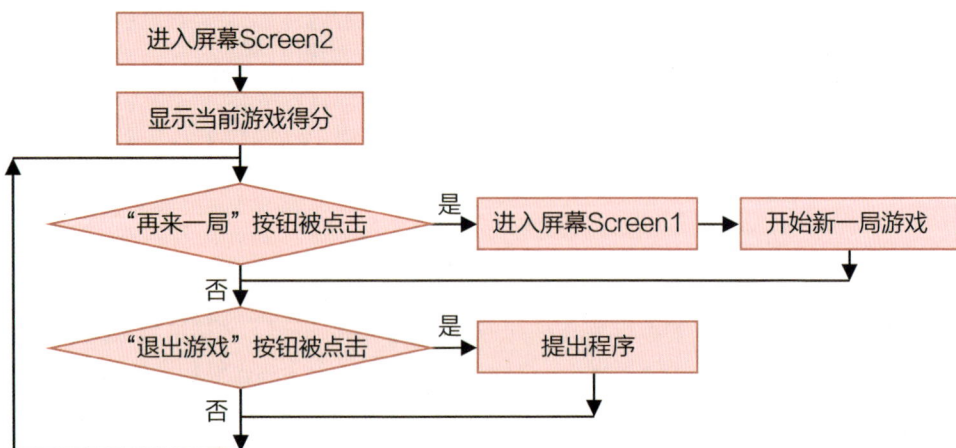

图4.64 屏幕2算法流程图

项目支持

1. 画布与精灵

在App Inventor 2软件中，"组件面板"中的"绘画动画"类包含有3个组件：画布、球形精灵和图像精灵。精灵只能建立在画布组件之内，因此它必须搭配"画布"组件使用。

图像精灵除了具有一般图片的显示功能外，还具备响应触摸和拖曳事件，与其他精灵或画布的边缘产生碰撞等多种功能。在本例中图像精灵用到的事件模块如图4.65所示。

图4.65 图像精灵事件模块

2. 对话框

对话框组件可以调用信息提示窗口，用来显示提示用户的信息。使用对话框的好处是，信息提示窗口不会占用屏幕的设计空间，在必要时出现提示，然后自动消失。

本例中通过调用"信息对话框"组件，在小蛇吃到小青虫时，显示相应的文字信息窗口，其所用到的代码模块如图4.66所示。

图4.66 对话框代码模块

项目实施

1. 设置组件

规划好程序，要先添加组件，并设置组件属性。本例需要设置布局、标签的宽度和高度，以及背景图片等。

01 新建项目 运行 App Inventor 2 软件，新建一个项目，将名称改为 TanChiShe。

02 上传素材 上传标题、按钮背景图片等相关素材至项目中，上传后的效果如图 4.67 所示。

03 添加 Screen1 屏幕组件 分别拖动"水平布局""标签""文本输入框""水平滑动条""信息对话框""画布""图像精灵""方向传感器""计

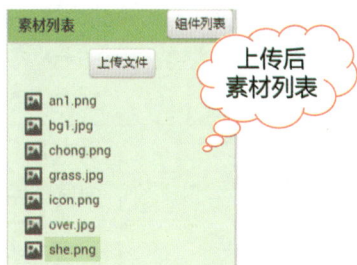

图4.67 上传素材

时器"组件至"工作面板"中，效果如图 4.68 所示。

图4.68　添加组件

04 **设置 Screen1 组件属性**　各组件属性如表 4-17 所示，根据表中内容在"组件属性"面板中设置各组件属性，设置后的效果如图 4.62 左图所示。

表 4-17　"贪吃蛇大作战"游戏用户界面组件属性

组件类型	组件属性
Screen1	应用名称：贪吃蛇大作战；标题：贪吃球大作战；屏幕方向：锁定竖屏；图标：icon.jpg；水平对齐：居左；垂直对齐：居上
水平布局1	水平对齐：居左；垂直对齐：居上；宽度：充满；高度：100像素
水平布局2	水平对齐：居左；垂直对齐：居上；宽度：充满；高度：800像素
分数	文本对齐：居左；文本：当前分数；字号：14
空格	宽度：100像素
能量	文本对齐：居左；文本：剩余能量；字号:14
分数值	文本颜色：红色；文本对齐：居中；字号：18；宽度：80像素
能量条	最大值：60；滑块位置：0；宽度：100像素
画布	宽度：充满；高度：充满；背景图片：grass.jpg
蛇	图片：she.jpg；宽度：40像素；高度：40像素
虫	图片：chong.jpg；宽度：40像素；高度：30像素

05　增加屏幕　按图 4.69 所示操作，增加一个屏幕。

图4.69　增加屏幕

06　添加 Screen2 屏幕组件　按前面相同的方法，完成 Screen2 屏幕组件的添加及属性的设置，添加后的效果如图 4.62 右图所示。

07　完善组件　保存项目，连接手机，预览效果，再根据预览情况，修改各组件属性，完善布局。

2. 逻辑设计

添加并设置好组件属性后，根据算法，对组件进行逻辑设计，即对组件设置程序，完成规划功能。

屏幕初始化时，方向传感器即开始工作

01　屏幕 1 初始化代码设计　完成 Screen1 屏幕初始化代码的设计，效果如图 4.70 所示。

图4.70　屏幕初始化代码设计

02　完成方向传感器代码设计　在模块面板中选中"方向传感器"，拖动"当方向传感器方向被改变"代码块至"工作面板"，根据需要，设置蛇的速度与方向，效果如图 4.71 所示。

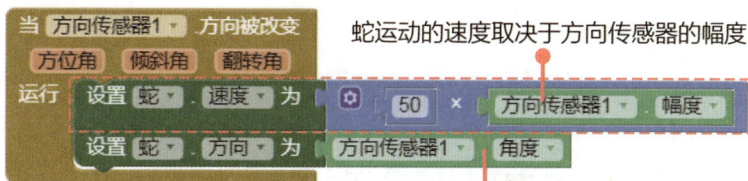

蛇运动的速度取决于方向传感器的幅度

蛇运动的方向取决于方向传感器的方向

图4.71　方向传感器代码设计

> **想一想**：方向传感器的"幅度"是如何控制的？对手机进行什么操作可以改变小球运动的速度呢？

03　设计精灵碰撞代码　两个精灵碰撞后，蛇会变大，小青虫会在画布区另一随机地点出现，还会弹出对话框，代码如图 4.72 所示。

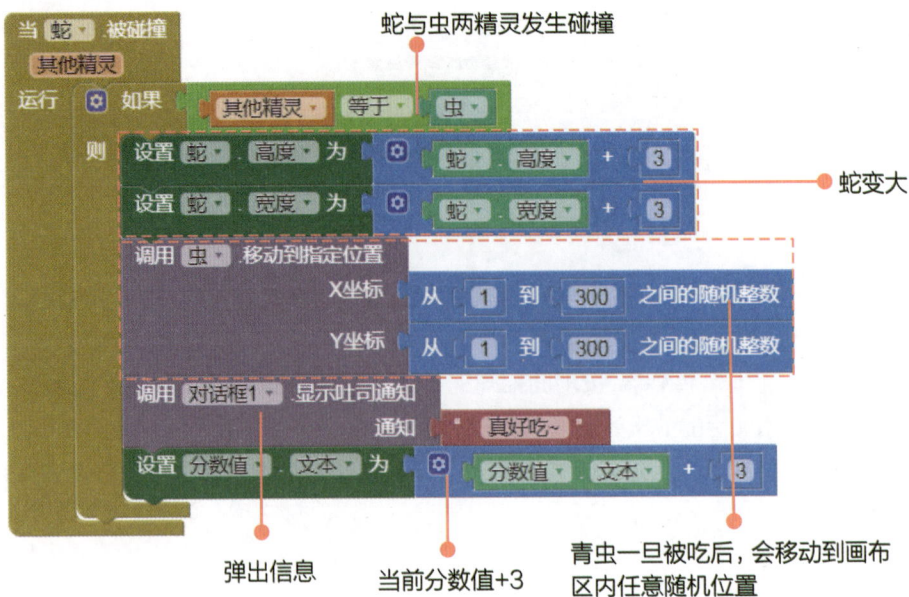

蛇与虫两精灵发生碰撞

蛇变大

青虫一旦被吃后，会移动到画布
区内任意随机位置

弹出信息　　当前分数值+3

图4.72　设计精灵碰撞代码

04　设计到达边界代码　蛇如果碰到了画布边界，游戏停止，并进入屏幕 2，显示出当前得分，其代码设计如图 4.73 所示。

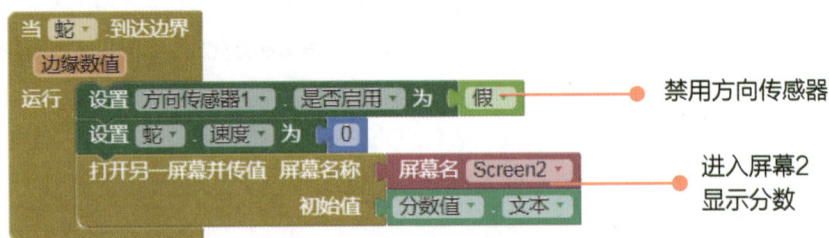

禁用方向传感器

进入屏幕2
显示分数

图4.73　设计到达边界代码

05　设计能量计时代码　倒计时 60 秒后，能量滑块滑动至最右端，视为能量用完，游戏结束，进入屏幕 2，显示出当前得分，其代码设计如图 4.74 所示。

水平滑动条逐步向右滑动

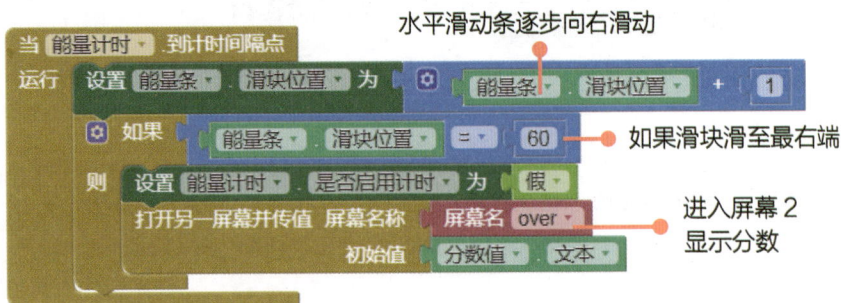

如果滑块滑至最右端

进入屏幕2
显示分数

图4.74　设计能量计时代码

"计时器"组件的"计时间隔"属性，表示其从开始到计时结束的时间间隔，以毫秒为单位，即值为1000的时候，计时为1秒，滑块的最大值为60，表示滑块位置=60时，有60个时间间隔，即60秒。

06 屏幕2初始化代码设计　进入 Screen2 屏幕，完成屏幕2初始化代码的设计，效果如图4.75所示。

显示游戏当前得分

图4.75　屏幕2初始化代码设计

07 完成按钮1代码设计　在 Screen2 屏幕中，完成"再来一局"按钮代码设计，效果如图4.76所示。

进入屏幕1

图4.76　"再来一局"按钮代码设计

08 完成按钮2代码设计　完成"退出游戏"按钮代码设计，效果如图4.77所示。

关闭游戏窗口，退出程序

图4.77　"退出游戏"按钮代码设计

09 测试程序　运行"AI2 伴侣"软件，输入代码连接后，测试程序并保存项目。

项目延伸

1. 实践体验

根据教程，自己动手实践一遍，先学会模仿，从设计开发、模拟运行到程序安装包下载安装到手机，感受整个过程。

2. 创意设计

在完成模仿开发后，适当做些改变和探索。例如，增加一个屏幕，当程序运动时，选择是否开始游戏；或是改变能量的大小，限定游戏的时间为30秒，并在文本框内实现倒计时……

你希望你的"贪吃蛇"游戏还具有什么样的功能呢？开始你的设计之旅吧！

3. 拓展思考

在App Inventor 2中开发多屏幕APP时，默认建立的Screen1屏幕是运行时第一个显示出来的主屏幕，如果想让APP运行时，最早让用户看到的是Screen2，有什么办法呢？

项目6 陌生花草巧识别

户外研学，是难得的亲近大自然、认识大自然的机会。相信你一定会被大自然中那些奇花异草所吸引，一定想认识它们。打开APP，把不认识的植物拍下来，即可识别出它们的名字，一定会让你大长见识！

项目准备

1. 项目体验

随着人工智能技术的发展，图像识别技术得到了越来越广泛的使用，识别花草功能就是图像识别中识别植物技术的应用。下载几款手机识别植物的软件，体验下软件识别植物的功能。

♡ 选一选　请结合你安装的手机识别植物软件的操作体验，在表4-18中选一选这类软件的基本功能。

表4-18　选择常用识别植物软件的基本功能

软件名称	软件的基本功能
形色	软件功能：□拍照识花　□识别其他　□其他功能 识别方式：□拍照识别　□识别相册图片
识物	识别类型：□识别植物　□识别其他　□其他功能 识别方式：□拍照识别　□识别相册图片

♡　**填一填**　如果你要设计一款手机识别植物的软件，你认为这类软件最基本的功能
是：_____，
理由是：_____。

■ 2. 问题思考

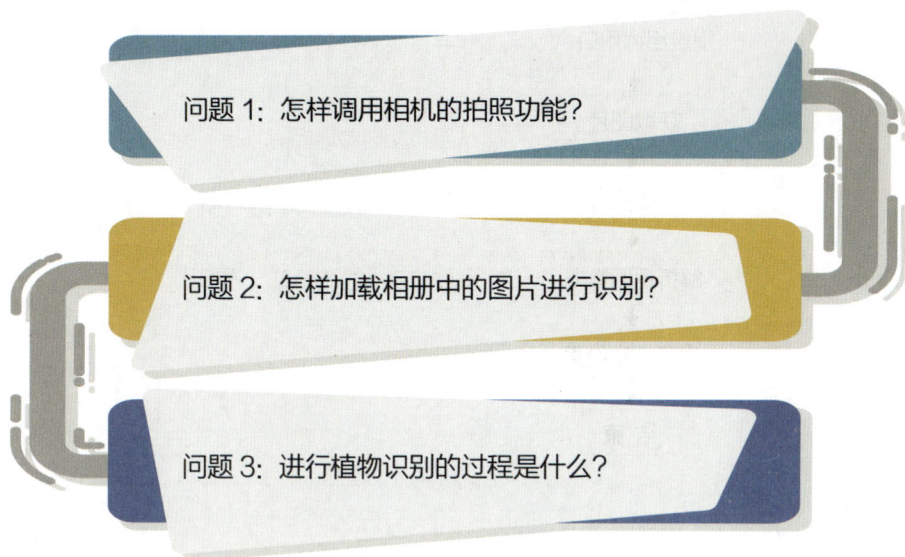

问题 1：怎样调用相机的拍照功能？

问题 2：怎样加载相册中的图片进行识别？

问题 3：进行植物识别的过程是什么？

项目规划 ⚙

■ 1. 功能规划

　　植物识别软件，顾名思义，其最基本的功能是拍照识别和选图识别。在制作之前要
明确植物识别的流程，并对总体功能进行细致的规划。

♡　**填一填**　拍照识别可以实现拍摄植物图像并识别图像的功能，结合图4.78，填一填
其他组件功能，完成植物识别软件的总体功能规划。

图4.78　组件规划

♡ **理一理** 在App Inventor 2软件中要想实现植物识别功能，可通过调用百度智能云平台的图像识别API服务来实现，其流程如图4.79所示。

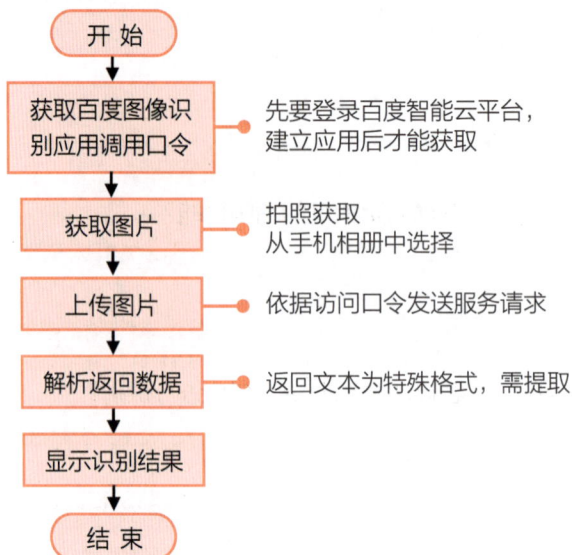

图4.79 植物识别流程图

调用百度智能云应用，需按照一定的规则进行。登录百度智能云平台，创建图像识别API服务应用，依据创建应用的API Key和Secret Key获取调用口令: access_token。

2. 界面规划

根据软件功能的规划，需要对软件界面进行设计，如界面总体布局设计、图片展示区大小及位置、识别结果显示位置、功能按钮大小及位置等。

♡ **画一画** 如果请你设计此程序，你会如何设计界面呢？参考图4.80所示的草图，画出你的设计图。

♡ **想一想** 常用的界面布局方式有水平布局、垂直布局、表格布局等。参考图4.81所示界面的布局设计，你计划用什么布局方式？

♡ **填一填** 为了让界面比例协调，各组件大小、位置协调，图4.81界面布局设计中增加了留白和间隔，实现的方法是什么？

留白的实现方法：_____。

间隔的实现方法：_____。

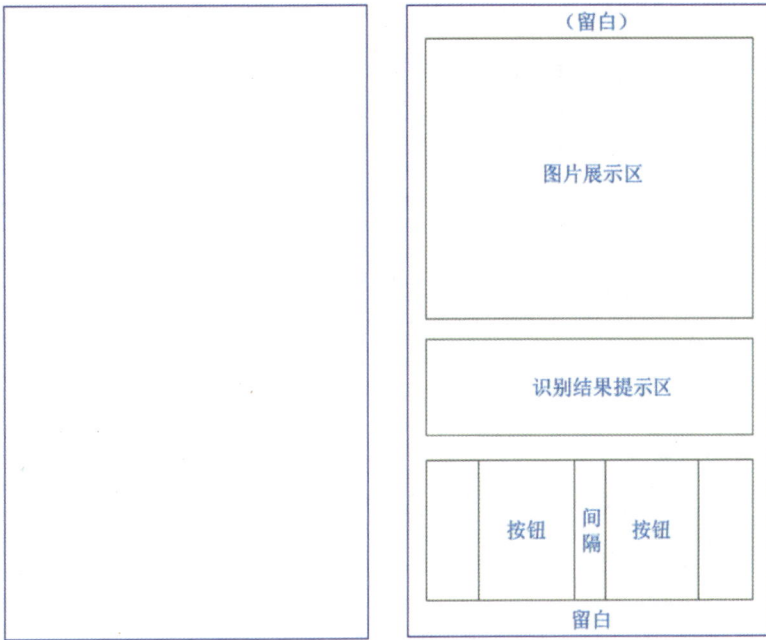

界面设计　　　　　　　　　界面草图参考

图4.80　设计软件界面

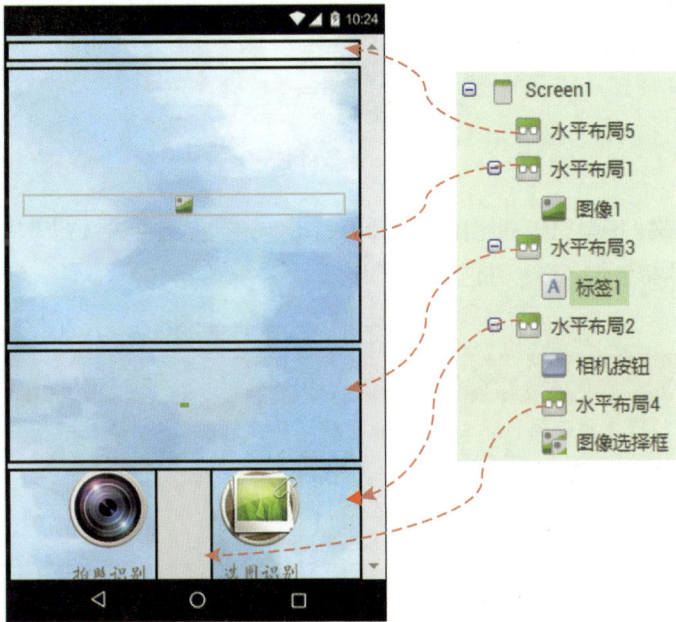

界面布局　　　　　　　　　对应布局方式

图4.81　界面布局设计

3. 组件规划

根据程序功能的需要，结合App Inventor 2软件的组件特点，要实现植物识别软件的制作，需要界面布局的水平布局、用户界面中的标签和按钮、多媒体的照相机和图像选择框及通信连接的HTTP客户端等组件。

♡ **理一理**　根据功能规划和界面规划，如图4.82所示，进行组件规划，理出所需要的组件和功能。

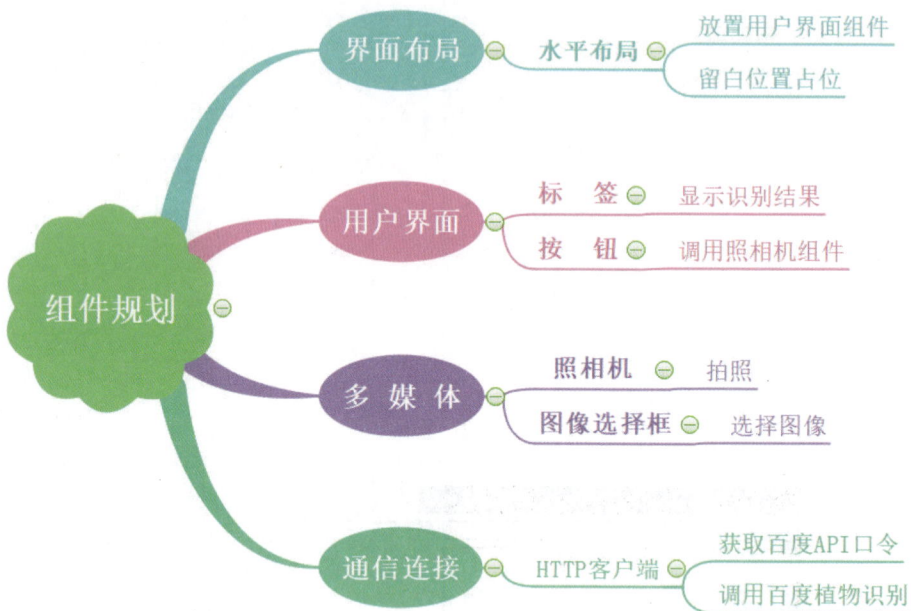

图4.82　组件规划

♡ **填一填**　表4-19中已经列出用户设计界面可能用到的组件，请在表格空白处填一填你将为组件命名的名称，并注明其作用。

表4-19　"植物识别"软件用户界面组件列表

屏幕	组件类型	名称	作用
Screen1	水平布局	水平布局1	
	水平布局	水平布局2	
	图像		
	水平布局	水平布局3	
	标签		
	水平布局	水平布局4	

(续表)

屏幕	组件类型	名称	作用
Screen1	按钮		
	水平布局	水平布局5	
	图像选择框		
	HTTP客户端	图像识别	
	HTTP客户端	获取口令	
	照相机		

4. 编程规划

　　根据程序功能，需要调用百度图像识别API服务。针对调用百度API服务请求流程，同时结合App Inventor 2软件的特点，进行编程规划，如图4.83所示。

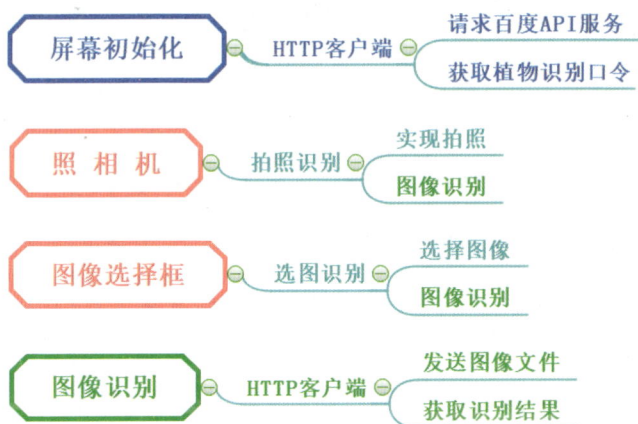

图4.83　编程规划

项目支持

1. 创建百度图像识别API服务

　　百度图像识别API(应用程序编程接口)，主要针对API开发者，提供百度图像识别接口服务。通过对API的调用进行通用物体和场景的识别、图像主题检测、动物识别、植物识别、Logo识别、果蔬识别、菜品识别、红酒识别、货币识别、地标识别、车型识别等。申请调用前要先登录百度智能云创建服务。

01 登录百度智能云 打开浏览器，输入网址：https://cloud.baidu.com/，登录后，选择"图像识别"服务，如图 4.84 所示。

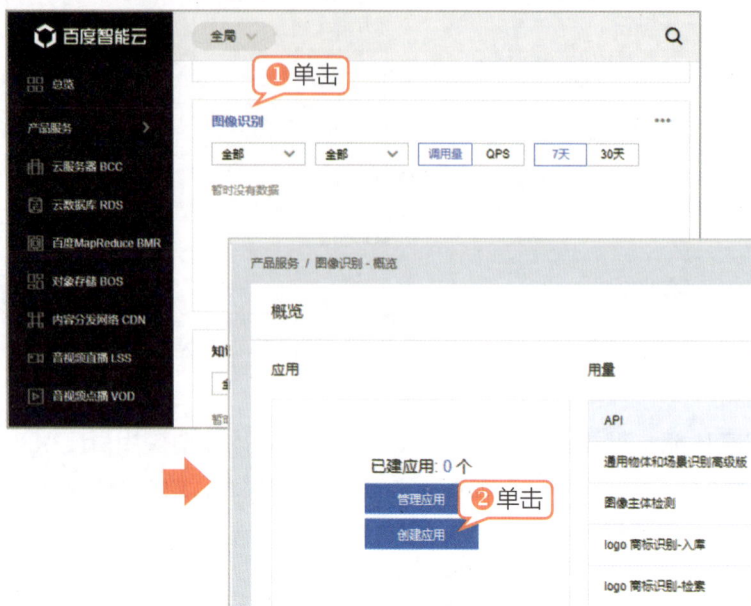

图4.84 登录百度智能云

02 创建应用 为植物识别程序创建"图像识别"新应用，如图 4.85 所示。

图4.85 创建新应用

03　查看应用　选择"应用列表"，可以查看应用对应的 API Key 和 Secret Key，如图 4.86 所示。

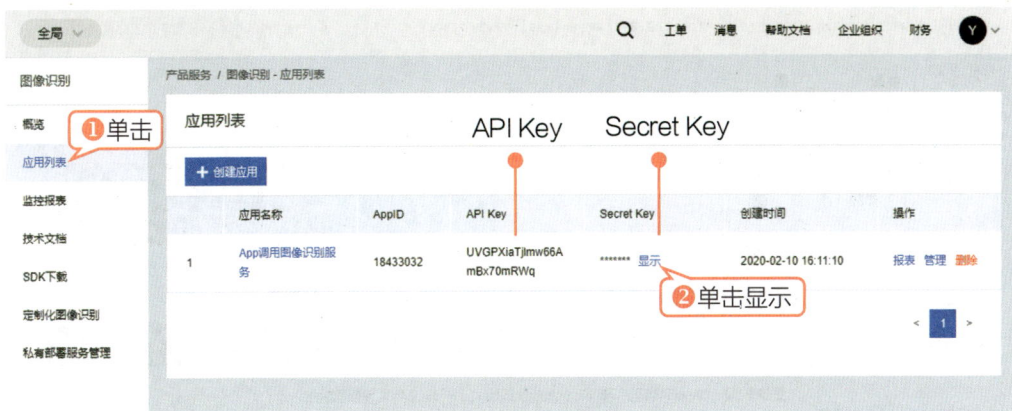

图4.86　查看图像识别应用

2. 请求调用百度植物识别方法

创建百度智能云图像识别应用后，先根据应用的API Key和Secret Key获取访问应用服务的口令access_token，然后依据口令，请求植物识别，上传图像，获得植物识别结果。

01　获取访问口令　百度 API 服务请求需要口令 access_token。图 4.87 中的地址是可以获取 access_token，为后续的 API 服务请求做准备。

```
https://aip.baidubce.com/oauth/2.0/token?grant_type=client_credentials&client_id=
【你的API Key】&client_secret=【你的Secret Key】
```

图4.87　获取访问口令

02　植物识别请求说明　百度图像识别 API 服务的每种识别类型都有独立的请求方法。植物识别的请求方法如图 4.88 所示。

03　解析返回文本　图像识别返回的结果是特殊格式 (JOSN 格式)，如图 4.89 所示。result 第 1 项的 name 键值"莲"才是我们需要的结果，我们要想办法提取出"莲"。

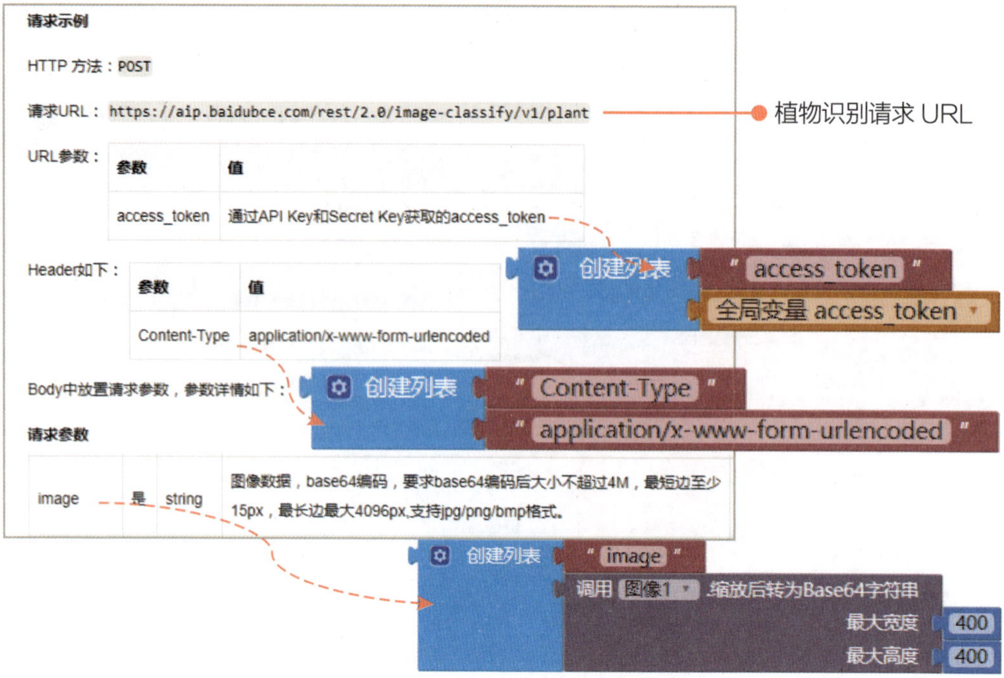

图4.88 植物识别请求说明

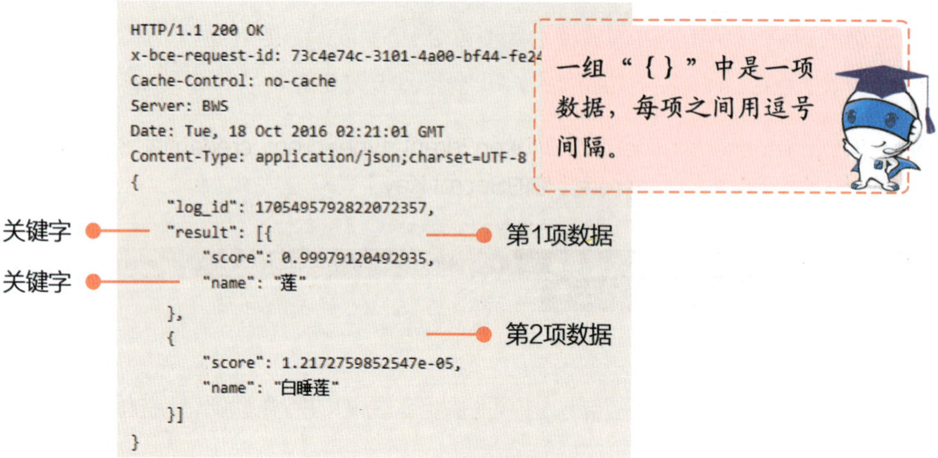

图4.89 解析返回文本

项目实施

1. 设置组件

规划好程序，要先添加组件，并设置组件属性。本例需要设置布局、标签、按钮及背景图片等。

01 新建项目 运行 App Inventor 2 软件，新建一个项目，名称为 ZhiWuShibie。

02　上传素材　上传拍照识别图片、选图识别图片和背景图片到项目素材列表中，上传后的效果如图 4.90 所示。

03　添加屏幕组件　根据组件规划，分别选择水平布局、标签、按钮、图像、图像选择框、HTTP 客户端及照相机组件添加到界面中。

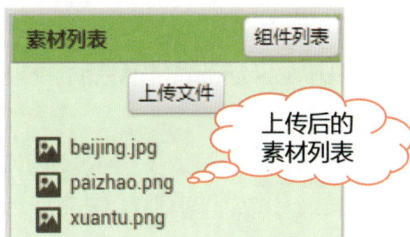

图4.90　上传素材

04　设置组件属性　各组件属性如表 4-20 所示，根据表中内容在"组件属性"面板中设置各组件属性。

表 4-20　"植物识别"软件用户界面组件属性

组件类型	名称	组件属性
🗔 Screen1	(默认)	应用名称：植物识别；背景图片：beijing.jpg；是否显示标题：否
🎛 水平布局1	(默认)	宽度：充满；高度：3%；背景颜色：透明
🎛 水平布局2	(默认)	水平对齐：居中；垂直对齐：居中；宽度：充满；高度：50%；背景颜色：透明
🖼 图像	(默认)	宽度：90%
🎛 水平布局3	(默认)	水平对齐：居中；垂直对齐：居中；宽度：充满；高度：20%；背景颜色：透明
🅰 标签	(默认)	文本颜色：黑色；字号：18
🎛 水平布局4	(默认)	水平对齐：居中；垂直对齐：居中；宽度：充满；高度：20%；背景颜色：透明
🖼 按钮	相机按钮	图像：paizhao.png
🎛 水平布局5	(默认)	宽度：15%
🎛 图像选择框	图像选择框	图像：xuantu.png
🌐 HTTP客户端	图像识别	(默认设置)
🌐 HTTP客户端	获取口令	(默认设置)
📷 照相机	(默认)	(默认设置)

05　完善组件　保存项目，连接手机，预览效果，根据预览情况，修改各组件属性，完善界面中各组件布局。

▦ 2. 逻辑设计

添加并设置好各组件属性后，根据软件的功能和编程的规划，需对各组件进行逻辑设计。

01 设置屏幕初始化代码　当屏幕初始化即程序启动时，获取百度图像识别 API 服务访问口令，代码如图 4.91 所示。

访问地址参考图 4.87

图4.91　屏幕初始化代码

02 提取访问口令　"获取口令"请求发出后，服务器返回响应内容。添加图 4.92 所示代码，从响应内容中提取 access_token。

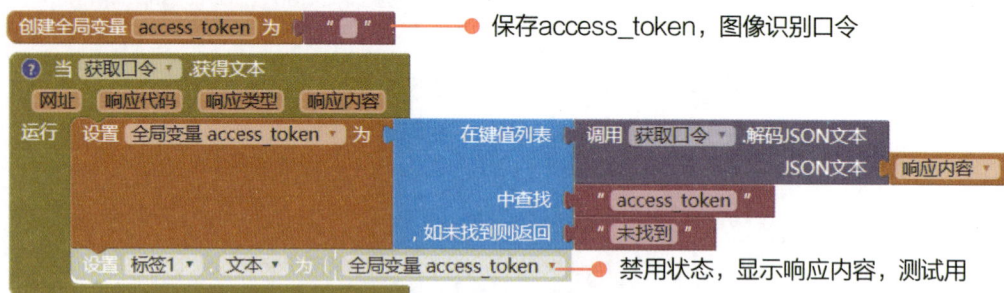

保存access_token，图像识别口令

禁用状态，显示响应内容，测试用

图4.92　提取访问口令代码

03 相机拍照识别　点击"拍照识别"后，调用照相机功能，拍照。拍照完成后，显示拍摄的图像，最后调用 "识别图像"函数进行图像识别，代码如图 4.93 所示。

拍照　　　　　调用函数　　　　拍照后，显示图像

图4.93　相机拍照识别代码

04 选图识别　点击"选图识别"后，打开图像选择框，选择图片后显示图像，调用"识别图像"函数进行图像识别，代码如图 4.94 所示。

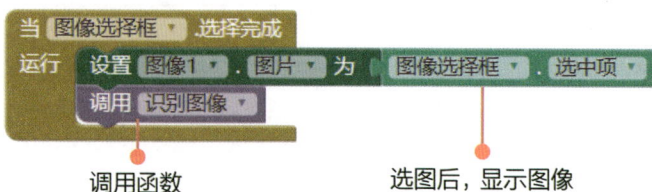

调用函数　　　　　选图后，显示图像

图4.94　选图识别代码

05 定义"识别图像"函数 由于"拍照识别"和"选图识别"都需要识别图像,为了程序清晰,应定义"识别图像"函数,直接调用函数即可。函数代码如图 4.95 所示。

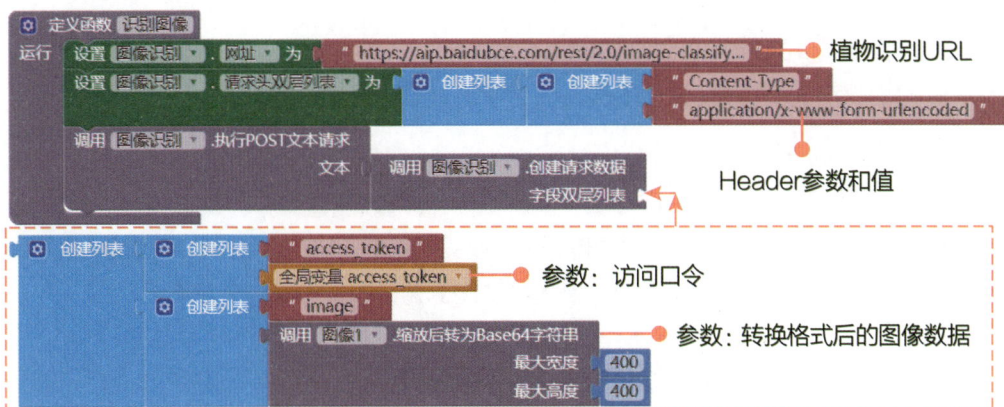

图4.95 "识别图像"过程代码

提个醒:注意区分设置"图像识别"HTTP客户端的"请求头双层列表"和调动"图像识别"HTTP客户端"创建请求数据字段双层列表"的用法。

06 获取并显示识别结果 "识别图像"服务请求发出后,服务器响应请求,返回"识别结果",如图 4.96 所示,提取"响应内容"中的关键字并显示。

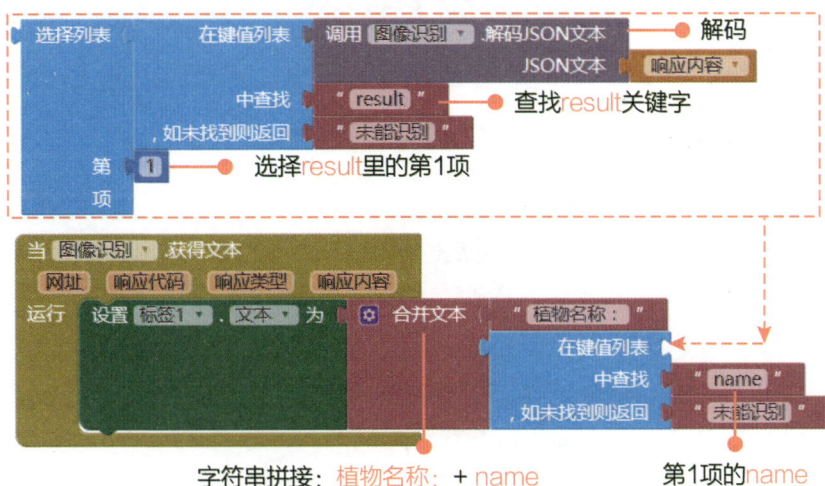

图4.96 获取并显示识别结果代码

07 测试程序 运行"AI2 伴侣"软件,测试程序各功能的实现情况。完成后保存项目,生成 ZhiWuShiBie.apk 文件。

227

项目延伸

1. 实践体验

根据项目提供的ZhiWuShiBie.aia文件，自己动手实践一遍，先学会模仿，从设计开发、模拟运行到程序安装包下载安装到手机，感受整个过程。

2. 创意设计

在完成模仿开发后，先给自己定一些小目标，做些小的探索。例如，根据自己的设计修改界面布局、背景图案、程序图标等。若希望你的软件功能更加丰富的话，就再制定一个大目标，比如增加识别动物、果蔬等功能。请开始你的设计之旅吧！

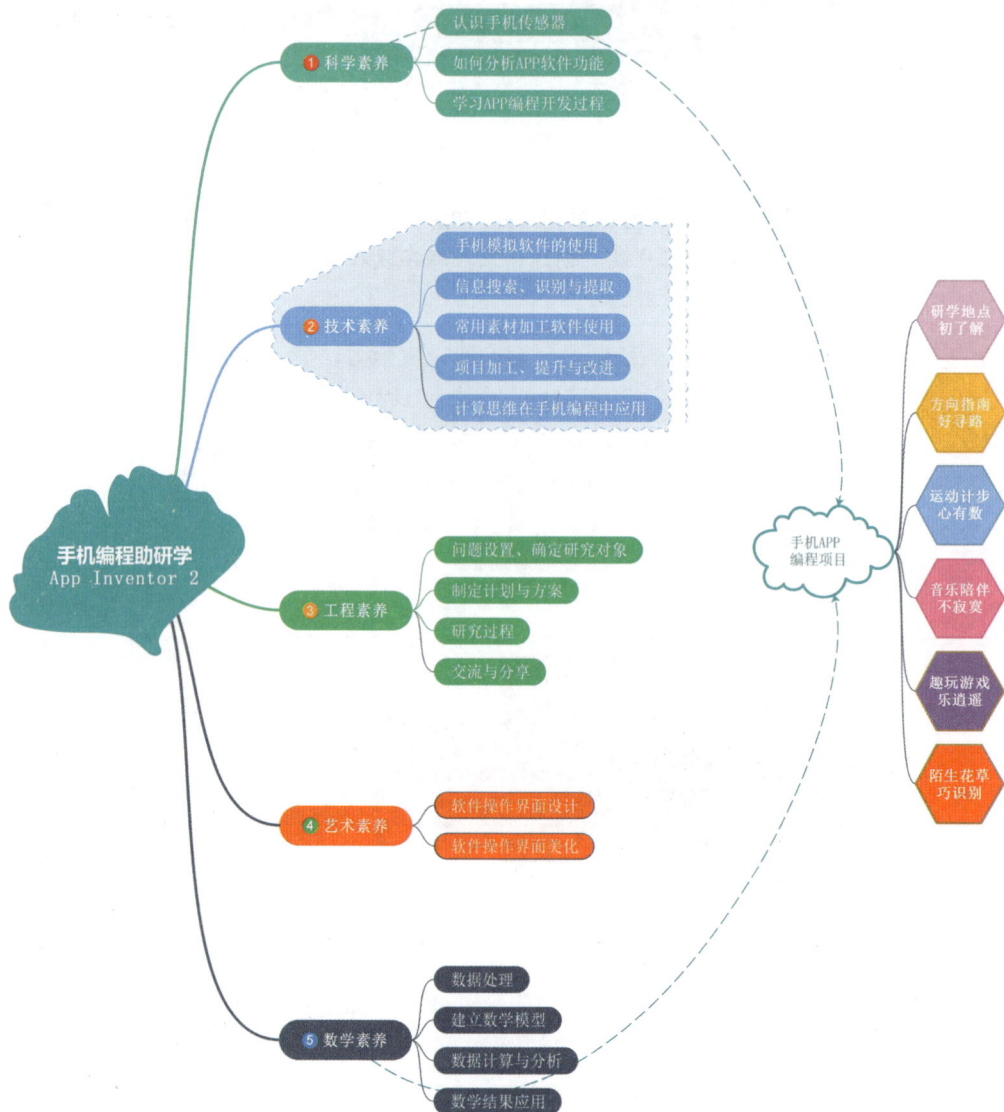